筑摩選書

橋本 努
Hashimoto Tsutomu

消費ミニマリズムの倫理と脱資本主義の精神

The Minimalist Ethics in Consumption and the Spirit of De-Capitalism
by HASHIMOTO Tsutomu
Chikumashobo Ltd, Tokyo Japan 2021:06

消費ミニマリズムの倫理と脱資本主義の精神　目次

消費ミニマリズムの倫理と脱資本主義の精神

はじめに

身の回りにあるモノを捨てて、最小限のモノで生活する。そんな極端な試みが、近年になって話題を呼んでいる。「ミニマリズム（最小限主義）」と呼ばれる実践である。

ミニマリストたちはこれまで、ＳＮＳや書籍の出版を通じて、モノを捨てる暮らしの利点を説いてきた。モノを捨てると、幸せになれる。モノを捨てれば捨てるほど、それだけ豊かな人生を送ることができる。そんなミニマリストたちの考え方に、多くの人たちが耳を傾けはじめた。ミニマリストたちに触発されて、人々はモノにあふれた日常を見直すようになった。このミニマリズムの現象は、しかし、いったいどんな社会的意味をもっているのであろうか。

モノをもたない生活はさしあたって、環境にやさしい生活であるだろう。ミニマリズムには、環境に配慮するという倫理的な意味がある。従来、環境にやさしい生活は、環境問題に詳しい専門家たちによって啓発されてきた。しかし私たちは、うすうす気づいているのではないだろうか。

もはや専門家たちの生活スタイルをまねるだけでは、地球環境の問題を真に解決することはできないと。専門家たちもまた、生活においては環境問題に対処できていないのではないか、と。

地球環境の問題は、深刻である。例えば、二酸化炭素の排出量を抑えて地球の温暖化を防ぐためには、日本人は少なくとも、一九五〇年代から六〇年代初頭にかけての生活水準に戻らなければならないと言われる。それはまだプラスチック製品が市場に出回っていない頃の生活である。ところが環境問題の専門家たちが率先して当時の生活水準に戻ることを目指しているのかといえば、そうではない。環境問題について言えば、専門家たちの「上からの啓蒙」は、うまくいっていないようにみえる。

地球環境の問題に対応するためには、私たちはむしろ、ミニマリストたちから学ぶべきではないだろうか。ミニマリストたちは、必ずしも環境問題に通じているわけではない。それでもかれらは、環境問題に適合的な生活をしているようにみえる。ミニマリストたちは、「自分はこのようにモノを捨てました」という報告を通じて、いわば下からの啓蒙を企てている。この企ては、二一世紀の新しい啓蒙といえるかもしれない。

むろんミニマリストに対して、うがった見方をすることもできるだろう。モノを徹底的に捨てるミニマリストたちは、確かに地球環境問題にやさしい生活を送っているかもしれない。その一方で、中核《コア》的なミニマリストたちを取り巻くフォロワー（追従者）たちは、実際には身の回りのモノを少しだけ捨てるだけの、中途半端なミニマリストにすぎないのではないか。ミニマリズムの企ては、全体としてみれば不徹底である。それは結局のところ、家のなかのモノを捨てることを通じて、新しい購買欲をかきたてるのではないか。皮肉な言い方をすれば、ミニマリズムの運動は、資本主義経済を再起動するための一つの契機になっているのではないか。このようにみることもできるだろう。

ミニマリズムは今後、どのような展開をみせるのか。それはまだ分からない。しかしミニマリズムの運動がかりに衰えたとしても、その実践は、やがて未来の人々に勇気を与え、精神を鼓舞するかもしれない。大げさに言えば、ミニマリズムの倫理は、私たちの精神史に残るかもしれない。いったいミニマリズムの意義は、どこにあるのだろうか。本書はこの問題を考察したい。

ミニマリズムとは、一つの倫理である。自分で自分の生活を律する倫理である。倫理とはしかし、不思議な現象である。倫理とは、ある一つの目的のための手段として採用される行動規範ではない。ある特定の目的は達成できないかもしれないけれども、人々が個人として、あるいは集団として、まだ知らない目的を含めて長期的に資すると期待できそうな行動規範を採用する。それが倫理と呼ばれる。ミニマリズムは、たんにモノを徹底的に捨てるという目的のためのノウハウではない。そこには、目的を達成できなくても、価値ある人生を導いてくれるような要素がある。ミニマリズムの実践には、人間の精神を養う要素がある。そこには例えば、脱資本主義の精神へと通じる回路がある。私たちは資本主義の社会を生きているけれども、この成熟した資本主義の社会をさらに発展させるためには、いかなる精神的な企てが必要なのか。脱資本主義の精神は、資本の支配力に抗して、新たな文化を生み出す気概の一つである。ミニマリズムはそのような精神へと通じているように思われる。

本書はこのような関心から、ミニマリズムの背後にある価値の問題を探究していく。まず、最近のミニマリズム現象を追い、その背後にあるさまざまな要因を指摘する。次に、理論的な検討として、ポスト近代における消費社会批判の言説をとりあげ、それとの対比でミニマリズムの特徴を分析する。最後に本書は、人間の「精神」への関心から、ミニマリズムの倫理的な側面を検討し、それが一方では「禅」と結びつき、他方では「脱資本主義の精神」と結びつく回路を明らかにする。以上の三つのテーマ（現象、理論、精神）を通じて、本書はミニマリズムの倫理と脱資本主義の精神についての綜合的な分析を試みる。

慧眼な読者は、本書のタイトルがマックス・ウェーバーの名著『プロテスタンティズムの倫理と資本主義の精神』を捩《もじ》ったものであることを、すでにご承知であろう。略して『プロ倫』と呼ばれるウェーバーのこの名著については、私は拙著『解読ウェーバー『プロテスタンティズムの倫理と資本主義の精神』』（講談社選書メチエ、二〇一九年）で、その論理構造を明らかにした。プロテスタンティズムの倫理は、その意図せざる結果として資本主義の精神を生み出したというウェーバーの「プロ倫テーゼ」については、実はこれまで誰も正面から研究してこなかった。拙著はその研究の空白を埋めるべく、はじめて同書の論理構造を明らかにしている。拙著をご参看いただけると幸いである。

この『プロ倫』に倣《なら》って本書を略記するなら、『ミニ倫』となる。本書はしかし、ウェーバーの社会学のパロディではない。ウェーバーの『プロ倫』とはアプローチが大きく異なる。それでも私は、これまでウェーバーからインスピレーションを受けてきた。本書で扱うミニマリズムは、プロテスタンティズムと比べるならごく小さな運動にすぎないが、私はこの同時代のミニマリズム現象が、現代の資本主義の解明にとって重要であると感じている。現代資本主義を解剖するための一つの現象として、私はミニマリズムに関心を寄せている。

ここで「ミニマリズム」という言葉について、すこし説明を補っておきたい。ミニマリズムという言葉は、その由来をたどると、二〇世紀初頭にさかのぼるようである。ミニマリズムはその当時、政治的なスタンスを表現する言葉として用いられた。一九〇五年の第一次ロシア革命に際して、ロシアではマルクス的な共産主義の理想を求める革命勢力（ロシア社会民主党）と、理想を掲げながらも実効的な政策を求める現実的な勢力（社会革命党）があった。このような政治の文脈で、革命勢力の側から現実的な勢力に近づいて、実行可能な要求だけを最小限に掲げる人たちが「ミニマリスト」と呼ばれた。ミニマリズムとはつまり、革命的なマルクス主義と対比される、現実的な社会民主主義のスタンスを意味した。

やがてミニマリズムは、芸術の分野で、ウクライナ系アメリカ人のジョン・グラハム（一八八一～一九六一年）の絵画作品を評価する際に用いられた。芸術形式をその最も基本的な要素に還元するというグラハムの企ては、その後、さまざまなアーティストたちを引き寄せていく。一九六六年になると、ニューヨークのユダヤ美術館で、四二人の若手アーティストたちによる、はじめてのミニマリズム美術展が開かれた。するとミニマリズムは、ニューヨークとロスアンジェルスを拠点に展開されたアヴァンギャルド芸術を意味するようになった。具体的には、カール・アンドレ、ダン・フラヴィン、ドナルド・ジャッド、ソル・ルウィット、およびロバート・モリスなどの作品を意味するようになった。[1]

このミニマリズム運動の担い手の一人となったドナルド・ジャッドは、ミニマリズムという言葉を繰り返し否定したものの、彼の制作の中心にあった考え方はミニマリズムそのものだった。彼は作品を最小限の要素で表現しようとした。彼は実生活においても、多くのものを捨てた。衣装棚、シャワーカーテン、窓のカーテンなどを取り払った。古い戸棚の取っ手もすべて取り払ったという。ジャッドは作品においても日常生活においても、ミニマルな方法を取り入れた革新的な芸術家であった。[2]

音楽の分野では、一九六〇年代の終わりごろからミニマリストという表現が用いられた。ミニマリズムは、スティーブ・ライヒやフィリップ・グラスなどの、音を繰り返す効果を取り入れた音楽作品を意味するようになる。それらの音楽は「ミニマル・ミュージック」と呼ばれるようになった。

一九八〇年代になると、ミニマリズムははじめて、現在のようなシンプル生活の意味で用いられるようになる。過剰なモノを捨てて、簡素に暮らす生活スタイルが、アメリカではニューエイジの宗教とともに流行した。
この他、一九六〇年代以降のファッションや建築やデザインの分野でも、ミニマリズムの考え方がさまざまに表現されてきた。不要なものをそぎ落とし、芸術形式の基本的な要素に還元するという試みは、ミニマリストを自称しないアーティストたちによって多様に試みられた。こうした背景のもとで、ミニマリズムが思想として語られるようになるのは、本書で論じるように、一九八〇年代以降である。

これに対して「脱資本主義」という言葉は、これまであまり論じられたことがない。ここで「脱資本主義」は、「ポスト資本主義」とは異なる含意をもっている。ポスト資本主義という概念は、最近の資本主義社会が、資本の形式では捉えられないさまざまな特徴を備えていることに注目した表現である。これに対して脱資本主義という概念は、資本主義を「脱出する」、資本主義の「魔法を解く」、資本主義を「解体する」、あるいは資本主義を「降りる」といった意味になる。この場合の「脱」は、英語では"de-"という接頭語で表される。脱資本主義の英訳は、デキャピタリズム（decapiatlism）となる。ただし脱資本主義という言葉が具体的に何を想定しているのかといえば、それ自体が探究に開かれた課題であり、本書のなかで明らかにしなければならない。いずれにせよ、なぜここで「脱資本主義」に焦点を当てるのかと言えば、それはミニマリズムの実践が、欲望消費によって駆動される資本主義から降りる企てに接続されるようにみえるからである。

最後に、「倫理」と「精神」の関係について補いたい。かつてウェーバーは、この二つの概念に共通する「エートス（持続的に傾けることのできる情熱）」に注目した。エートスという観点からみると、倫理も精神も同じ意味になる。けれども世俗化した社会において、倫理という言葉には、自分だけでなく他人にも促したい行動規範という含意があるのに対して、精神という言葉には、他人はさておき、自分の魂を養うために優先する営み、という含意がある。ただこの意味合いの違いは、強調点の違いにすぎないかもしれない。倫理と精神はいずれも、これら二つの含意をもっているだろう。それでもこの二つの言葉を使い分ける理由の一つは、私たちは一般に、他者の行動規範や行動慣習（すなわち倫理）を学ぶことで、その背後に想定される精神を探り、その精神から影響を受けたいと願うからではないだろうか。他者が築いた精神は、目に見えないものであり、未知のものである。それは推測するほかないのであるが、それでもそれを他者の倫理から探ることで、その精神をリアルに継承したいという非合理的な実践への関心が、私たちのなかにあるのではないかと思う。

第1章

消費ミニマリズムの流行とその背景

1―1 消費ミニマリズムの時代

「こんまり」現象

世界でいま、日本発の片づけブームが起きている。「こんまり」の愛称をもつ近藤麻理恵の本『人生がときめく片づけの魔法』（二〇一一年）が、世界的なベストセラーとなって話題を呼んでいる。すでに四〇カ国以上で、一〇〇〇万部以上（シリーズ累計）も売れたという。アメリカの雑誌『TIME』は二〇一五年、「世界で最も影響力のある一〇〇人」の一人に、村上春樹とともに近藤麻理恵を選んだ。二〇一九年には、アメリカに拠点をおく「ネットフリックス」（会員数約一億三〇〇三万人（当時）超のネットテレビ会社）が、近藤麻理恵の片づけ手法を柱にしてドキュメンタリー番組「KonMari（こんまり）～人生がときめく片づけの魔法～」（全八回）を放映した。番組は好評で、『ニューヨーク・タイムズ』はこの番組がはじまると、「最近、近藤麻理恵の熱狂に感化されてない人は誰もいないようにみえる」と記している。[1] いったい、この日本発の片づけブームは、なぜ起きたのだろうか。またその背後にはどのような社会変化があるのだろうか。

東京に生まれた近藤は、東京女子大学に進学すると、在学時から会社を立ち上げて、片づけのコンサルタントをはじめた。その仕事で得た経験をもとに、二六歳で『人生がときめく片づけの魔法』を出版すると、これが人々の話題を呼んだ。近藤によれば、モノを捨てるかどうかは、実際にそれを触って「ときめく」かどうかで判断するといい。ときめきを感じたら残しておく。ときめきを感じなければ、捨ててかまわない。これはなんともシンプルなアドバイスであるが、世界中の人々から共感をもって迎えられた。この種の片づけマニュアルは、どの国の本でもおよそ同じようにみえるが、アメリカでは、仏教や禅に興味のある人たちが、まず近藤麻理恵の本を手に取ったようである。

アメリカの書店に行くと、しばしば禅のコーナーがある。禅は、アメリカ人には、とてもクールなライフスタイルとして受けとめられている。『人生がときめく片づけの魔法』は、禅の思想には触れていないけれども、二〇一五年に『ニューヨーク・タイムズ』は近藤麻理恵を「禅のお手伝いさん（Zen nanny）」として紹介した。アメリカ人にとって近藤の本は、禅文化の一つと受けとめられたようである。[2]

朝日新聞は、この世界的な「こんまり」現象をいちはやく分析している。[3] それによると、「ときめき」という日本独特の言葉が、アメリカで「スパーク・ジョイ（spark joy）」という新たな訳語で紹介されたことが好評で、「日本語独特の感性が新鮮に受け止められ」たという。日本では同年、流行語大賞の候補（五〇語）に「ミニマリスト」が選ばれた。当時は「モノを捨ててミニマルに生きる」という生活術が、一つの流行になっていた。アメリカでも同様に、生活をシンプルにしたいという関心が高まっていた。世界の他の国々でも、ミニマリズムという消費のスタイルが話題になりはじめていた。本書が売れた背景には、先進諸国におけるこうした生活スタイルの転換があるのだろう。少し前にベストセラーとなった、やましたひでこ著『断捨離《だんしゃり》』は、台湾や中国で一〇〇万部以上売れたというが、これに対して近藤麻理恵の本は、世界で一〇〇〇万部のメガヒットであり、ケタが一つ違う。

これまで私たちが思い描く「生活の豊かさ」といえば、モノを所有することであった。ところが二一世紀に入ると、モノを持たない豊かさがしだいに語られるようになった。「豊かさ＝モノの所有」であれば、やがて先進諸国の家庭にはモノがあふれてしまうだろう。不要なものを捨てなければ、ストレスがたまってしまう。近藤麻理恵の『人生がときめく片づけの魔法』は、そんな先進諸国の家庭の悩みを解決する方法を示した。片づけは、誰にとっても気の滅入る作業であるが、近藤は、いらないモノを捨てる一方で、大切なモノに対しては、改めてその「ときめき」を経験するという、楽しい技術を提案した。

先のネットフリックスの番組では、毎回、近藤麻理恵がアメリカのある家庭を訪問して、部屋の片づけをサポートする様子を伝えている。番組の冒頭では、近藤氏が床に正座して、目を閉じてその家に「ごあいさつ」するのが定番であり、あいさつを済ませた近藤は、家中の服を一カ所に集めて、触ったときに「ときめくかどうか」という基準で、クライアントに捨てる判断をしてもらう。同じカテゴリーのものをすべて一カ所に集めると、クライアントたちは「自分はこんなにモノをもっていたのか」と予想以上にショックを受けるという。こうした手法でもって家のなかを一気に片づけると、クライアントにとって、自分の人生を見直す機会にもなる。番組がヒットした背景には人々の日常生活や人生を描くという要素もあるようだ。

実際、この番組を見た視聴者たちは、自分の家のなかを片づけ始めた。『ワシントン・ポスト』紙によると、ワシントン地区のリサイクルショップ「グッドウィル」には、放送後一週間で、前年比六六パーセント増の寄付があったという。ＣＮＮも、シカゴの古書店には放送後一週間で、一カ月分の寄付があったと伝えた。[4]

番組で片づけを依頼するクライアントたちは、それぞれ個別の悩みを抱えている。子どもの世話が忙しくて夫婦で喧嘩しがちであるとか、同性愛生活をしているため親に心配をかけている、といった悩みである。ところが近藤の方法にしたがって家を片づけると、個人的な問題も、セラピー的に解決されていく。片づけ以外のアドバイスはいっさいないにもかかわらず、結果としてセラピー的な効果があるようである。[5]

では近藤は、どんな主張をしているのだろうか。「…自信を持っていえることが一つあります。それは、家の中を劇的に片づけると、その人の考え方や生き方、そして人生までが劇的に変わってしまうということです」。片づけをすると、日々のストレスが軽減される。「散らかった状態が人の心を蝕《むしば》む理由の一つは、あるのかないのかわからないのに探さなくてはならず、しかも、探しても探しても出てこないことにある」[6]。これに対してモノを捨てると、なにより決断力が磨かれる。過去にとらわれることなく、いまここをしなやかに生きることができるようになる。むろん近藤は、生活をシンプルにすればそれでいいと言っているのではない。「住む人にとってときめくモノが何にもないシンプルすぎる部屋よりも、ときめくモノが堂々と飾られた部屋にしていくことのほうが」大切である。「ときめく毎日を送ること。これこそが片づけの真の目的」であるという。[7]

おそらくアメリカでの「こんまり」現象の背景には、家庭内の片づけがそれ自体としてビジネスになるという事情があるのだろう。ジョシュア・ベッカーによれば、現在、アメリカの平均的な家庭には、約三〇万個のモノがあるという。「二台用のガレージが物置になっているせいで、車を一台も入れられない家庭が全体の二五パーセント、一台しか入らない家庭は三二パーセントになる」。家庭内の片づけに関するビジネスは、いまや八〇億ドル規模となり、年に一〇パーセントの急成長を遂げている。[8]

もう、モノはいらない

近藤麻理恵がアメリカでブレイクする一方で、日本でよく売れたミニマリズムの本は、佐々木典士《ふみお》著『ぼくたちに、もうモノは必要ない。』であった。佐々木は自分の家のなかを片づける作業をレポートしながら、モノを持たない生活の理想を語った。

佐々木はこの本を執筆していた頃、ある出版社に編集者として勤めていた。出版業はしかし、斜陽産業である。編集者として食べていくことは難しい。佐々木はしだいに、編集者の道を歩んだ自分の人生を後悔するようになった。「大学時代の友人が住んでいるのは東京の埋め立て地にある高級マンション。きらびやかなエントランス、ダイニングには趣味のよい北欧家具と食器がならぶ。(…) 友人は大手企業に入社し、安定した高収入。社会人になって間もなく、映画の趣味が合う美しい彼女と結婚し、子宝にも恵まれた。おしゃれな服を身につけた赤ちゃんは本当にかわいい。大学では大差なかったのに、何が自分とこの友人を隔てていったのだろう?」「この収入と貯金ではとても将来を考えられないと、彼女と別れたこともある」。

成功した友人と比較して、佐々木は自分の人生をひがんだ。そんな自己嫌悪から立ち直ったのは、モノを捨てるミニマリズムの実践を通じてであったという。「モノを捨てて、本当によかった。/ぼくははっきりと、違う人間になり始めている。」「かつてのぼくのようにみじめで、自分を誰かと比べてばかりの人、つまり自分のことを不幸だと思っている人にはモノから一度離れてみることが、とにかくおすすめだ。」

佐々木の提唱するミニマリズムは、人と比較して格差をひがむのではなく、むしろ自分のいまの生活を見直すべきだと啓蒙する点に特徴がある。自分と他人を比較しないようにしよう、そしてこれまでとは違う人間になろう、と訴える。これは見方を変えれば、格差の現実には目を瞑《つぶ》ろうという現状肯定論ではあるが、その一方で、お金がなくても幸せになれる方法を提案している。佐々木によれば、私たちは幸せについてあまりに無知である。しかしモノを減らせば、私たちは幸せについて考え直すようになる。ワンランク上の生活を目指さなくても、自分なりの幸せを見つけることができる。ミニマリズムはそのための手段になるという。

　では幸せとは何か。佐々木によれば、それはまず自己嫌悪からの解放である。「もったいない」とか「まだ使える」という理由でモノを捨てないでいると、部屋のなかにはモノがあふれてしまうだろう。すると人は、増えたモノに圧倒されてエネルギーを使い果たしてしまう。自己嫌悪に陥ってしまう。佐々木はこれまでの人生で、「せっかく集めたモノをうまく活用できず、自分を責めてばかりいた。いくら集めても、足りないモノばかりに目がいっていたので、自分でも気づかぬうちに他人を妬んでいた。それでも捨てられず、言い訳で身動きできず、自己嫌悪。悪循環へ陥っていた」[10]。ミニマリズムは、こうした「所有物をうまく活用できていない自分」への嫌悪感情から解放されるための実践である。それは「煩悩から離脱する方法」と言えるかもしれない。

　佐々木によれば、ミニマリズムを実践すると、次のような効果がある。あらゆるメディアの広告に惑わされる時間が減る。セレブにあこがれることがなくなる。買い物の時間が減る。モノを選ぶ基準がはっきりしてくる。家事が減る。ダラダラしている時間が減る。探しものの時間が減る。時間が豊かになって、自分について改めて考えるようになる。いますぐ幸せを味わうことができる。ホコリにまみれた自己像を浄化して、自分を好きになることができる。行動的になれる。瞑想・坐禅・ヨガを通じて自分の内側から自然や宇宙と通じあうことができる。ストレス解消のための消費がなくなる。物欲がなくなる。食欲は健全になる。他者の視線が気にならなくなる、等々。

つまりミニマリズムは、世俗社会のなかで暮らしながらも、俗事に影響されない生き方をかなえてくれる。それは自分にとって本当の幸せを発見する試みでもある。ミニマリズムは、広い意味での禅の文化に通じる発想をもっている。

むろんミニマリズムは、幸せを実現するためのきっかけであって、それ以上ではない。ミニマリズムは人生の序章のようなものであり、その後に続く物語は、各人が紡いでいくほかない。「ミニマリズムを目的と混同してしまうと、それを達成した後に待っているのは虚無感だけだ。ただミニマリズムは目的だと混同するほど有効で、追求しがいのある手段であることは間違いない」、というのが佐々木のメッセージであった[11]。

佐々木はその後、二〇一六年に出版社を辞めて、京都の田舎で一人暮らしをはじめる。最初のころは、ダイビング、サーフィン、マラソンなど、時間があったらやりたいと思っていたことに挑戦した。しかしあり余る時間があると、かえってできないことがあることに気づいた。「不自由から逃れた先には、自由の苦しみが待っていた」。自由な時間をいかに使うのか。佐々木が次に著わしたのは、習慣を身につける方法をめぐる本だった[12]。佐々木が実際に身につけた習慣は、朝五時起き、ヨガ、瞑想、日記、ブログ、原稿を書き、筋トレ、一〇kmランニングなどであった。やめた習慣は、お酒を飲むことや甘いものを食べることであった。こうして佐々木のミニマルな生活は、一定の習慣を身につけながら自分の才能を伸ばす方向に向かっていく。

ミニマリズムに影響を受けたミニマリスト

　ここまで、話題になった二人のミニマリストを紹介してきたが、三人目のミニマリストとして、月に一〇〇万回のアクセス数を誇る人気ブロガー、澁谷《しぶや》直人《なおと》（一九九五〜）を紹介したい。

　澁谷は、ペンネーム「ミニマリストしぶ」を用いた著書のなかで、自分の特異な人生について語っている。幼少期は、ほしいものは何でも手に入るような超富裕層の家庭に育った。ところが中学校へ進学すると、家庭環境が一変した。デイトレーダーであった父親が自己破産し、両親は離婚してしまう。お金がない生活へと転落してしまった。思春期だった澁谷は、「なんて不幸なんだ」と自分の境遇を呪った。幸せに必要なのはお金である。お金のためには、いい大学に入って、いい企業に入社するしかない。そこで澁谷は大学受験を目指し、慶応大学に入ること以外に人生の選択肢はないと考えた。

　ところが受験に二度失敗してしまう。二浪すると、大学進学そのものをあきらめた。すると人生もあきらめモードになった。そんなあるとき、一人暮らしをしようと思って、グーグルで「冷蔵庫　なし」と検索すると、ミニマリズムに関する情報が入ってきた。冷蔵庫どころか、家具や家電をいっさい持たない生活をつづるブログに出会い、その生き方に強く惹かれた。自分もミニマリストになろうと試みた。「より少なく、しかしよりよく生きる」、「よりストイックに、よりミニマムに自分を整えていく」。そのような生活を目標にして、澁谷は地元の福岡で、家賃二万円、生活費七万円で生活するようになる。

澁谷はミニマリズムを徹底した。財布は持たない、服と靴は毎日同じ、食べるのは一日に一食、寝具は毛布、タオルケットのみ、寝るときは敷布団を敷かずに床で毛布にくるまって寝るという。あるときネット情報で、「高級マットレスでも、コンクリートでも睡眠の質は同じ」という研究データを見つけたからだという。こうした極端なミニマリズムの実践は、「我慢だらけの、切り詰めた生活」と思われるかもしれない。けれども澁谷によれば「僕は今、これまでの人生でいちばん満たされている」。「選択肢を減らし、自分を理解することで、自信もついてくる。そして、物にも人にも「コントロールされない」自分になれる」のだという。[13]

澁谷のように、ミニマリストに触発されて、新たにミニマリストになる人たちも多く現れた。ミニマルな生活をつづったブログが話題になり、ブログの内容をまとめた本が多く出版されるようになった。ミニマリズムは、この資本主義社会から脱するための、興味深いスタイルを示している。しかしミニマリズムは、社会にとって、また私たちにとって、どんな意義をもっているのだろうか。本書はこの問題を探究したい。最初に以下では、ミニマリズム現象を背後で規定している社会的な諸要因について検討してみよう。

1―2　主要な背景的要因

最近の日本人は、どこまでミニマリズムに関心を寄せているのだろうか。二〇一六年の朝日新聞のアンケートによると、「「持たない暮らし」にあこがれる?」との質問に「はい」と答えた人は七四%、「いいえ」と答えた人は二六%であった。[14]「はい」と答えた人はその理由（複数回答）として、「家をすっきりさせたい（二三二八人）」、「終活を意識して（七二〇人）」、「生活を見直したい（五九二人）」、「物への執着を断ちたい（五八三人）」、「お金を節約したい（四三四人）」、「家事の手間を省きたい（四〇八人）」などを挙げている。関心があると答えた人たちに、実際に「持たない暮らし」を実行しているかどうかを質問したところ、「はい」と答えた人は六一%、「いいえ」と答えた人は三六%であった。またアンケート回答者全員に「減らしたいが難しいものは?（三つまで回答可）」と尋ねたところ、「衣類（九二七人）」、「本（八〇七人）」、「思い出の品（六四九人）」、「日記・写真（四六一人）」、「趣味用品（四一六人）」と続いた。このアンケート調査では、持たない暮らしにあこがれる人は、七四%であった。[15]実際にミニマリズムを実践するかどうかは別として、人々はミニマリズムに大きな関心を示している。

ではこうした関心の高まりの背後には、どのような社会的要因があるのだろうか。二つの主要因があるように思われる。スマートフォンの普及と、個性を主張しない若者たちの台頭である。

スマートフォンの普及

ミニマリズムが流行する背景としてまず思い浮かぶのは、スマートフォンの普及である。人々はいまや、スマートフォンさえあれば、多くの欲求を満たすことができるようになった。スマートフォンは、多くのモノを不要にする。例えば、電話、カメラ、テレビ、オーディオ機器、ウォークマンなどの携帯音楽プレーヤー、ゲーム機、時計、カレンダー、懐中電灯、地図、メモ帳、コンパス、路線図、辞書、等々。私たちはこれらのモノを持つ必要がなくなった。[16] さらに、写真や書類は、スキャンしてデータ化すれば、捨てることができる。カセットテープ、レコード、CD、MDなど、音源データをハードディスクに保管すれば、すべて捨てることができる。スマートフォンとパソコンの普及によって、私たちは多くのモノを捨てられるようになった。[17]

メディア環境研究所の「メディア定点調査[18]（二〇一八年）」によると、二〇一〇年に九・八％だったスマートフォンの普及率は、二〇一八年には七九・四％になった（東京地区のみの調査）。調査をはじめた二〇〇六年には、人々がスマートフォンを使う時間は一日平均で一一分であったが、二〇一五年には八〇・三分、二〇一八年には一〇三・一分にまで伸びている。一日あたりのメディア総接触時間は、二〇〇六年の段階で三三五・二分であったが、二〇一八年には三九六・〇分にまで上昇した。人々はこの間、テレビ・ラジオ・新聞・雑誌に触れる時間を減らして、スマートフォンに触れる時間を大幅に増やしている。[19]

一般にモノの消費は、「慣れるにつれて飽きる」という過程をたどる。私たちの脳内神経ネットワークは、どうしても新しい刺激を求めてしまう。けれども、新しい刺激がスマートフォンの画面から十分に入ってくるとすれば、どうであろうか。私たちの欲求は、スマートフォンをいじるだけで十分に満たされるのではないか。すると多くのモノを捨ててもかまわない、ということになるだろう。

もちろんスマートフォンは、人々の欲求をすべて満たしてくれるわけではない。かつてT・ヴェブレンは『有閑階級の理論』のなかで、有閑階級、すなわちヒマな時間とお金を十分にもった人たちの文化的な優位を描いた。馬術にせよテニスにせよ、チェスにせよギターにせよ、ある文化をマスターするためには、十分な時間とお金が必要である。有閑階級には余裕があるので、自分を文化的に高めることができる。むろんお金持ちであっても時間がない人は、文化を習得することができない。文化のテイスト（嗜好）を磨くには、時間が必要である。テイストを磨く時間がなければ、お金をつかって、あまり洗練されていないモノを買うことになるだろう。

では現代人はどうなのかといえば、お金はあるが時間がない、あるいは、お金も時間もあるけれど、買ったモノをすべて使いこなすほどの時間はない、という状況に置かれているのではないだろうか。ギターやカメラやスキー用品などを買うことはできても、すべてを使いこなす時間はない。使いこなせないモノが部屋にあふれると、今度は自分が嫌になってくる。不使用物の呪縛が生まれ、身動きがとれなくなってくる。

例えば「最近使っていないが、いつか使う日が来るだろう」と考えて保存しているモノがある。「まだ元を取っていないので」という理由で捨てられないモノがある。ところがスマートフォンは、こうした「自分の欲求をいつか満たしてくれるはずのモノ」に代えて、代替的な欲求を満たしてくれる。カメラは、スマホの小型カメラの機能で十分である。ギターは、これを捨てても、スマホのアプリで作曲したり演奏したりすることができる。スマートフォンはこのように、モノに代わって、私たちのさまざまな欲求を満たしはじめた。

もっとも、スマートフォンによって満たすことができる欲求など、実際にはそれほど多くないかもしれない。それでもスマートフォンを使って気づくのは、私たちが不要なモノに囲まれて生活しているという事実である。私たちの欲求は、モノの購入によって満たされるのではなく、モノを使用する自分の活動によって満たされる。ところが自分の活動に嫌悪感を抱くなら、モノは価値を失う。あるいは次のように言えるかもしれない。モノによって満たそうとしてきた自分の欲求は、実はそれほど大した欲求ではなかったのだと。それらは低次の欲求にすぎなかった。スマートフォンは改めてこの事実に気づかせてくれたのではないかと。

これまで消費者は、少ない情報環境のなかで、実際に商品を購入して試行錯誤するしかなかった。例えば気に入ったコーヒーカップを見つけたら、その場で買って使ってみる。自分にとってベストのカップは見つからなくても、もっとよいカップに出会える機会は少ないのだから、とりあえず買って、使用を通じて試行錯誤するほかなかった。ところがインターネットが普及すると、私たちはあふれる情報のなかで、さまざまな商品を想像の上で試行錯誤できるようになった。アマゾンなどのサイトで商品のレビューを読み、私たちはじっくり考えてから、よいものを数少なく買うことができるようになった。ネット社会の成熟は、自分にとってベストな一品を買うという、新しいスタイルを生み出した。

先に紹介したように、ミニマリストの佐々木は、いくつかのこだわりの品を手元に置くことで、自己嫌悪感から解放されたという。それまでは自分の未来に不安を抱えていた。斜陽産業の出版業界で、編集者としてできることはそれほど多くない。年齢も三五歳になり、転職も難しくなった。結婚していないし、子どももいない。大して仲のいい友達がいるわけでもない。待っているのは、孤独死ではないかと不安になった。しかしミニマリズムの実践を通じて、将来に対する不安がなくなり、「いま」に集中できるようになった。これは先の近藤のケースと似ているだろう。どちらにおいても「いまここを生きる」ということが人生の問題になっている。

非顕示階級の台頭——個性を主張しない若者たち

ミニマリストたちの本が売れる背景には、「さとり世代」と呼ばれる若者たちの台頭がある。最近の日本の若者たちは、まるで悟りを啓《ひら》いたかのような、つつましい生活で満足するようになってきた。さとり世代という言葉は、二〇一〇年一月、ネット掲示板2ちゃんねるのスレッドから生まれたとされる。[20] 山岡拓の本『欲しがらない若者たち』を語るコーナーで、ある人が「さとり世代」と書き込むと、そこにさまざまなリアクションがあり、この言葉が拡散した。それから三年後の二〇一三年三月一八日、朝日新聞の記事「さとり世代、浸透中　車乗らない、恋愛は淡白……若者気質、ネットが造語」が話題を呼ぶと、「さとり世代」という言葉はさらに広まった。

山岡拓は同書のなかで、車に乗らない、ブランド服も欲しくない、スポーツをしない、酒を飲まない、旅行もしない、恋愛には淡白であるなど、いまの若者たちの特徴を指摘した。例えば、一九九三年生まれで二〇一三年に成人した人たちは、生まれたときにちょうどバブル経済の崩壊を経験した。人生の最初から、いわば節約モードに入った時代の申し子であった。かれらは一五歳の時にリーマン・ショック（二〇〇八年）を経験し、「派遣切り」などの言葉におびえるようになった。そして成人してからも、節約志向が続いたと考えられる。二〇〇九年には「草食系男子」という言葉がはやるが、さとり世代の男性を捉えた表現の一つであるだろう。

バブル崩壊とリーマン・ショックの影響で欲望をくじかれたさとり世代は、ブランドの服で個性を主張するよりも、「没個性的なファッション」に関心を寄せた。かれらはアップル社のスティーブ・ジョブズや、フェイスブック社のマーク・ザッカーバーグのように、毎日目立たない色のTシャツを着てジーンズをはきながらも、IT産業でクリエイティブな仕事をする人たちにあこがれた。例えばザッカーバーグは、フェイスブックの公開Q＆Aで、「なぜあなたは毎日同じシャツを着るのか？」と聞かれて、次のように答えている。

僕はこのコミュニティに対して何が最善の貢献をなすかという問題以外は、できるだけ意思決定を少なくしている。実際、多くの心理学理論が言うように、何を着るか、朝食に何を食べるかなど、たとえ小さな意思決定でも疲れるし、エネルギーを浪費してしまう。（…）自分の生活のなかのばかげたことや愉快なことにエネルギーを注いでしまうと、僕は自分の仕事をしていないように感じてしまう。（…）最高のサービスを提供して、一〇億人以上もの人々に最善の製品とサービスを提供することこそ（…）、僕が自分の人生をささげるべきことなんだ。ちょっと変に聞こえるかもしれないけど、それがぼくの理由だ[21]（…）。

食事やファッションに関する意思決定をできるだけシンプルにして、創造的な仕事に集中する。そのようなクリエイティブな仕事重視の生活スタイルが、クールであると思われるようになった。ファッション業界でも、建築デザインのあらたな潮流の影響を受けて、「ノームコア」（Normcore）と呼ばれるシンプルなスタイルが流行した[22]。

ノームコアとは、二〇一三年に、アメリカのトレンド予測会社がつくった言葉で、どこにでもなじむ雰囲気のことを指している。この概念がファッション業界に波及すると、人々は目立たない色彩のカジュアルな服を着て、あえて服では個性を出さない、あるいは目立たない色合いの服で微妙な個性を発揮するようになった。ノームコアがはやる背景には、現代人の次のような感覚がある[23]。持ち物で自分をよく見せたいと考えることはバカらしい。服を買う金があったら美術館で文化的な体験をしたい。過度な自己主張は嫌われるので、外さないことを選びたい。シンプルなファッションは、着ている人の個性を見えやすくする、等々である。

自分の個性をファッションで見せる必要はない。個性は例えば、どんな音楽を聴いているのか、どんな本を読んでいるのかといったテイストで示してもよい。最近ではインターネットが発達したおかげで、私たちは自分のテイストを、SNS（ソーシャル・ネットワーキング・サービス）を通じて発信できるようになった。現代人にとって個性を表現するための必需品は、例えばiPhone、MacBookAir、Kindleである。これらは「新しい三種の神器」として、生活に不可欠な道具になったとも言われる。人々の個性はしだいに、ファッションよりも、ネット上の情報発信を通じて発揮されるようになった。

新しい三種の神器が揃わなくても、私たちはスマートフォンさえあれば、モノを捨てることができる。本を持たずに、デジタル版で本を読むことができる。CDを買わずに、ネット上で音楽をダウンロードして聴くことができる。モノを買わずに、写真を撮って管理したり、ネットに投稿して反響を得ることができる。いまや自分にとって影響力のある他者は、ファッションに身を包んだ人ではなく、SNS上で日々の生活を披露する人になった。情報発信力のある人は、ネット上で新たな生活スタイルを提案し、そのために必要な商品を紹介して、アフィリエイト（成功報酬型広告）で稼ぐことができる。「さとり世代」の若者たちは、服で自分を飾るよりも、もっとすぐれた自己表現（アイデンティティ形成）の方法があることに気づきはじめた。人々は「顕示すべき自己」を、外見ではなくネット上に表現しはじめた。

1-3　背景にある社会変容

ここまでミニマリズムの直近の原因として、スマートフォンの普及と非顕示的な人々の台頭を挙げて検討してきた。この他、ミニマリズムの流行の背後には、どのような要因があるだろうか。以下では、(1)背景的な要因ではないもの、(2)経済的要因、(3)その他の間接的な要因、の三つに分けて整理してみたい。

第一に、一見すると背景的な要因にみえるけれども、そうではないものがある。

社会の成熟とともに、日本人は、物質的な豊かさよりも心の豊かさを求めるようになったと言われる。そうした反物質主義の傾向が、ミニマリズムへの関心を高めた、と思われるかもしれない。しかし実は、過去三〇年間で、日本人が物質的な豊かさを求める程度は、ほとんど変化していない。[24]

T・ヴェブレンによれば、人は流動的で過密な都市において、他者からの社会的な信頼を勝ち得るために、顕示的な消費に駆り立てられるという。とすれば反対に、人口の流動性が少なく、あるいはまた都市の人口が減少すると、顕示的な消費は減るのではないかと予想される。実際、日本人は人口の減少とともに、さまざまな領域で競争にさらされる機会が減ってきた。その分だけ自分の個性を顕示的に主張する必要がなくなり、ミニマリズムへの関心を高めた、と思われるかもしれない。しかしミニマリズムが流行する二〇一〇年代半ばは、東京に若者たちが流入するという過密化が起きていた。[25] ヴェブレンの理論では、過密化にともなうミニマリズムの流行を説明できないであろう。

あるいは最近、非正規雇用の労働者が増え、雇用の流動化とともに、引っ越しが増えたことがミニマリズムへの関心を高めた、と思われるかもしれない。引っ越しの多い人は、モノを溜め込まないと想像されるからである。しかし実際には、日本全体で引っ越しが増えたわけではない[26]。引っ越しのニーズは、ミニマリズムの流行を説明しない。ただし非正規雇用者は、雇用の形態が不安定であるがゆえに、ミニマリズムへの関心を高めた可能性はある。

第二に、経済的な下部構造から説明できる要因は、以下の三つに整理できる。

人々の可処分所得が減ったことは、ミニマリズムの背景的な要因をなしているだろう。生活費が減ったので、人々は消費を減らすようになったと考えられる[27]。

例えば、可処分所得の減少と並行して、被服・履物費が減少している[28]。人々はまた、たんに衣料品を買わなくなっただけでなく、デパートではいっそう衣料品を買わなくなった[29]。この傾向は、ミニマリズムの背景をなす要因であるだろう。消費者庁の「消費者意識基本調査」(二〇一六年度)によると、今後節約したい消費の第一位は「ファッション」であり、三七・四%であった。むろん歴史を振り返ると、日本人は「ポストモダン消費社会」と呼ばれる一九八〇年代に、「被服および履物」の消費割合をそれほど増やしたわけではなかった[30]。

また、家具市場の衰退[31]は、ミニマリズムの背景的な要因をなしているだろう。人々はあまり家具を買わなくなった。その一方で、持家の平均床面積は、減ったわけではない[32]。一九九三年から二〇一三年にかけて、一人当たりの床面積の推移は、持ち家で約二平方メートル、借家で約五平方メートルと、それぞれ増えている。

第三に、その他の間接的な要因があると考えられる。以下に四つ指摘したい。
人々は、顕示的な消費をしなくなったのではなく、顕示的な消費の質を、「モノ」から「コト」へ変容させたと考えられる。例えば人々は、自動車や衣服などのモノによって自己の社会的ステイタスを顕示することよりも、フェイスブックやインスタグラムなどのSNSを使って、旅行や食事などの経験を写真に撮り、それを顕示するようになった。[33]ただし人々は、コト消費の額を増やしているのかといえば、そうではない。[34]
人々は、消費額を減らしているにもかかわらず、買い物時間が長くなった。また人々は、都心のデパートではなく、郊外のショッピングモールやアウトレットモールで買い物をするようになった。[35]このことは、買い物自体が他者の視線を気にする顕示的な消費行動ではなくなってきたことを意味するかもしれない。郊外のモールにおいては、他者の視線は存在するが、自分に対して厳しいまなざしを向けているようには感じられなくなってきた。このまなざしの変化は、ミニマリズムの背景要因をなしているだろう。
また、最近の若者たちのあいだでは、異性との交際が減っている。交際相手がいないので、交際費が減り、それに応じて顕示的な消費も減っていると考えられる。こうした傾向が、ミニマリズムの背景にある。「さとり世代（二〇一三年の流行語大賞にノミネート）」や「草食（系）男子（二〇〇六年～）」という用語がはやったが、しかし実際のところ、若い世代の人々は、結婚への関心を減少させたわけではない。[36]

百貨店に代わってネット通販が拡大したことは、ミニマリズムの背景的な要因をなしている。人々はネット情報をみて、慎重に商品を購入するようになった。情報が増えるにつれて、ある臨界点に達し、「買いたい」という自分の欲求がしばしば流去するようになった[37]。

およそ以上のような諸要因を指摘することができるだろう。ミニマリズムは、こうした様々な要因を背景として、二〇一六年頃から流行するようになった。

1－4　考察

以上、本章ではミニマリズムの流行現象を追いながら、その背後にある要因を探ってきた。ミニマリズムの背景にある主要な要因は、スマートフォンの普及であり、個性を主張しない若者たちの台頭である。そしてその背後には、さまざまな背景的要因がある。

ミニマリズムのように、モノを捨てたり節約したりするという反消費の実践は、歴史のなかでしばしば繰り返されてきた。例えば二〇〇三年、テレビのバラエティ番組で「1ヶ月1万円生活」の企画が話題となった。二〇〇五年には、京都議定書の関連行事で来日したワンガリ・マータイ氏（ケニア出身の環境保護活動家、環境分野で初めてノーベル平和賞を受賞）が「もったいない」という日本語に感銘を受け、これを世界共通の言葉にする運動を始めた。アメリカでは、ミニマリズムの思想的源流は、エルジンの『ボランタリー・シンプリシティ［自発的簡素］[38]』（一九八一年）にあるとされる。アメリカでは二〇世紀初頭にも、類似の思想運動があった[39]。韓国では、オイル・ショックが深刻化した一九七〇年代に、僧侶の法頂が書いた『無所有』という本が話題になった。[40]このように、ミニマリズムは、さまざまな時代のさまざまな場所で興隆してきた反消費運動の一つであると言える。このような反消費の運動は、資本主義の発展に抗する「反資本主義」の実践として、さまざまな形で繰り返されてきた。

むろん、ミニマリズムが流行したからといって、人々が保有するモノの数は、劇的に減ったわけではない。コミュニケーションデザイン研究所（ＣＤＩ）の調査によれば、一九七五年の段階で、平均的な都市生活家庭の生活財保有数は、八二一品目であった。一九八二年にはこれが一二一九品目となり、一九九二年には、一六四三品目へと増えている。[41]内閣府の「国民生活世論調査」では、一九八〇年前後から「物の豊かさ」よりも「心の豊かさ」を優先する人の割合が増えているが、実際には八〇年から九三年にかけて、平均的な家庭が保有するモノの数は倍増している。

ミニマリストの尾崎友吏子《ゆりこ》は、二〇一七年に著わした著作のなかで、自分の家にあるモノをすべて数えたところ、一六四九点あったと報告している（子どもの持ちものは洋服のみ計算に入れた）。ミニマリズムを実践すると、このレベルまでモノを減らせるという、一つの事例である。しかしこの数は、一九九三年時点の平均的な家庭の所有物の数と変わらない。二〇一六年以降にミニマリズムがはやったとはいえ、そのときにミニマリストたちが実践した成果は、一九九三年時点の平均的な家庭に戻るという程度の企てであったのかもしれない。加藤秀俊著『暮らしの世相史』

（中公新書）によれば、明治時代の庶民の家財道具は百数十点にすぎなかったという。この明治時代の日本人の生活にまで戻ろうとした現代のミニマリストたちは、わずかであっただろう。

ミニマリズムの実践は、一九九〇年代の平均的な家庭生活に戻るという程度の企てであるかもしれない。しかしこの企ては、まだ足りないだろうか。私たちは、もっと究極的なミニマリズムを実践すべきであろうか。私たちがかりに九〇年代の生活水準に戻るとしても、それには強靭なエネルギーが必要であることは間違いない。ミニマリズムは、エネルギッシュな実践であり、どこまでもエネルギッシュであるようにみえる。以下で私たちが関心を寄せるのは、ミニマリズムの倫理である。たんにモノを捨てるだけの技術を超えて、ミニマリズムは私たちの精神に、何をもたらしてくれるのか。この問題を探究したい。

以上、第1章は本書の導入として、現象としてのミニマリズムを検討してきた。以下の第2章から第4章では、理論的な事柄を検討する。第2章では、一九八〇年代に花開いたポストモダン消費社会を批判するさまざまな「批判理論」を検討し、批判のなかから新たに掲げられた「理想の消費社会」のイメージを整理する。ミニマリズムは、ポストモダン消費社会を批判する一つの視角である。消費社会批判言説の文脈のなかに、ミニマリズムの意義を位置づけたい。第3章では視野を広げて、正統と逸脱の文化という文化論の枠組みのなかで、ミニマリズムを位置づける。社会の大きな変動に注目すると、逸脱の文化は、新しい正統な文化を生み出す可能性を秘めている。しかし、逸脱を通じた新たな消費文化の構築は、いかにして可能なのか。この問題を検討する。最後に第4章では、さまざまな角度から、ミニマリズムの諸類型を理論化する。ミニマリズムといっても多様な現象である。またミニマリズムと似た実践もいろいろある。第4章ではその多様性を捉えたい。

第2章

消費社会とその批判

ミニマリズムは、ポスト近代の消費社会を乗り越えるための実践である。日本ではバブル経済の崩壊後、人々が生活を少しずつ切り詰めるなかで関心を集めてきた。バブル崩壊後の日本社会を「ロスト近代」と呼ぶとすれば、ミニマリズムは、それ以前のポスト近代からロスト近代に移行するなかで生じたといえる。本章は、この時代の変化のなかで、ポスト近代の消費社会に代わる新しい消費社会の可能性が、どのように語られてきたのかを検討する。最初に、ロスト近代の時代が到来したことを確認し、次に、ポスト近代の消費社会がいかに批判されてきたのかを振り返る。第三に、消費社会全般に対する諸批判を整理した上で、最後に、消費社会に代わるオルタナティブな理想を提起する諸理論について検討したい。

2―1　ロスト近代がやってきた

ポスト近代における未来予測

ダイアン・コイルは著書『脱物質化社会』[1]で、次のような興味深い史実を紹介している。イギリスでは一九八五年まで、貿易収支の数値は、輸出入される商品の重さで計測されていたという。イギリスの「ポンド」とは、重さの単位でもあれば貨幣の単位でもある。貿易収支の計算においては文字通り、輸入財と輸出財の重さが計測されていた。例えば一八八五年、イギリスは、ほぼ一六〇〇万ハンドレットウェイト（「一ハンドレットウェイト」は一一二ポンド）の小麦と小麦粉を輸入していた。しかしこのような重さの計測は、やがて意味をなさなくなる。商品の小型化がすすむにつれて、取引される商品の重さは経済の動向を反映しなくなった。

一九八五年から九〇年代前半にかけて、イギリスではようやく国際経済の動態を、商品の重さではなく、商品の価値（価格）によって測るようになった。コイルはこの変化を捉えて「脱物質化社会」と呼んでいる。商品の重さが意味をなさなくなる「脱物質化」は、おそらくイギリスでも日本でも一九七〇年代には始まっていただろう。その当時の変化を捉えるために、ここでは日本の経験に即して、「近代社会／ポスト近代社会／ロスト近代社会」という三つの時代区分を用いて分析したい[2]。

ここで「近代社会」と呼ぶのは、一九四五年から一九六〇年代にかけての日本の社会である。生産力の増大が国家目標とされ、そのために必要な経済倫理が育まれていた。例えば、勤勉さ、まじめさ、管理された営み、効率性の追求、確実なコミュニケーション、感情の排除、冷静な対応、などの倫理が重視されていた。近代とは、勤勉（抑圧）と解放のコードによって、生活が二分されている時代である。近代においては、一方における徹底的な生活の合理化と、他方における抑圧からの解放としての消費が共存していた。生産と消費は、「ハレ」と「ケ」のような関係になっていた。生産においては徹底的に計画的合理性が追求される一方で、消費においては祝祭的な営みが求められた。

ところが一九七〇年代になると、しだいに「ポスト近代」の時代が訪れる。ここでポスト近代とは、七〇年代から九〇年代中頃までの日本の社会である。この時代の人々は、予測可能な人生よりも、思いがけない出来事に出会うチャンスを多く求めた。共通性よりも多様性を求めた。ある目的を達成するために日常生活を手段化するのではなく、日常生活を美的に享受しようとした。一元化や集中化に代えて、多元化や分散化を求めた。長期的な計画に代わって、断片的な時間の流れが享受された。進歩主義的な未来イメージよりも、ノスタルジーやリメイクなどの手法で過去が享受されるようになった。地位や年齢や性別に合った「相応《ふさわ》しさ」の基準が後退して、地位から解放された消費のスタイルが多様に生まれた。

近代社会においては、標準的な生活を営むための基本的な機能を満たすことが目標とされていた。その目標を達成するために、生産においては、予測可能性、機能性、共通性、効率性、一元化による管理、長期計画性、進歩的発想、などの経済倫理が重んじられた。これに対してポスト近代においては、経済の脱物質化が生じ、情報の価値を評価するための新たな能力が求められた。豊かな生活は、近代的な生産力主義の生活スタイルとは異なるのではないか。ポスト近代の人々は、計画的な人生とは別のところに、人生の豊かさを探った。[3] 管理からの解放、無駄の肯定（カーニバル的な消費）、戯れの肯定、遊びの肯定、パロディやナンセンスの伝達、感情の表現、等々の態度が評価されるようになった。

ポスト近代の社会は、しかし、未来社会についてのすぐれたビジョンを提起したわけではなかった。当時の消費社会論が予測した未来とは、次のようなものだった。[4]

(1)記号消費：消費者は商品の記号的な意味を求めるようになる。記号的な意味をもつ商品に対して、人々はますます支払うようになるだろう。

(2)多様化と個性化：消費者は、自身の個性を消費によって表現したいと思うようになる。人々は、大量生産された商品よりも、少量生産された商品によって自分の個性を表現したり、あるいは、いくつかのバリエーションを揃えた商品のなかから選択したりすることで、自分の個性を表現するだろう。

(3)生産者兼消費者（プロシューマー）：消費者は、生産物を受け身で享受するのではなく、能動的に働きかけたり、コミュニケーションをしたり、生産者としての役割を一部引き受けるようになる。A・トフラーが『第三の波』で描いた「プロシューマー（prosumer=producer+ consumer）」という理想の生活が実現するだろう。[5] それはすなわち、医療機関に頼らず自分で検診する、悩みを抱えた人たちが自助グループを形成する、労働コストを外部化する（セルフ・ガソリンスタンドやDIY（Do it yourself、日曜大工）など）、オーダーメイドをする、等々の生産と消費が一体化した生活である。

この他にも、当時の消費社会論は、ゆったりした時間を過ごす消費、社会的消費、文化消費、情報消費などの言葉で消費の新たな動向を探った。これらは誤りではないが、しかし当時の消費社会論には決定的に欠けている論点があった。記号消費社会が衰退する可能性である。

ここで記号消費の意味を三つに分けて理解したい。記号消費の第一の意味は、「象徴的な差異の消費」である。商品のデザインの変更や色の多様化、あるいは広告による意味づけなどを通じて、同じ機能に新たな価値を加えた場合の消費である。機能は同じでも、色が違うだけで高く売れるような商品の消費である。この意味での記号消費は、先の(2)の「多様化・個性化論」とも密接に関係している。

記号消費の第二の意味は、高度な機能の消費である。例えば、パソコン、記憶媒体、携帯電話、デジタル・カメラ、ハイビジョン・テレビなどのように、個々人のアイデンティティを表現するためというよりも、その技術的な機能の高さ・便利さによって需要を喚起するような商品がある。高機能だからプレミアムがつく場合の消費である。[6]

記号消費の第三の意味は、ニーズを超える消費のすべてである。それは最低限の生活水準を超える消費とみなすこともできるし、標準的な中流階級の生活を超えるすべての消費とみなすこともできる。あるいは一九七〇年代に出現した、大量で画一的に生産される財とは異なる財の消費のすべて、とみることもできる。こうした広い意味での記号消費は、「意味の消費」とも呼ばれる。例えば、より美しく、より楽しく、より刺激的で、よりオシャレな、といった意味づけがなされる。こうした意味づけがなされる消費生活は、近代の生産主義や合理主義のスタイルと対比されて理解された。

ポスト近代の社会においては、これら三つの意味での記号消費が発展した。ところが九〇年代初頭にバブル経済が崩壊してロスト近代の時代が訪れると、人々はしだいに、差異を消費することに関心を示さなくなった。アイデンティティや個性は、商品によって表現される場合とそうでない場合がある。私たちのアイデンティティや個性は、性格・気質、体格・顔だち、他者への印象、価値観・哲学、仕事内容、余暇の過ごし方、衣食住などの基本的生活の送り方、嗜好《テイスト》、などの諸側面において形成されるが、商品を媒介にしなくても、これらの諸側面は表現することができる。例えば現代社会において、ユニクロや無印良品などの商品が売れる背景には、「個性を商品で表現しなくてもかまわない」というニーズがあるように思われる。

むろん、先に示した第二・第三の意味での記号消費（高度な機能の消費およびニーズを超える消費）は、衰退したわけではない。けれども第一の意味での記号消費の衰退は、ポスト近代の消費社会論が展望した(2)の「個性化」の衰退を意味している。ポスト近代の社会とは、人々が消費を通じてアイデンティティと承認を求める時代であった。消費は、自分を表現する活動の一部であった。ところがロスト近代になると、このような消費に勢いがなくなる。ミニマリズムが流行する背景には、自己表現の脱商品化、あるいは自己表現にこだわらないという没個性化の現象があるだろう。

ロスト近代とミニマリズム

ミニマリズムは、ロスト近代とともに訪れた。ロスト近代という時代の特徴を、先に示した「近代／ポスト近代／ロスト近代」の区別に照らして整理すると、表2－1のようになる。[7]

近代の社会においては、人々の関心の中心にあった消費は、住宅であった。ポスト近代の社会においては、それが衣服になり、ロスト近代においてはそれが情報になった。近代における価値意識は「堅実」であり、ポスト近代社会におけるそれは「豪華」であった。これに対してロスト近代における価値意識は「洗練」といえる。

近代の社会においては、できるだけ効率的に人々のニーズを満たすために、大量生産によるコストダウンが試みられた。ポスト近代においては、個々人のアイデンティティを表現するための商品が求められ、たんなる機能ではなく記号的な付加価値が求められた。あわせて広告などを通じて人々の欲望が増幅され、日常生活では必ずしも必須とはいえない消費に活路が見出された。これに対してロスト近代においては、ネット上の空間に無限に広がる自己の可能性を刺激することが、消費において求められるようになった。他方でロスト近代においては消費は、自己表現よりも、環境への配慮によって動機づけられるようになった。

近代の社会は、経済的な勢力《ヘゲモニー》を求めた。これに対してポスト近代の社会は、文化的な勢力を求めた。ロスト近代の社会は、日本経済のたそがれ期において、文化的な成熟を求めている。審美的次元においては、近代の社会は機能的な美しさを求めたのに対して、ポスト近代の社会は多様

表２－１　近代／ポスト近代／ロスト近代の諸特徴

	近代	ポスト近代	ロスト近代
スタイル	合理的・効率的な生活／享楽的なはけ口（大衆娯楽）	他者からの個性承認欲／逸脱的な欲望の肥大化	潜在的可能性の開発への関心／自然環境との融和
関心の中心	住宅	衣服	情報
価値意識	堅実	豪華	洗練
目的	できるだけ効率的に高水準のニーズを満たすこと。大量生産によるコストダウン。	他者に対して自己の社会的存在意義を示すこと。記号的付加価値の追求。	できるだけ自分の可能性が広がるように能力を開発すること。全能感の追求。
審美的次元	機能的美しさ	多様性と奇抜さ	自然主義
文明と文化	経済的勢力への関心	文化的勢力への関心	勢力の黄昏、教養への関心
主導的サンプル	オイコス（家庭）の機能的合理主義	西欧貴族的奢侈／マイノリティ文化	スローフード（古民家カフェ）

性や奇抜さを求めた。これに対してロスト近代の社会は、環境との融和という関心から、自然美への回帰を求める心性をもたらしている。

以上、きわめて大雑把ではあるが、三つの時代の特徴を描いてみた。このような時代区分に照らして言うと、最近のミニマリズムの流行は、近代とポスト近代に対するアンチ・テーゼであるといえる。ミニマリズムは、ロスト近代に特有の消費スタイルであり、近代とポスト近代の両方に対抗する思想的意義をもっている。ミニマリズムの実践については、第5章以下で検討する。その前に本章では、ポスト近代の消費社会がどのように批判され、どのようなオルタナティブ（代替案）が提起されてきたのかについて整理したい。ミニマリズムがポスト近代の消費社会に対する批判のなかから生まれてきたことを確認したいと思う。

2−2 ポスト近代社会は批判されてきた

一九七〇年代から一九九〇年代半ばにかけてのポスト近代社会においては、それ以前の近代社会に対する批判が行われた。「近代を乗り越える」という企てが、ポスト近代における思想的な課題となっていた。むろんポスト近代の社会は、近代社会を乗り越えたわけではない。ポスト近代の社会は、その当時からさまざまな批判にさらされていた。ポスト近代とは、欲望によって資本主義を駆動する社会にすぎないのではないか。以下では、ポスト近代社会に対する批判を検討したい。

消費依存症

近代からポスト近代の時代にかけて、日本では大衆消費社会が成立していた。大衆消費社会においては、人々は大手の広告代理店の戦略に乗せられて、流行の商品をついつい買わされていた。いわば広告依存的な消費行動が全般化していた。大衆消費社会は、広告によって人々の消費を誘導する。例えば広告代理店の電通は、一九七〇年代に、ヴァンス・パッカード著『浪費をつくり出す人々』[8]をベースに、次のような「電通戦略十訓」を作成している。[9]

1　もっと使わせろ

2　捨てさせろ
3　無駄使いさせろ
4　季節を忘れさせろ
5　贈り物をさせろ
6　組み合わせで買わせろ
7　きっかけを投じろ
8　流行遅れにさせろ
9　気安く買わせろ
10　混乱をつくり出せ

人々はこうした広告戦略に乗せられて、不要なものまで買わされた。その浪費的な消費は、ポスト近代の社会においても続いた。ポスト近代の消費社会は、広告によって慢性的な消費依存を生み出した社会と言えるかもしれない。ジョン・デ・グラーフとデイヴィッド・ワンとトーマス・H・ネイラーは、消費依存の症状を「アフルエンザ（過剰なものへの感染）」と呼んでいる。[10] かれらはこの症状を診断するために、五〇項目からなる「アフルエンザ自己診断テスト」を作成した。その一部を紹介しよう。

1　何か消費するもの（品物、食べ物、メディア）がないと退屈する。
2　自分が持っている物や、自分が休暇を過ごした場所で、友達を感心させようとする。
3　ショッピングを「癒し」に利用している。
4　何も買う物がなくても、ショッピングモールへ行ってただ見てまわることがある。
5　買い物が第一の目的で旅行に行ったことがある。
6　概して人々のことを考えるより物のことを考える方が多い。
7　会話が自分の買いたいものに集中することが多い。
8　ファストフードにいくらお金を使ったかについて恥ずかしく思うことがある。
9　買い物をするとき、幸福感がわき上がった後、続いて不安に襲われることがよくある。
10　自宅に収納できないほど物をたくさん持っている。

これらの文章に「そう思う」場合は2点、どう答えればよいか分からなかったり、ほとんど同じで決められない場合は1点、「そう思わない」場合は0点を付けて、その合計点を計算すると、あなたの消費依存度が診断される。以上はアフルエンザ診断の簡略版ではあるが、合計点が5〜10点の人は、すでにアフルエンザに感染している。10〜15点の人は、熱が急速に出ている。15〜20点の人は、アフルエンザにすっかり冒されている。[11]おそらく現代人の多くは「アフルエンザ」に感染しているのではないか。これに対してミニマリストたちの点数は、0〜5点になるかもしれない。
このアフルエンザ診断テストの簡略版で、4のショッピングモールに関する質問は、ポスト近代における消費の本質を突いているだろう。ポスト近代の大衆消費社会は、ショッピングモールと呼ばれる劇場空間を生み出した。かつてM・ウェーバーは、現代社会を「鉄の檻（ネット）」にたとえたが、これを受けてG・リッツァは、現代の社会がさまざまな消費の殿堂（ショッピングモール）を単位にした「小さな檻」が群島をなしていると捉えた。ショッピングモールは、小さな島＝小さな檻である。「消費者は島から島へ（たとえば、あるショッピングモールから別のショッピングモールへ）自由に動き回れるが、各島で拘束されている」とリッツァは指摘する。[12]
リッツァによれば、現代のショッピングモールで起きているのは「再魔術化」である。ショッピングモールでは、消費者たちは夢のような浮遊状態を経験する。他人にはほとんど気づかず、自分はどこにいるのか、どのくらい時間が経ったのかさえ分からなくなる。ショッピングモールにいる消費者たちは、舞台の主人公ではなく、巨大な劇場の観客である。舞台の上にいるのは商品たちである。舞台の主人公たる商品たちは、観客である消費者によって凝視される。劇場には、巨大なスペクタクルの空間が広がっており、イベントが催されたりもする。商品たちは、まもなく消費者たちに購買され、消費者の自宅に落ち着くであろう。しかし消費者は、商品を買っても、商品から疎外されてしまう。巨大なスペクタクル社会の主人公は商品であり、消費者は、それを見たり批評したり使用したりする観客にすぎない。[13]

このように現代人は、ショッピングモールによって、人間ではなく商品たちが主人公になるような社会を築いてしまった。舞台の上にある商品たちに目がくらむという消費依存の状態を築いてしまった。それがポスト近代の現実である、というのがリッツァの批判である。

生活スタイルの軽薄化

こうした消費依存の現象と並行して、ポスト近代社会は「消費の軽薄化」をもたらしてきた。堤清二は、その当時の経営者が消費者のニーズを捉えきれない様子を、次のように描いている。

「こんなものがどうして売れるんですかねぇ」と呟きながら、その〝こんなもの〟をしみじみと見る生産者の眼差しは、消費社会を訝しく思い、かつ感歎している眼差しである。そこにあるのは、自社の生産物の使用価値としての質の高さを誇る技師の長としての経営者の顔ではない。この点で、経営者は具体的な技術の集積からも浮いた存在にならざるを得ない。はっきりしたよりどころとは考えられない物差しによって何が「当る」かを探り、それに成功した幸運を感謝する人の顔こそ、現代の経営者の顔である。[14]

経営者の眼からすれば、価値のないものが売れている。ファッションの流行のサイクルも短くなり、経営者には、消費者たちが何を求めているのか、何を指針として商品を生産すべきなのか、見えなくなってきた。経営者たちは生産の方針について、ますます評論家やジャーナリストたちの意見に依存するようになった。これはしかし、望ましい社会とはいえない。評論家やジャーナリストが、まともな言説を生み出しているのかといえば、そうではない。堤によれば、「今日におけるファッション化の根本的な問題点は、社会的、思想的な問題点をもファッションとしてしかとらえようとしない消費社会の軽薄化、浮遊化」にある。堤はこのように、当時の消費社会を根本的に批判したのであった。[15]

軽薄な商品が売れるのは、それに意味を与える人間が軽薄化しているからではないか。人間の軽薄化は、しかし、消費資本主義社会の要請であった。それまでの近代社会において、人々は生産力の増大のために「勤勉な労働倫理」を要請された。ところがポスト近代の社会においては、勤勉さよりも欲望の増幅が求められるようになった。欲望消費が資本主義を駆動するエンジンとなるためである。ポスト近代社会は、人々の消費を駆動するために、思想すらも軽薄に捉える心性を生み出した。

では私たちは、このポスト近代社会をいかに克服しうるのだろうか。堤清二は、浪費の少ない低エントロピー社会を展望した。[16] 私たちは商品を買う前に、あらかじめ吟味できるようになれば、その分だけ浪費しなくて済む。実際、この「あらかじめ吟味する」というスタイルは、私たちの社会において実現されてきたように思われる。現代人は、ネットで情報を集め、じっくり検討してから消費するようになった。情報社会の発達によって、ポスト近代の消費社会を克服する環境が生まれた。

物質性のパラドクス

ポスト近代社会には、一つのパラドクスがあった。その当時、消費のスタイルは、物質消費から記号消費へと転換されていくと展望された。例えば、同じ機能の靴でも、さまざまなデザインや色の靴が生産され、その差異が付加価値（記号的価値）となった。私たちはデザインや色の違い＝差異という記号的な部分に、多く支払うようになった。しかしこうした記号的な消費の増大と並行して、物質的な消費もまた増えるという逆説的な現象（パラドクス）が生じた。例えば、アメリカ人が一年間に購入する一人当たりの衣料品の物量は、一貫して増大している。一九九〇年から二〇一〇年にかけての一人当たり繊維消費量の推移をみると、日本ではほぼ横ばいであるものの、アメリカでは大きく上昇し、ＥＵ諸国でもやや上昇している。[17]

ジュリエット・Ｂ・ショアによると、記号消費は、かえってファッションのサイクルを短期化させ、ほんのわずかの期間しかその象徴的な価値を持続させないようにした。人々は、記号の価値を手に入れたければ、ますます物質を消費しなければならないという逆説的なサイクルに嵌《は》まってしまった。[18] 日本人はともかく、アメリカ人やヨーロッパ人は、記号消費とともに物質消費を増やしてきた。これは一つのパラドクスではないか。記号消費は物質的な媒体を必要としているが、記号の価値が流動的になれば、人々はますますその物質的媒体を購入しなければならなくなる。記号消費社会は、物質消費社会に代替するどころか、物質消費社会をいっそう持続させてきた。

記号消費は、物質消費に取って代わったわけではない。マクラッケンによれば、ファッションとは「意味（価値）」を「モノ」に転移する装置であり、そこには次の三つの要素があるという。[19]

(1)文化的に構成された世界を、消費財の意味へと転移する。
(2)オピニオン・リーダーたちによって、新しい文化的意味を発明する。
(3)文化的な意味を発明するだけでなく、そのラディカルな変革に従事して、たえずシステマティックな変化をもたらす。

ファッションにおける記号の意味は、物的な財を通じて提供されなければならない。ところがその記号的意味は、オピニオン・リーダーたちによって絶えず新たに生み出されなければならない。人々がオピニオン・リーダーたちに従って、新しい意味をつねに追い求めるとすれば、物質的な消費を減らすことはできない。幸いにして日本では、このような記号消費のパラドクスは見られないが、それでも記号消費の増大は、物質的な消費量を減らしたわけではない。ポスト近代の消費社会は、記号消費によって物質消費が減少すると展望したが、そうはならなかった。ここに当時の消費社会の限界があるのではないか。

新しいニーズの創造という虚構

先に紹介した「電通戦略十訓」には、重要な広告戦略が一つ欠けている。それは「必要のないモノを、あたかも必要なモノであるように認識させろ」という戦略である。デイビッド・ルイスは著書『買いたがる脳』で、この戦略について論じている。人々はある商品について、自分が本当に欲しいのかどうか迷っているとき、その商品が「ニーズ（必需品）」であると理解すれば購入するだろう。社会におけるニーズは、社会の発展とともに変化する。それゆえ広告の戦略としては、新しいニーズを生み出して、人々に「これは買わなければならない」と思わせることが一つの戦略になる。

ルイスは「ニーズ（必需品）」と「ウォンツ（欲しいモノ）」を組み合わせたマトリクスを、表2－2のように描いている。[20]

商品には、ニーズとウォンツについて、さまざまな程度がある。ニーズとウォンツがともに低い商品は、端的に売れないものである。ウォンツが高くニーズが低い商品は、消費者がなんらかのかたちで、生産者その他によって「欲しい」と思わされたものである。これに対してウォンツが低くニーズが高いものは、消費者が仕方なく購入するものである。これらに対して、ニーズとウォンツがともに高い商品、すなわち「ウォンツニーズ」は、消費者が欲しくて必要だと思うものである。生産者は、消費者の側にそのような心理状態を生み出すことで、より多くの商品を売

表2-2　ニーズ、ウォンツ、ウォンツニーズ

	ウォンツ（低）	ウォンツ（高）
ニーズ（低）	ウォンツとニーズがともに低い	ウォンツが高く、ニーズが低い
ニーズ（高）	ウォンツが低く、ニーズが高い	ウォンツニーズ

ることができる。

ルイスによれば、ウォンツやニーズが低い商品でも、マーケティングや広告戦略によって「ウォンツニーズ」に移行させることができるという。例えば次のような方法がある。(a)買い物客に「作業」を与える。バーゲン・セールのときに、大きな箱の中に商品を大量に詰め込んでおくと、そこからあるお気に入りの商品を「掘り出し」たときに、消費者はいっそう興奮するので、購買欲が高まる。(b)稀少性を作り出す。人は、稀少なものを手に入れたいという欲求をもつ。稀少なものは、精神や身体の興奮状態をもたらす。(c)値引きしたり、別のアイテムを追加した「ザッツノットオール」テクニックを用いたりする。(d)楽しさを演出する。人は楽しく遊んでいるときに、買い物をする気分になる傾向が強い。(e)気分転換するための「必要なもの」にする。例えば空港では、乗り換えのために数時間を孤独に過ごすため、消費者は時間を持て余し、緊張をほぐすために気晴らしを求めるようになる。消費者は、商品そのものよりも、販売員の接客を強く求めることがある。そのような心理を生み出すためには、消費者を閉鎖的な環境に身を置くようにすることが効果的である。(f)「問題がある」と感じさせる。例えば、「息のにおい」が気になって恋ができないといった不安をかきたてて、消費を刺激する。およそ以上が「ウォンツニーズ」を生み出すための戦略であるという。[21]

むろんこうした広告戦略がなくても、人々のニーズは社会の発展とともに変化するだろう。ショアは著書『浪費するアメリカ人』のなかで、生活必需品の定義がしだいに拡大してきたことを指摘している。現代のアメリカ人は、「どれだけあれば十分か」という質問に対して、年間所得が一〇万ドル（約一二〇〇万円）以上の世帯に暮らす人のうち、二七パーセントが「本当に必要とするモノを何でも買う余裕はない」と述べている。そのうち二〇パーセント近くは、「基本的な必需品に所得のほとんどすべてを支出する」と述べている。またアメリカ人の高所得層の約半分は、「実際に必要なモノを何でも買う余裕はない」と感じている。[22]

私たちはどんなに豊かになっても、時代とともに「必要なもの（ニーズ）」の範囲が拡大するので、必要なものをすべて買うことはできない。新たに生まれたニーズを満たすために、私たちはさらに高い収入を得なければならないと感じてしまう。しかし新たに作られたニーズは、実際には満たさなくても暮らしていける。ミニマリズムの運動は、ニーズの範囲の拡大が虚構にすぎないことを暴くものであるかもしれない。ショアは、ウォンツニーズの多くが虚構であって、浪費を煽るものでしかないと指摘する。

高次の自由を恐れる心性

最後に、ポスト近代の消費社会に対する批判として、消費社会の成熟は人々を決して満足させない、という議論を検討したい。ポスト近代の消費社会は、圧倒的な豊かさを実現したとはいえ、人々はその豊かさをうまく享受することができないでいる。例えばアラン・クルーガーは、アメリカ人は自由時間を手にしたはずなのに、有意義なことや挑戦したいことに打ち込めていない、という統計結果を報告している。[23]

自由な時間と豊かさを手にした現代人の多くは、生きるために必要な低次の欲求から、精神性を発揮するという高次の欲求まで、あらゆる次元の欲求を満たすことができるようになった。肉体的欲求、安全・安心の欲求、愛を与え享受する欲求など、私たちはさまざまな欲求を満たすことができる環境を手にした。けれども、ジョン・デ・グラーフらによれば、そのもう一つ上の次元にある「尊厳の欲求」は、ウィルスであふれているという。[24]自尊心《プライド》を満たしたいという欲求や、他者に承認してもらいたいという欲求は、消費社会において捻《ね》じ曲げられている。例えば私たちは、他者に承認してもらうために、自分が何を知っているか、何を信じているかではなく、何を持っているかを示そうとする。「所有したモノによる自己表現と承認の要求」は、しかし、自己の尊厳の欲求をモノに対する評価とすり替えるものであり、本来満たすべき承認とは異なるであろう。

消費社会においては、実現可能な高次の欲求が、いつのまにかすり替えられてしまう。その理由はおそらく、自由を手にした人間の弱さにある。小沢雅子は『新・階層消費の時代』のなかで、次のように語っている。[25]

かつて芥川龍之介は『侏儒《しゅじゅ》の言葉』で、「自由は山嶺《さんてん》の空気に似ている」と書いたことがある。

確かに山の頂上からの景色はすばらしい。自由な空気を吸うことができる。しかし、自分の価値基準に自信のない人にとって、そのような空気を吸って「自由に生きろ」と言われても、困ってしまう。[26]私たち現代人は、自由な消費社会を実現したけれども、多くの人々にとって消費社会とは、他の誰かが提案するいくつかのモデルのなかから、一つのモデルを選択するだけにすぎない。消費社会のなかで消費者が個性化するといっても、それは個々の消費者の帰属意識が「グループ化」したにすぎない。小沢はこのように、弱者についての芥川の洞察から、消費社会における人間の弱さを指摘している。

その一方で小沢は、消費者の欲求がマズローの欲求段階論にしたがって高度化すると、消費者は「自己実現への欲求」(第五段階)を抱くようになり、そこに至れば、この高次の欲求を満たすために消費者は消費市場から撤退するのではないかと考えた。自己実現への欲求を抱く人間は、所有したモノで自己表現することはない。むろんしかし、そうした高次の自己実現をなしとげた人でも、自分のなかの低次の欲求を満たすためには、やはり市場を通じて財を調達しなければならない。消費社会というのは、人間の低次の欲求を満たすために必要である、というのが小沢の考えであった。

以上、本節では、ポスト近代の消費社会に対する五つの批判を紹介してきた。消費依存症、生活スタイルの軽薄化、物質性のパラドクス、新しいニーズの創造という虚構、および、高次の自由を恐れる心性、である。ポスト近代の消費社会は、豊かな消費社会を実現したとはいえ、決して理想の社会ではなかった。人々は消費依存の状態に陥り、考え方までも軽薄になった。物質よりも記号を消費するようになったと言われる一方で、物質消費を減らしたわけではなかった。人々は豊かになったといっても、新たに求められるニーズを満たすために、余裕のない生活を強いられた。低次の欲求が満たされたとしても、高次の自由を求めることには恐れを感じた。これがポスト近代消費社会の現実であった。

では、ポスト近代の消費社会を批判した知識人たちは、何を積極的に打ち出したのであろうか。この問題を検討する前に、次節では別のタイプの批判を紹介したい。ポスト近代の消費社会は、それ以前の有閑階級の消費スタイルを一つの理想とした。しかしこの有閑階級の生活は、いかにバカバカしいものであるかについての批判がある。その批判を検討したい。

2-3 富を獲得することのバカバカしさ

前節では、ポスト近代の消費社会に対するさまざまな批判を検討したが、まだ捉えられていない批判がある。富者あるいは有閑階級に対する批判である。近代社会においては、それ以前の貴族階級に代わって、資本家階級が台頭した。かれらは経済的な成功によって獲得した財と、自由になる時間によって人々を魅了した。けれども富裕階級や有閑階級の生活スタイルは、本当に理想的なのか。以下の四つの議論は、この問いに疑いを示している。

凡庸な億万長者たち

トマス・スタンリーとウィリアム・D・ダンコの調査によれば、豪華な屋敷に住んで高級車に乗っている人たちは、実はあまり資産を持っていないという。反対に、大きな資産を持つ人たちは、そもそも高級住宅街に住んではいない。「ものをたくさん持っている人」でも、気前よくお金を使う人は、あまり大した資産（不動産や株）を持っていない。彼らの分析によれば、金持ちというのは、モノを買って見せびらかすのではなく、将来値上がりしそうな資産をもちたいと思う人たちである。二人は億万長者の自画像《ポートレート》を、次のように描いている[27]。

億万長者の三分の二の世帯は、自営業である。そのうちの四分の三は、自分で事業を始めた起業家であり、残りは、独立して診療所や事務所を開いた人たちである。億万長者の七割の世帯では、夫が家計を支えている。二割の億万長者たちは、すでに引退している。また、億万長者の仕事の業種は、たいして面白くないものである。溶接の下請け業、競売人、米作農業、移動住宅専用駐車場の経営、害虫駆除、コイン・切手ディーラー、舗装下請け業などである。平均するとかれらの年収は、資産の七％以下である（一億円の資産の七パーセント（七〇〇万円）以下）。億万長者たちは、その収入に比べて、はるかに少ない金額で生活している。安いスーツを着て、国産車に乗っている。億万長者の八割は、独力で資産を築いているので、親から相続する遺産をあてにしていない。かれらが住んでいる地域には、億万長者ではない人が億万長者の三倍以上住んでいる。大学を卒業していない人は、二割だけである。かれらの一八パーセントは、大学院を卒業している。

以上のような億万長者の生活は、魅力的であろうか。どうも億万長者たちは、文化を嗜《たしな》むためにあり余る資産を散在するような人たちではなさそうである。かれらは勤勉に働いて貯蓄するけれども、顕示的な消費をするわけではない。たいして面白くない仕事をしている。こうした億万長者のイメージは、富を築くことに疑問を抱かせるかもしれない。

有閑階級の怠け者たち

富裕階級のなかでも時間のある人たちは、文化的な生活を嗜んでいるだろうか。そうではない、という批判がある。ジャック・ロンドン（一八七六―一九一六）の自伝的な小説『マーティン・イーデン』は、富裕になった人たちの文化が、じつは怠け者たちの文化にすぎないことを見破っている。

この物語の主人公、マーティン・イーデンは、上流階級の女性ルース・モースに近づくために、そしてまた、その女性が教えてくれた文化的教養の秩序ある豊かな世界を吸収するために、船乗りの仕事をやめて、貧しさに耐えながらも、図書館に通いながら文筆家を目指している。あるときイーデンは、コールドウェル教授に面会する機会があり、そのときに自分の人生観を次のように語った。[28]

です。（…）人生はあまりにも短いのですから、僕は自分の出会う人たちの最上のものが欲しいのです。（…）社会のどの人も、どの連中だって（…）自分よりすぐれた人のまねをしているんです。それじゃ、そのすぐれた人のなかで一番は誰なんでしょう？　怠け者です、富裕な怠け者連中です。彼らには、世界で大したことをやっている人たちの知っていることなど、まずわかってはいません。そんな話に耳を傾けるなんてうんざりだということになって、そういう怠け者連中は、そういうことは専門の話であってとりあってはならない、と決めつけてしまうのです。たとえば、最新のオペラ、最新の小説、トランプ、玉突き、カクテル、自動車、馬の品評会、鱒《ます》釣り、鮪《まぐろ》釣り、猛獣狩り、ヨットの帆走等です――いいですか、怠け者連中が知っているのはこういうことなのです。実際、自分たちなりに怠け者の専門話を作っているわけです。なかでも一番おかしいのは、利口な人たちの多くや自称利口な人たちがみんな、そういう怠け者連中の言いなりになっているということです。僕は、たとえ卑俗な専門話だとか何だとか言われようと、人が持っている最上のものが欲しいのです。

このようにイーデンによれば、富裕な怠け者（有閑階級の人）たちの文化は、とくに最上の文化というわけではない。退屈な遊びに耽《ふけ》っている。ところが不思議なことに、多くの利口な人たちは、富裕な怠け者たちの文化を模倣している。これはおかしい。むしろ最上の事柄を真似るべきではないか。このような批判は、現代の富裕階級に対しても当てはまるかもしれない。

エミュレーションを煽る構造

私たちは、自分が魅力的だと思う人たちの生活を真似ようとする。そのような模倣は、私たちの生活水準を引き上げてくれる。けれどもそこに、「ワンランク上を目指して模倣する競争」が生じるとすれば、どうであろうか。かつてヴェブレンは、自分よりもワンランク上の階級にいる人の文化を模倣することを「エミュレーション」と呼んだ。あと少しで手に届きそうな文化をなんとか手に入れたい。そのような上昇への欲求は、消費社会における私たちの行動を動機づける根本的なメカニズムであるだろう。

例えばここに、二人の医師がいるとしよう。[29] 二人はいずれも、ホンダのセダンに乗って通勤している。けれども二人は、「ＢＭＷレベルの車をもっていないと、医者は患者から信用されそうにない」とも思っている。いま、ＢＭＷの新車を買えば、仕事にプラスになるだろう。信頼される医者になれば、将来の所得も高くなるだろう。そこで二人の医師は、借金をしてＢＭＷを買うことにした。

しかし二人にとって、この選択はプラスになっただろうか。ＢＭＷを購入して顧客の信頼を得るためには、他の医師がまだＢＭＷを購入していないことが条件である。もしすべての医師がＢＭＷを購入すれば、それは「他の医師よりも信頼できる」ことの証しにはならない。もしすべての医師がＢＭＷに乗るなら、さらなる信頼を勝ち取るために、ベンツかジャガーを買うしかないだろう。ヴェブレンによれば、人々はこのように、他人よりも優位な地位を獲得するために、あたかも軍拡競争のように顕示的消費のエミュレーションをすることがある。エミュレーションは、私たちがどこまで借金して消費できるかという消耗戦へと駆り立てる。はたしてそのようにして得た社会的地位(顧客からの信頼)は、どれほど有意義なものなのか。すこし距離を置いて考えると、顕示的消費に駆り立てられることのバカバカしさが見えてくる。幸いにして現代社会においては、医師たちは信用を勝ち得るために、このような顕示的消費をする必要がなくなった。しかしそれでも私たちは、自分の評判を気にして、地位の優位を示すためのエミュレーションに巻き込まれることがあるだろう。

自分へのご褒美

エミュレーションに巻き込まれた顕示的消費はバカバカしい。しかしこのバカバカしさに気づいたとして、私たちは他者の視線を気にせず、もっぱら自分のために消費するのがよいのかどうか。そうとも言えない。ロバート・フランクによれば、私たち現代人は、他人に顕示したい、自分をよくみせたいという欲望に駆られるだけでなく、「仕事をがんばった自分にご褒美をあげたい、自分を慰めたい」という理由で浪費する場合があるという[30]。

例えば日本では、消費不況が始まった九〇年代後半から、「自分へのご褒美」としてブランド品を買う現象が話題となった。ブランド品を買う際に、他人に顕示せずに、できるだけ隠して購入する。そんな消費行動が生まれた。週刊誌の『アエラ』にその取材記事がある。[31] 例えばある三〇代の女性は、買ったモノに袋や箱はいらないと言って、バッグに隠して会社に戻るという。グッチのブラウスを買うと、それを折りたたんでバッグに入れる。あるいは、あまりにかさばるものを買うときは、最寄りの地下鉄駅のコインロッカーに入れて隠すという。

　ブランド品をできるだけ他者に顕示しないで買うというのは、ある意味で、成熟した消費行動と言えるかもしれない。しかし『ひとりになれない女たち』の著者の衿野《えりの》未矢《みや》によれば、高学歴・高収入の女性がブランド品の買い物に走るのは、仕事依存や会社依存の病と関係しているという。真面目で頑張り屋で挫折を知らない人は、いったい自分が仕事で正当に評価されていないのではないか、というストレスを抱えている。そんなときにブランド品を買うと、がんばった自分へのご褒美となる。それは自分にとって「わかりやすい成績表」を示してくれる。つまりブランド品は、自分で自分の仕事に対してよい成績をつけるという目的で購入される。

　こうした消費はしかし、後ろめたさの感情と隣り合わせであるだろう。ブロガーのCrispy-lifeは、次のように分析している。「そういや「自分へのご褒美」っていつ頃からあった風習？ 私も昔はそれなりに「ご褒美商戦」に乗せられて、普段は欲しいと思わないブランドの服を買ってみたり、高級スパでのボディトリートメントコースを受けてみたり、なんてこともしました。今になって考えてみれば、当時私が欲しかったのは「経済力がついたことを目に見える形で確認すること」だったような気がします。これはある程度仕事を覚えた三〇歳前後の社会人が陥りやすいトラップではないでしょうか。[32]」

自分へのご褒美は、自分の社会的地位と所得に見合った消費として意味づけられる。しかし問題は、自分へのご褒美として購入したブランド品が、当人にとって本当に欲しいものではなく、本当に必要なものでもないという事実である。一生懸命に働いて得た所得で、後ろめたいものを消費するというこのパラドクスは、消費文化の未熟さを示すものではないだろうか。

以上、本節では、富裕階級や有閑階級の生活スタイルが、実際のところ、人々が目指すべき目標とはならない可能性を指摘してきた。かれらは、経済的な成功によって獲得した財と時間によって、人々を魅了することができるわけではない。そもそも消費を通じて人々を魅了することには限界がある。また消費を通じて自分自身を満足させることにも限界がある。豊かな消費社会は、必ずしも人間を満足させるわけではない。次節では、消費社会批判の先に展望される理想の社会像を検討したい。

2-4　消費社会に代わる理想とは

消費社会に代わりうる理想の社会とは、どんなものであろうか。ここでは代替案となる理想社会のいくつかを取り上げて、消費社会を批判的に捉え返していく。

現代の資本主義社会は、「より大きく、より早く、より強く」という論理でもって生産力を増大してきた。けれどもこの資本主義の論理は、私たちが本来求めているはずの「生の理想」を奪ってきたのではないか。辻信一は『スロー・イズ・ビューティフル』のなかで、そのような問いを発している。生産性の増大のために資本主義に服するというのは隷属であって、「善き生」ではありえない。では善き生とはなにか。辻が描いたオルタナティブは、ノスタルジーを多分に含んだスローライフであった。

伝統社会を美化し、その一面だけをロマンチックに描こうとしている、という批判を浴びることを覚悟の上で、ぼくは、社会の中にあってそれを支えていた節度のメカニズムとしての文化の喪失を憂えているのだ。過去へのノスタルジーだと揶揄されるだろう。しかし、母親の歌った子守歌の緩やかなリズムをからだが記憶するように、ぼくたちがなお文化の遅さと小ささを懐かしく思い出すことができるなら、それは幸いなことではないか。[33]

辻はこのように、自己の幼少期へのノスタルジーを足場にして、「創ること」の大切さを説いた。現代の大衆文化や資本主義文化のなかで、私たちは便利さや快適さを求めるあまり、受け身になってしまいがちである。辻はそのような生活を排して、能動的に生きる可能性を探った。例えば、テレビをつけて「文化」を見るのではなく、自分の家で文化を創る。機械の役割を減らして、人間の能力を伸ばすための道具を増やす。このように「自前で生きる」ことの楽しさを取り戻すべきだという。

同様の提案は、川上浩司《ひろし》の『不便益という発想』にもみられる。[34] 川上によれば、近代以前の時代は、さまざまな点で不便であったけれども、いろいろ工夫すれば楽しく暮らすことができた。ところが近代化とともに便利な生活が普及すると、人々はあまり考えずに生きるようになった。近代以前と以降の生活を比べると、どちらがよい生活なのか。生活が不便なほうが、「習熟する喜び」「主体的になる喜び」があるのではないか。人間が自ら手間をかけて頭を絞る生活のほうが、便益があるのではないか。もちろん近代以前の生活のすべてがよかったわけではない。けれども現代人は、自分の脳を活性化するためにも、あえて「不便さ」を取り入れてみるべきだというのが川上の提案である。

例えば次のような方法がある。数量や期間などを限定する、わざと質を劣化させる、大型にする、操作の数（あるいは量）を多くする、わざと時間がかかるようにする、アナログにする、刺激を与える、わざと危険にする、情報を減らす、わざと無秩序にする、疲れさせる、などなど。こうした方法は、工夫、発見、対象の本質の理解、自分だけという感覚、安心感や信頼感、能力低下の予防、上達、などの利益をもたらしてくれる。不便さには利益がある。その利益を一言で言えば、私たちが受動的な生活を捨てて、能動的な生活を送ることのすばらしさである。消費社会を批判して、能動的な生を取り戻すことが、川上においても目標となっている。

むろん私たちは、消費社会のただなかにおいても、能動的な生を取り戻せるかもしれない。大塚英志《えいじ》『定本 物語消費論』は、現代の消費が、消費者の能動性を引き出す方向に向かう可能性を示唆している。大塚が取り上げるのは、例えばバブル経済期の子どもたちに人気のあったビックリマンチョコレートである。この商品にはおまけとして、ビックリマンシールがついてくる。子どもたちはチョコレートよりも、このシールが欲しくて購入した。シールの種類は、合計で七七二枚ある。それぞれのシールには、あるキャラクターが描かれ、裏面には「悪魔界のうわさ」が記されている。これらのシールを集めると、しだいに大きな物語がみえてくる。さらに、いくつかのシールを組み合わせると、キャラクター間の抗争や裏切りといった、小さな物語がみえてくる。この小さな物語を組み合わせていくと、大きな物語がみえてくる。子どもたちは、この大きな物語の体系を知りたくて、商品を買い続けた。

大塚によれば、「製造元の菓子メーカーが子供たちに〈売って〉いたのは、チョコレートでもなければシールでもな」く、「〈大きな物語〉そのもの」であった。[35] 子どもたちは、モノよりも物語が欲しくて商品を買う。このような物語消費の形態は、コミックやアニメ、あるいは玩具にも多かれ少なかれみられるだろう。ビックリマンチョコの場合、物語は、一回分の小さな物語と、個々の小さな物語を体系化した大きな物語という、少なくとも二つの層をなしていた。大きな物語を知ることができれば、消費者は、今度はその物語の構造に依拠して、個々の小さな物語を推測し、場合によっては、そこから新たな物語を紡ぎだすこともできた。そこには物語を想像し、受け手が物語を作り出すという快楽があった。

こうした物語消費の興味深い点は、消費者が物語を欲して商品を買うだけでなく、消費者たちが積極的に物語を作ることにある。例えば『キャプテン翼』という マンガから、『翼』同人誌と呼ばれるジャンルが生まれた。かつて『少年ジャンプ』に掲載されていたこの漫画は、その後アニメ化され、ファミコン化もされた。アマチュアの書き手たちは、この作品の主要なキャラクターを使って、自由に物語を創作しはじめた。『キャプテン翼』という大きな物語を背景にして、小さな物語がさまざまに創作された。『翼』同人誌は、何千種類にもおよび、有名な同人誌は、万を超える売り上げになった。こうした同人誌による二次創作を、たんにパロディと呼ぶだけでは消費の意味を的確に捉えることはできないであろう。原作のキャプテン翼は、大きな物語である。書き手たちはこの大きな物語を共有し、そこにいろいろな物語を付け加える楽しみを得た。書き手たちはまた、小さな物語を展開することによって、そこに自分なりの個性や力量を示すこともできた。これらの営みは、近代的な生産主義に抗する物語消費だといえる。

大きな物語を背景にして、小さな物語を創作する。そのような営みは、歌舞伎や人形浄瑠璃にも見られる。大塚が引用する服部幸雄他編『歌舞伎事典』の項目「世界」（執筆は池上文男）によれば、歌舞伎や人形浄瑠璃の作者は、背景となる時代や事件、登場人物の役名、それらの人物の基本的性格、人物相互の関係、基本的な筋、脚色されるべき基本的な局面や展開といった点で、共通の枠組み（「世界」と呼ばれる）に乗った上で、新しく案出した趣向を脚色したり、複数の世界を混合したりして作品を作るという。こうした古典的な物語の創作と同様に、キャプテン翼の同人誌においても、共有された大きな物語＝「世界」の上で、小さな物語が新たに創作された。物語消費とはこのように、受け手がたんに物語を消費するのではなく、物語を創作する活動を含んでいる。私たちは、能動的な消費をするために、消費社会を否定する必要はない。消費社会は、私たちの能動性を引き出す方向に発展しうるであろう。問題は、消費社会が提供する大きな物語の枠組み（「世界」）を、私たちがどのように評価するかという点にあるだろう。

対抗文化性 vs. 大衆文化性

資本主義の消費社会は、私たちの欲望をかきたてることで経済全体を活性化しようとする。ところが往々にして、私たちがかきたてられる欲望は、大衆受けするポピュラー文化に根差したものにすぎない。それで本当によいのか、支配的なものに巻かれるだけでよいのか。そのような問題がこれまで提起されてきた。

小倉利丸《おぐらとしまる》によれば、現代の社会において私たちが得ている快楽は、生産者の側が消費者に対して売り込もうとしている商品の快楽であり、人々はその快楽を求めて、資本主義経済の論理に従属してしまう。人々はいったんその快楽を知ってしまうと、資本主義に依存した生活を強いられる。生産者は、消費者に大量のジャンキーな商品を売り込んでおり、私たちはその餌食《えじき》になってしまう。私たちの生活は、生産者たちによって操作されている。こうした資本主義の現実を、小倉は「アシッド・キャピタリズム」と名づけて批判している。[36] 消費者たちは資本主義経済の下で、生産者たちが売り込むジャンキーなドラッグ（麻薬）を購入して、それに依存した生活を強いられているというのである。

むろん消費者たちは、完全に受け身になって生産者たちの餌食になるわけではない。例えば消費者たちは、テレビ番組、映画、コンサート、CD、データ配信される音楽、演劇、スポーツ観戦などの商品を享受する際に、どの商品を享受すべきかを決めるプロセスにおいて、積極的に情報の収集や解釈を行っている。また消費者たちは、商品の価値を評価したり、その商品のコピーや二次作品を作ったりするなどの、能動的な活動をすることがある。こうした活動はすべて、市場の外でなされるため見えにくいが、市場に付随し寄生するものといえる。小倉はこうした付随的な活動を、市場と並行して存在する「パラ・マーケット（para-market）」と呼んだ。パラ・マーケットとは、あるマーケットに付随し、あるいは寄生しつつ、それ自体として独自の意義をもったコミュニケーションの場である。広告産業もまた、商品の解釈を伝達する営みであるがゆえに、このパラ・マーケットの一部であるとされる。

消費者たちはパラ・マーケットにおいて、商品についての情報を集めたり流したり、あるいは商品の価値を能動的に解釈したり、二次的作品を作ったりしている。私たちはどんな商品であれ、たんに生産者が提案するだけの商品では満足することができない。資本主義社会のなかで流通している商品を享受するだけでは、みずから積極的に意味を生み出す存在にはなれない。小倉によれば、「問題の中心にあるのは、私たちが見ているると信じている世界や、信頼していると感じている人々、生きがいを感じている仕事、そうしたものの一切を再審に付し、それらに嫌疑をかけることを通じて、私たちが行為の意味性においていかに「無産者」であるかに気づくことである」という。資本主義において生産される商品をたんに享受するだけでは、私たちは無産者にすぎない。けれども私たちは、「パラ・マーケット」での活動を通じて、価値の生産者になることができる。価値の生産者になるためには、資本主義の市場が提供するドラッグ（受動的に依存させる商品）に満足せず、むしろ自立した仕方でジャンキーになる必要がある、と小倉は論じている。[37]

自立的な仕方でジャンキーになるというのは、例えばロック音楽を聴いて、自分でもギターを弾く、そして自分のその演奏にジャンキーなドラッグ（麻薬）効果を味わう、といった行為であろう。みずからドラッグとなる行為を生み出し、その快楽に酔うことができれば、その快楽は自立的に生み出されたことになる。このように、私たちは自身の快楽の自立的な生産者になることによって、資本主義に対抗することができる。パラ・マーケットは、資本主義のシステムに寄生しつつも、それ自体として自立した活動領域を生み出す可能性をもっている。私たちは資本主義の市場に寄生しながらも、その支配力・影響力から逃れて自立することができる。資本主義の市場からパラ・マーケットを経て、対抗文化としての自立的な快楽生産活動へ向かうことができる。さらに、自分が生み出した快楽を広く世界に発信するならば、私たちはマーケットよりもパラ・

マーケットが支配的になる社会を築くことができる。このような企ては、消費社会に対抗する試みとなりうるだろう。

高度文化性vs.大衆文化性

対抗文化としてのパラ・マーケットは、現代においては、例えばユーチューブ（YouTube）やサウンドクラウド（SoundCloud）などのサイトを通じて、自作の曲や演奏を公開するという活動にみられる。消費者たちは自分で曲を作り、あるいは自分で演奏して、その音楽をネットで公開する。価値の生産者となった消費者たちは、いまや独自のコミュニケーション空間を築いている。むろんこれらの活動は、資本主義システムを覆すものではなく、資本主義システムの内部に価値を生み出す回路を築くものであろう。すでに一九七〇年代に未来学者のアルビン・トフラーは、文化を消費する人たちが、文化を生産する存在へと高められる可能性を展望していた[38]。トフラーによれば、資本主義の社会において、これまで所有することに価値が置かれていたのは、皆に行き渡るだけの十分なモノがなかったからである。けれどもやがてモノがあふれれば、モノの価値は全般的に下がる。モノは所有せず、レンタルでも構わないと考える人が増えるだろう。そのような成熟した社会においては、モノの所有に代わって、自己のアイデンティティや自己実現が重視されるようになるだろう。

［スタンフォード研究所の消費者に関する研究によると、］一九六〇年代の特に重要なことは、自己の向上を表現する方法として物質主義を拒否し、個人の「自己実現」と置き換えようとする、富裕で、先導的な家庭という大きな集団が出現するであろうということである。この集団は、消費を通じた地位の達成が無意味なほど容易であるという理由で、非常に裕福な家庭と張り合うことから降りてしまうかもしれない。むしろ、このグループは、あまり目立たない消費の形、すなわち知的な活動、実験、様々な経験、公共のために働くことや一般的に卓越性を追求することをとりやすいであろう。[39]

このようにトフラーは、消費財によって自己の地位を表現する人たちに代わって、もっと難しい自己実現に挑戦する人々が出現すると予測した。新しい人々は、文化の生産者であり、評価者であり、理解者である。トフラーは消費社会における大衆文化が、高度な文化を生産する人たちによって乗り越えられると展望した。

類似の観点から、ジグムント・バウマンは興味深い観察をしている。バウマンによれば、消費社会において私たちは、ある程度まで幸福になることができる。その幸福の希望はしかし、新しいチャンスや新しい始まりが絶えることなく続いて、目の前にある新しいスタートが、無限につづくと見込める場合にのみ、保ちつづけるにすぎない。ところがそのような幸福は、「人生を薄切りにして作られた大量のエピソード[40]」によって実現されるにすぎない。商品を買うことで得られる新しいエピソードは、長くはつづかない。ある商品を買えばしばらく幸福でいられるが、永遠につづくわけではない。個々の商品のエピソードを享受することはできても、あまりかかわりを持ち続けると、自分にはもっとふさわしい商品があるはずだといった、後悔のリスクにさらされる。リスクを避けるために、人は、個々の商品にあまり深くかかわらないようにするしかない。

しかしこうした商品との薄いかかわり方は、人生におけるかけがえのない「深い歓び」とは異なる、とバウマンは指摘する。深い歓びを感じるためには、人は自己創造や自己主張や自己拡大に集中することができなければならない。バウマンによれば、消費社会における軽薄な自己を克服するためには、自分の人生を芸術家の視点で捉え、永遠に自己変革するような挑戦を企てなければならないという。アーティストの観点で自己を捉え、創造的破壊によって、人生をたえず再始動することが、軽薄な自己を克服することになるという。[41] バウマンはこのように、消費社会における消費は、軽く薄いものであり、これに対して自己創造や自己主張や自己拡張は深い歓びをもたらすと考えた。

以上の二つの批判をまとめると、消費社会には「文化の高さ（トフラー）」と「深さ（バウマン）」が欠けている、ということになる。

時間の流れが異なる生活

みてきたように、ポスト近代の消費社会は、その文化の受動性、低俗性、軽薄性を批判されてきた。これに対して文化の能動性、高次性、深さがそれぞれ対置されてきた。最後に指摘したいのは、消費社会における時間の流れの速さについてである。ロバート・レヴィーンは、私たちの生活のペースが速すぎることを指摘している。彼は三つの測定基準を用いて、生活の速度を三一カ国で計測した[42]。すると一番速度の速い国はスイスで、アイルランド、ドイツ、日本、イタリア、と続いた（ちなみにアメリカは一六位）。生活のペースが速い国々では、しかし豊かな時間は流れていないのではないか。レヴィーンはこのような関心から、時間の流れが遅くて豊かな社会を展望している[43]。

一般に、楽しい時間はあっという間に過ぎていく。出来事のテンポが速くて活動量が多い場合、時間は速く感じられる。これに対してテンポが遅く、活動量が少ない場合、時間は長く感じられる。時間の流れを長く感じたいのであれば、まず試みるべきは、テンポを遅くすることである。別の観点からみると、心理的な時間の感じ方は、私たちの記憶にも依存している。慣習的な行為は、同じことの繰り返しなので、記憶される量が少ない。経験がうまく整理されて記憶できる場合にも、情報の蓄積容量が少なくて済む。つまり慣習的な行為や秩序だった行為をすると、記憶される量が少ないために、時間が短く感じられる。これに対して、新しい行為や複雑で整理しにくい行為においては、時間が長く感じられる。切迫感のある行為は、長く感じられる。ケガをした子どもを抱えた親が、病院で診断を待っている時間は、待つという単純な行為であるとしても切迫感があるため、時間の流れは長く感じられるであろう。

表2-3　ファスト／スロー生活の四類型[44]

	ファストライフ（高速の快楽、自分を超越する）	スローライフ（生の享受、食事と会話）
カーネマン・ファスト（直感）	劇的・流動的な記号消費生活	伝統的な食文化・慣習・コミュニティの再興 **ミニマリズム(1)**
カーネマン・スロー（理性・我慢・抑制）	難易度の高い専門職の仕事	左派エコロジスト（有機野菜文化運動） **ミニマリズム(2)**

レヴィーンは以上のような観察から、豊かな時間が流れる生活を築くためには、生活のテンポと活動量を落とす一方で、生活の切迫感を高めて、慣習的な行為から抜け出た生活を試みる必要があると考えた。おそらくミニマリズムは、その一つの試みであるかもしれない。というのもミニマリズムは、慣習的な生活を見直して、モノがないという切迫感を高めるものだからである。この他にも、オルタナティブとなるスローライフは、時間の流れを豊かにするための提案であり、従来型の消費社会に対抗するものであろう。

スローライフとは、「もっとゆっくり」という時間の感覚が生み出す快感を求める生活である。それは例えば、至福、包摂、充溢、リラクゼーション、陶酔、などに快感を覚える生活である。これに対して「ファストライフ」は、「もっと速く」という時間の感覚が生み出す快感を求める生活である。それは例えば、脅威、活気、スリル、胸の鼓動、激しい高揚感などに、ぞくぞくするような快感をおぼえる生活である。これら二つの生活を、心理学者のカーネマンが用いる別の二分法「ファスト／スロー」に照らして分類すると、四つの生活類型に区別することができる（表2－3を参照）。カーネマンのいう「ファスト」とは、スピードの速い思考回路を用いて、直感的な判断でもって行為する場合であり、これに対してカーネマンのいう「スロー」とは、じっくりと論理的に考えて、理性的な判断によって行為する場合である。

この表において、従来の消費社会の生活は、「ファストライフ＋カーネマン・ファスト」に位置づけられる。それは速い時間の流れのなかで、瞬時に直感的な判断をするような消費行動である。自らの欲望に従って、次々にモノや記号を消費するような生活である。これに対置される生活はスローライフである。スローライフは、一つには、自分の直感的な判断に従ってゆったりした時間を過ごす生活であり、もう一つには、自分の理性にしたがってじっくり考え、ゆったりした時間を過ごす生活である。ミニマリズムには、これら二つのタイプがあるだろう。第1章で紹介した近藤麻理恵の片づけ術は、「ときめき」という「ファスト」な判断基準でモノを捨てることを奨励する。これは「ミニマリズム(1)」に分類される。一方、同じく第1章で紹介した佐々木典士《ふみお》のミニマリズムは、じっくり考えてモノを捨てることの効用を説く点で、「ミニマリズム(2)」に分類される。

ここでミニマリズムの(1)と(2)はともに、時間の流れに即して、近代的な時間の流れとは異なる営みとして把握される。けれどもミニマリズムは、これまで消費社会を批判する際の立脚点を提供してきたわけではない。時間の流れ方を変えるという関心は、消費社会それ自体に対する批判というよりも、労働を含めて私たちの近代的な生活様式そのものに対する批判であると考えられる。

以上、消費社会に代わる理想の社会像を、さまざまな観点から検討してきた。理想の社会とは、能動的に創作する活動が奨励される社会であり、自立的に快楽を生産する活動が奨励される社会であり、もっと難しい自己実現に挑戦することが奨励される社会であり、創造的破壊によって人生をたえず再始動することが奨励される社会であり、あるいはまた、生活のテンポを落として豊かな時間を享受するような社会である。このように、消費社会に代わる理想はさまざまに提起されてきた。ミニマリズムもまた、そのなかの一つとして位置づけることができる。すなわちミニマリズムは、最後の「豊かな時間」に関わる実践である。その具体的な内容については、第4章で検討したい。

第3章

正統と逸脱の脱消費論

前章では、消費社会に対する批判とそのオルタナティブについて検討した。これまで、消費社会を乗り越えるための企ては、「能動性」「対抗文化性」「高度文化性」「時間の流れが異なる生活」などのキーワードで語られてきた。ミニマリズムの倫理は、最後の「時間の流れが異なる生活」に関係している。しかし同時に、ミニマリズムはこれまでの消費社会批判にはない思想内容をもっている。ミニマリズムは、消費のみならず労働のあり方を含めて、生活のあり方全般に関わるオルタナティブを提起している。そこで本章では、前章での「消費社会とそのオルタナティブ」という範囲を超えて、「支配的な文化とそのオルタナティブ」という観点から、ミニマリズムの意義を検討したい。

そもそも人間が社会を形成すると、そこには支配的な文化、あるいは正統な文化というものが生まれてくる。人々は「これが望ましい」という正統な価値基準を立て、その基準に従って生活することが「すばらしい」とか、「生きがいを与えてくれる」とか、あるいは「社会のためになる」といった具合に考えるようになる。その際の価値基準となるものはさまざまであるが、正統な文化は「これは正統だから身につけることが望ましい」という具合に、人々のエネルギーを動員する力を持つようになる。ひとたび正統な文化が形成されると、人は、その正統な文化の価値基準に従って生活を営み、ある一定の方向に精神的・肉体的なエネルギーを注いでいく。このような正統文化の形成は、多かれ少なかれ自生的に生まれるであろう。

では現代社会における正統な文化とは何か。資本主義の発展という観点から捉えると、それはまずもって、労働を通じて社会に貢献することである。同時に、消費を通じてこの社会の経済成長に貢献することでもある。できるだけ多く働き、できるだけ多く消費することは、どちらも私たちの社会の正統な文化であり、推奨されている。けれども私たちは、息苦しい思いをしてまで正統な文化の担い手となるべきなのかどうか。ミニマリズムの倫理は、このような問いに照らして検討する価値があるだろう。現代の正統な文化が消費の過剰を美徳とするならば、ミニマリズムはそこから逸脱する文化の一つであるといえる。ではミニマリズムは、私たちをどこへ導くのか。ここで検討したいのは、正統と逸脱の理論に照らしたミニマリズムの意義についてである。

3－1　文化から仕事へ

正統な文化の成立

最初に、かつて社会学者のジンメルが指摘した「文化の悲劇」の視点から、正統と逸脱の問題にアプローチしたい。ジンメルによれば、そもそも文化は、私たちの生に悲劇をもたらす。私たちは生まれ落ちた文化のなかで、その文化を吸収しながら生活するが、たんに文化を吸収するだけでなく、その文化のなかで自己の「人格」を完成させなければならないという要請を受けている。例えば私たちは、二一世紀の日本という文化環境のなかで、自分の人生を完成させるように、あるいは自分にとって納得のいく生き方を模索するように、と求められている。

もちろん、自分の生き方を完成させることに関心がない人もいる。けれども近代人は、自分の内的な完成あるいは人格的な完成を目指さなければならないという、倫理的な要請を突きつけられてきた。近代人は各自の文化環境のなかで、自分の人生を完成させることが求められてきた。

他方で、文化の側からみると、人生の完成とは別の「文化の理想」というものがある。音楽の理想、絵画の理想、スポーツの理想、等々。文化の諸領域では、文化的に望ましい理想が打ち立てられる。私たちは、自分が生まれ落ちた歴史的・文化的な状況において、文化の理想を体現するように求められてもいる。

近代の正統文化には、つまり二つの理想がある。一つは「自己を完成させること」であり、もう一つは「文化の理想を体現すること」である。この二つの理想は両立することもあるが、しばしば矛盾する。例えば私たちは、「文化の理想」を体現するために、自分の生にとって疎遠な、文化の自足的な完結性や結晶性を受け入れなければならないことがある。学問、芸術、スポーツなどの領域では、ある理想（模範）を習得するために、苦しい稽古に耐えたり、興味や関心の湧かない事柄を学習したりして、自分を滅して努力しなければならない。ひたすら苦痛に耐えて、模範とされる理想に近づかなければならない。ところがそのような苦痛に耐えて文化の理想に近づくと、いつのまにか自分が失われる。文化の理想は、客観的に確立された価値の体現を求めるが、人はその過程で自らの個性を失ってしまう。

例えば、バッハのピアノ曲の演奏に取り組むとしよう。文化の理想として目指すべきは、誰が聴いても賞賛に値するような仕方で演奏することである。ところがそのような理想を追求すると、しだいに自分の個性が失われてしまう。むろん演奏者は、演奏の理想を追求する過程で、同時に自分の個性を発揮することもできる。バッハのピアノ曲に自分なりの解釈を加えて、新しい演奏を試みることができる。ところが文化には固有の基準があり、人はその基準に従う結果として、自身の個性の発展を最優先にはしなくなることがある。さしあたって目標となるのは、自分の下手な解釈を加えるよりも、バッハのピアノ曲を一定の水準で演奏することであろう。そのような目標を追求すると、演奏の技術と表現力は豊かになるとしても、自分の個性は抑圧されてしまう。ジンメルの言葉を用いれば、これは「文化の悲劇」である。[1]

　文化の悲劇とは、人が文化の理想を追い求める過程で、自己の魂の表現が二の次となり、その結果として自己の魂を完成させられなくなることである。人は文化の表現者《マスター》になるとしても、自分の個性を実現する表現者になることができない。もし自己の人格を完成させたいのであれば、文化の理想から逸脱しなければならない。支配的な文化から離れて、例えば修道院で生活し、魂を養わなければならない。

　ジンメルはこのように、文化の理想を追い求める人と、そこから逸脱して自己の魂を実現する人を対比させた。むろん実際には、文化の理想をあきらめて自分の個性を追求する人が、必ずしも社会から逸脱するわけではない。例えば人は、スポーツや芸術の理想を追い求めて挫折したとしても、正統な文化全体から逸脱するわけではない。人は別の領域で、この社会の正統な文化を担うことができる。例えば経済の領域で、ある仕事の理想を追求することができる。仕事に専念することは、もう一つの「正統な文化」を担う方法として、社会的な称賛の対象になるだろう。

このように正統な文化の理想には、二つのタイプがある。一つは、音楽、絵画、スポーツ、文芸などの分野で、既存の正統な文化の担い手になることである。もう一つは、一定の社会的な地位に結びついた仕事に専念することで、正統な文化の二次的な担い手になることである。これら二つの正統な文化には、取り巻く人たちもいる。正統な文化を十分に担うことができなくても、その正統な文化を高く評価して享受する人、あるいはそれを模倣したり学習したりする人たちがいる。また、正統な文化を取り巻く二次的な文化、すなわち、大衆娯楽の文化がある。

その一方で、既存の正統な文化に対抗して、別の仕方で自身の精神（魂）を陶冶《とうや》する人たちがいる。あるいは、既存の正統な文化から降りて、別の仕方で人生を歩む人たちがいる。こうした逸脱者たちは、正統な文化とそれを取り巻く二次的な文化のいずれにも満足することがない。例えばミニマリストたちは、正統な文化から降りる逸脱者であると言えそうである。以下ではミニマリズムの理想を、仕事における正統と逸脱という視点から検討してみたい。

働きすぎる理由

現代社会における「正統な文化」は、学問であれ芸術であれ、あるいは仕事であれ勉強であれ、各人が自身の社会的地位を築くために、せわしく活動するように求めている。その結果として正統な文化の担い手たちは、仕事中毒《ワーカホリック》になる傾向がある。人々は自分の社会的勢力（地位）を形成するために、自分の個性や本来的な関心を犠牲にして、正統な文化が求める要求に従う傾向がある。しかしそのような生き方は、自身の生を貧しくするという疎外の問題を抱えている。

正統な文化の一翼を担う活動を、ここでは一括して「仕事」と表現してみよう。私たちは正統な文化を担うために、どこまで仕事に耐えられるだろうか。

かりに人生の長さを八〇年として、二〇歳から六五歳までの四五年間を働いて過ごしたとしよう。一日に八時間、一週間に四〇時間働くとしよう。国民の祝日は年間で約一六日、これに年末年始の休みや夏休みを加えて、三〇日の休日を取得するとしよう。すると人は、年間で四八週間働くことになる。一年間で一九二〇時間、四五年間で八万六四〇〇時間働く計算になる。残業もあるかもしれない。毎日二〇パーセント増しで働くとすると、四五年間で一〇万三六八〇時間働くことになる。

人生八〇年を時間に換算すると、二四時間×三六五日×八〇年＝七〇万八〇〇〇時間となる。このうち、眠っている時間（一日の三分の一にあたる八時間）を差し引くと、八〇年の人生には、四六万七二〇〇時間の可処分時間がある。この八〇年間の可処分時間のうち、もし四五年間の合計で一〇万三六八〇時間働く場合、人は人生の可処分時間の約二二パーセントを仕事に充てることになる。もしまったく残業をせずに、四五年間で合計八万六四〇〇時間働くとすると、人生の約一八パーセントを仕事に充てることになる。

では、かりにワーカホリックとなって、一日一二時間、一週間に六日、年間で五二週間、働いたとしよう。すると年間で一六万八四八〇時間働く計算になる。これは人生の可処分時間の約三六パーセントである。実際にはワーカホリックといえどもここまで長く働かないように思われるが、それでも人生の可処分時間の三六パーセントを仕事に充てる場合、そこには依然として、十分な自由時間が残っているようにもみえる。もちろん人生において「最も貴重な時期」をすべて仕事に費やすことは、やはり大きな問題であるだろう。

人は人生の重要な時期に、なぜ働きすぎてしまうのか。そこにはある種の「バイアスのかかった動機構造」があるのかもしれない。例えば私たちは、あまり働かないと、その代償があまりにも大きく感じられることがある。ロバート・ライシュは、一九九〇年代のアメリカ人がなぜ働きすぎてしまうのかを、次のように分析している。

一九九〇年代の後半、アメリカ経済は「ニューエコノミー」と呼ばれる新たな景気拡大期を迎えた。ところが人々は、この景気がどこまで続くのか不安で、収入の長期的な見通しがたたなかった。そこで人々は、もしチャンスがあるなら、できるだけ働いて高収入を得たいと考えた。「さらに大きな富を得るか、それとも貧しくなるか、すばらしく魅力的なコミュニティの仲間に入れるか、それから外されるか」。それが勝負となる場合、人はできるだけのことをするだろう。[2] ライシュによれば、アメリカ経済においては収入の先行きが不透明になったがゆえに、人々はついつい働きすぎるようになったという。[3] その一方で、アメリカではますます不平等が拡大した。

最下層に近い人たちは、まともな生活をするために以前よりもたくさん働かなければならなくなった。低所得層の実質的な収入の低下もまた、人々の労働時間を増やすことになった。

人が働きすぎてしまう別の理由は、私たちが働くことを過剰に評価しているからかもしれない。ジョアン・キウーラは『仕事の裏切り』のなかで、次のように観察している。「私たちの文化においては、いつも忙しく働いている人を高く評価する傾向がある。「あの人はすごく忙しいから……」と言うことは、その人物への尊敬と敬意でもある。私たちは、時間の量でその人の社会的地位が大体どんなものなのか判断する」。例えば、一日一六時間も働く人がいるとしよう。私たちはその人がたくさん働くのは、その仕事が天職だからではないかと想像する。長時間働くことができるほど面白い仕事に就いている人は、周囲からうらやましがられる。人々は、周囲の人たちから羨望のまなざしを得たいと思い、あえて長時間働くようになるのではないか。キウーラはそのような仕事を「顕示的仕事」と呼んでいる。人は自分の仕事がいかに面白いかを見せびらかすために、そしてその仕事を誰にも渡したくないことを意思表明するために、長時間働くというのである。[4]

顕示的仕事はしかし、人からうらやましいと思われたいがために、面白くない仕事を長時間続けるという、悪循環を生みだしている。仕事のしすぎを顕示したいという欲求は、人々がそれによっていっそう高い地位を得たいという欲求の表れでもある。仕事を通じて社会的な承認を得たいという願望だけでなく、他人よりも高い地位に就きたいという欲求の表れでもある。私たちの社会においては、こうした地位をめぐる競争（エミュレーション）が生じている。仕事を顕示する人たちは、慢性的に働きすぎてしまう。ウェイン・オーツによれば、「自分が稼ぐお金、そして他人にひけらかすことができる富裕のシンボルは、つまり自分の人間としての価値と思えてくるものだ。限りない浪費はやがて、良心をも疲労させてしまう。本当の問題点は働きすぎではなく、この限りない見栄という欲望」[5]なのであると。私たちは、もし見栄を捨てれば、働きすぎることはなくなるだろう。しかし見栄を捨てると、今度は自分が求めている「地位」をあきらめなければならない。それは「よい人生」と言えるだろうか。

この社会で自分にふさわしい地位を得るためには、仕事中毒にならなければならない。アメリカでは、ワーカホリックな生活は、ある種の宗教的な美徳であり、愛国主義的な態度であり、友達を獲得したり人々に影響力を及ぼしたりするための方法であり、健康で金持ちになり、かつ賢明になる方法であるともいわれる。[6]とにかく外見だけでも世間の評判を得たいならば、人は無理をしてでも働かなければならない。無理をして仕事を引き受けることによって、はじめて周囲の人々の評判を勝ち得ることができるからである。

しかし働きすぎる人は、実は自分に自信がなく、自分に疑問を抱いていることも多い。[7]周囲の人たちには傲慢に映るほど確信があるようにみえても、実際には「自分はダメ人間ではないか」と感じていたりする。人々が猛烈に働くのは、自分の欠点を隠すためか、あるいは欠点を補うためであるともいわれる。むろん、働きすぎることですぐれた成果をあげるならばよいが、働きすぎる人たちはしばしば、非能率的な仕方で仕事をしている。いちばん肝心な仕事を放って、それほど重要ではない仕事に熱中したりする。優先順位の高い仕事から着手しようとしないのは、かれらが視野狭窄に陥ってしまうからであろう。

働きすぎは、自分に対する自信のなさと、社会的地位をめぐる承認欲求に根差している。社会的地位をあきらめれば、働きすぎることはない。ところが社会的地位をあきらめると、今度は「良心の呵責《かしゃく》」にさいなまれる。本当に責任ある地位を放棄してかまわないのか。「怠惰な心に悪魔が宿る」という言い回しがあるが、責任ある仕事を引き受けないと、こんどは自分の心のなかに悪魔がやってきて、無力感や絶望感にさいなまれるかもしれない。無力感や絶望感を避けるためには、やはり責任ある仕事を引き受けたほうがよいのではないか。オーツのアドバイスは、次のようなものである。私たちは他者の承認を得たいとはいえ、しかしそのためには例えば、金持ちがわざとボロ車に乗るような気どり方をするように、意図的にシンプルな生活を実践してみてはどうか。このアドバイスを「顕示的仕事」に当てはめると、私たちは、わざと退屈であることを気取ってみないか、ということになるかもしれない。

労働／非労働の類型論

根本的な次元では、私たちの仕事は本当にやりがいがあるのか、という問題がある。ラース・スヴェンセンによれば、今日の仕事は、以前と比べてはるかに不安定になっており、仕事を通じて自己を確立するという企ては、できればやめたほうがいいという。仕事は収入源であるとはいえ、それが私たちの人生に寄与する程度は、確実に減っている。仕事の意味は、人生のさまざまな意味のなかの一つにすぎない。バランスのとれた人生という、それほど野心的ではない理想を抱いたほうが望ましい[8]。

ではバランスのとれた人生とは、どのようなものか。ルネッサンス期における人文主義者たちやドイツのロマン主義者たちは、人生の理想を「自分が持っている能力をすべて開花させることである」と考えた。かれらにとってバランスのとれた人生とは、仕事のみならず余暇の活動を含めて、あらゆる点で自分の能力を開花させていくことであった。この理想に対比されるのは、能力の不活性な生活である。それは例えば、老子のように、人生の理想を「無為自然」に求め、自然との融和に求める立場を含んでいるかもしれない。老子の深遠な思想に基づかなくとも、怠け者もまた、能力の不活性をよしとするであろう。

能力という点から人生の理想を考えるとき、一方には、自分の能力をすべてバランスよく実現させることが理想であるとみなす立場がある。能力の全面開花の理想である。もう一方には、ある一つの専門的な能力を最高次に高めるという「専門能力の開花」という理想がある。一つの能力を開花させることに専念して、自己実現の理想に到達する方法である。むろん人は、たとえ一つの能力を開花させようと努力しても、うまくいかないことがある。その場合の次善の生き方は、一六世紀の宗教改革者、M・ルターがいうように、どんな仕事であれそれを天職とみなして専念することであるかもしれない。人生の理想は、ある仕事を粘り強くつづけることであるという「天職思想」を掲げる立場であるかもしれない。

能力の全面開花、専門的な能力の開花、あるいは天職への専念。これら三つの理想はいずれも、活動のエネルギーを全開することを求める理想であり、「働きすぎ（ワーカホリック＝仕事中毒）」を助長する。とりわけ最後の天職思想においては、仕事は神の声に従う行為であり、神の栄光のためになしうる貢献であるとみなされる。働きすぎは、それ自体として美徳であるとみなされよう。けれどももし、神の存在が前提とされなければ、働きすぎは、どんな意味をもちうるのだろうか。それは例えば、会社の繁栄や、あるいは国民国家の繁栄といった、集合的な価値をもたらすがゆえに肯定されるのであろうか。

自分はいったい何を欲しているのか、自分は何者であるのか。こうした「人生の本来的な意味」を問うとき、人は天職に従事するよりも、あまり稼がずに、十分な時間を使って自己と向き合うべきなのかもしれない。そもそも意義ある人生を送るために必要な経済的収入は、それほど多くないかもしれない。人生の理想は、仕事に身を捧げるよりも、人生を享受すること、理解すること、受け入れることにあるかもしれない。老子のような人生、あるいは怠け者や道楽者の人生は、善き人生を送るうえで、一つの理想であるかもしれない。人は何かに捧げるのではない時間を通じて、自己の存在を知る。自由に遊ぶ自遊人は、自分の能力を開花させることよりも、自分の感覚器官を満たすことや、あらゆる他人の成果を享受することによって、人生の至福を得ようとするだろう。

このように、人生の理想を能力の観点から検討すると、「能力の全面開花」⇔「能力の専門的／卓越的開花」⇔「能力の天職的開花」⇔「能力開花とは別の理想（存在の理解）」という一連の理念を区別することができる。私たちは、自分に対する自信のなさからしばしば働きすぎてしまうけれども、理想の人生がどこにあるのかを改めて問うならば、その答えは自分の能力をどのように実現するかについての自己理解に依《よ》ることになる。

次に、仕事ないし仕事中毒の問題を、別の角度から、すなわち「勢力的（一次的）文化」と「脱勢力的（二次的）文化」の対比という観点から検討してみたい。

私たちが働きすぎる背景には、一定の地位や名声を得て他者に承認されたいという欲求がある。人は社会のなかで、政治権力や経済的富や社会的名声など、さまざまな点で自分の勢力（社会的パワー）を上げることに関心を寄せている。人生の理想とは、諸々の社会的パワーを手に入れることであるかもしれない。けれども他方で、社会的パワーへの競争から降りたところに、人生の理想を描くこともできる。これを「脱勢力」の立場と呼ぶならば、人々は社会のなかで、「社会的パワー」への志向と「脱勢力」への志向を比較して、人生の理想を検討することになるだろう。

一方には、人生の理想と社会的パワーの獲得を同一視する立場がある。人生の理想は、支配層に属することである。しかしそれが難しい場合には、時の権力や富にあやかって、社会的パワーを得た者たちが喜ぶであろう文化を担い、支配者たちに寄生することが次善の目標になる。多くの成熟した文化は、社会的なパワーを得た人たちの圧倒的な富を当てにして育まれる。これに対して、社会的なパワーを得た人たちに寄生することに甘んじず、「対抗的な勢力」を求める立場がある。この立場は、現実の社会的パワーを批判して、将来あるいは来世において代替・挽回しうる社会的パワーを獲得しようとする。この他に、社会的パワーにはあまり関心を示さず、社会の周辺的な文化《サブカルチャー》を担う立場もある。周辺的な文化領域において、脱勢力的な態度を徹底するならば、それは世俗的な文化を拒否する老子的なアナキズムにいたるかもしれない。

図3－1　能力と勢力の組み合わせによる四類型

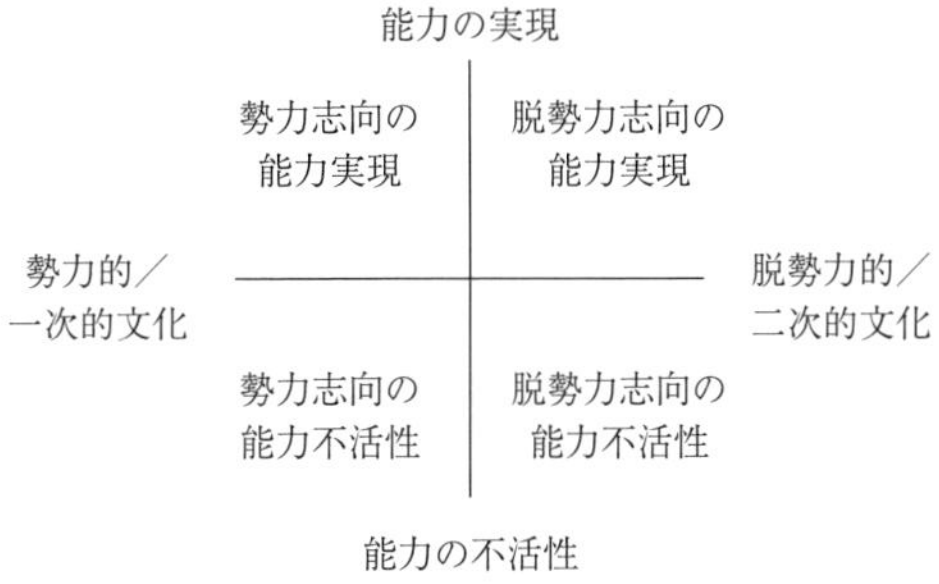

以上をまとめると、人生の理想をめぐって、一つには、「能力の実現／能力の不活性」という対立軸があり、もう一つには、「勢力志向／脱勢力志向」という対立軸がある。これら二つの軸を組み合わせて四類型を作ると、人生の理想には、「勢力志向の能力実現」「脱勢力志向の能力実現」「勢力志向の能力不活性」「脱勢力志向の能力不活性」という、四つのタイプを得ることができる[9]（図3－1を参照）。

図3－1は、人生の問題を考えるための一つの道標である。この図をみると、一つの素朴な疑問がわいてくる。はたして勢力を求める人たちは、能力の不活性状態にとどまることができるだろ

うか。この第三象限は存在しないのではないか。実際には、自分の能力をそれほど開花させなくても、運よく政治権力や経済的富を手にする人もいるかもしれない。人生の理想は、苦労して自分の能力を磨くことではなく、苦労せずに幸運を手に入れることであると考える人は、この第三象限の価値を理想とするだろう。

ここで、図3－1に照らしてミニマリズムを位置づけると、それは「脱勢力志向の能力不活性」タイプ（第四象限）に位置づけられるかもしれない。ミニマリストとは、仕事を通じて社会的な勢力を得ることに関心がなく、また自分の能力を開花させることにも関心がない人たちであるかもしれない。ミニマリズムは、勢力志向と能力実現を求めて挫折した人たちが、自らを見つめなおす契機としてあるのかもしれない。しかしミニマリズムは、積極的には対抗勢力的な契機を秘めており、代替的な能力開花の理想に通じてもいる。ミニマリズムを単純に第四象限に位置づけることは難しい。

この点で参考になるのは、フランスで五〇万部のベストセラーとなったコリンヌ・メイエ著『怠けものよ、こんにちは』である。メイエによれば、会社とは、あなたという人間を自社の利益のために利用するのであって、あなたにとって自己実現の場では決してない。会社を変えようとしても無駄である。会社で理想を追求するとか、あるいはその反対に会社内で反抗するとか、そういうことはいずれも意味がない。あなたは、自分にできることがちっぽけであることを、しっかり肝に銘じたほうがいい。会社ではむしろ、「責任あるポストにだけは就いてはいけない」、

「一番大きい企業の、一番無駄なポストを選べ（コンサルタント、エキスパート、調査、研究などがいい）」、「正社員でない人たちの責任者になったら、彼らを丁寧に扱おう」といった指針にしたがって働いた方がいいという。[10]

メイエによれば、人間には三つのタイプがある。追従者、厄介もの、怠けものである。最も数が多いのは、追従者である。かれらは無気力で人畜無害である。次に多いのは厄介ものである。どこにいても問題をおこす人たちである。これに対して怠けものは、ほとんど目立たずに控えめに生きているが、その一方で追従者たちを軽蔑したり、厄介ものたちを疫病神のように嫌っている。怠けものたちは、会社という勢力に寄生しながらも、徹底的に脱勢力的な態度をとる。実はこうした怠け者たちこそ、資本主義の搾取システムのなかで、最も健全に生きているのだとメイエは主張する。[11]

私たちはこの資本主義システムに対して批判的であっても、このシステムを超える社会への想像力も実行力もない。ならば、とりあえず資本主義に寄生するしかないだろう。「怠けもの」たちの戦略は、資本主義に寄生しつつ、これを腐敗させることである。これはある意味で、ミニマリズムの考え方と類似している。いずれも、資本主義を超えるのではなく、資本主義のシステムに寄生しつつ、その論理に巻き込まれない生き方を模索するものだからである。

むろん怠けることは、それ自体として人生の意味を満たしてくれるわけではない。アーニー・J・ゼリンスキーは著書『働かないって、ワクワクしない？』で、次のように指摘している。およそやりがいのない仕事で忙しく働いている人は、他人を退屈にしてしまう。一九八八年に心理学者が行った「退屈尺度」調査によると、他人に退屈とみなされる行動には、次のような特徴があった。「流行語を使いすぎる」「自分について不平を言う」「他の人々に好かれようとして、媚びる」「他の人々に関心を示さない」「目立とうとして冗談を言う」「急に考えを変える」「つまらないことをくどくどと話す」である[12]。他人を退屈させてしまうと、今度は自分も退屈になる。そのような人は、やりがいのない仕事を離れて自由時間を得たとしても、自分で自分のことが退屈に感じられる。自分を退屈にさせる原因が自分にあるとすれば、私たちは、労働を回避して得た自由な時間を、どのように過ごせばよいのだろうか。

この問題はおそらく、ミニマリズムの実践において深刻であろう。ミニマリストたちは、仕事をしてお金を稼ぐよりも、豊かな時間を過ごしたいと考えている。モノを消費するのではなく、豊かな時間を消費する。その生活は、仕事中毒の対極に位置している。しかしミニマリストたちは、自分で自分を退屈させるのではないか。ミニマリズムはそれ自体として、快楽の源泉や精神を持ちうるのかどうか。この問題については、第5章以下で検討したい。

3-2 心理学と文化人類学の視点

前節では、正統な文化や正統な仕事から逃れるところにミニマリズムの立場を位置づけた。本節では、正統な消費活動に焦点を当てて、ミニマリズムを位置づけてみたい。一つは心理学の視点、もう一つは文化人類学の視点から、それぞれアプローチする。

強迫観念症と強迫的消費依存症

仕事や消費のしすぎ、あるいは一般に活動のしすぎは、心理学の用語では強迫観念症と呼ばれる。強迫観念症は、無意味な行為がやめられなくなる症状である。けれども強迫神経症は、正統な文化を担うために必要である。私たちの正統な文化は、たとえ無意味に感じられるような事柄でも、それに専念することができなければ発展しない。強迫神経症は、正統な文化に対する人々の適応度を決める要因でもある。その心理的なメカニズムについて、以下に検討してみたい。

ここで取り上げたいのは、ヴァン・ジョインズとイアン・スチュアートによる人格別の適応理論である。[13] ジョインズとスチュアートは、P・ウェアの「親の養育スタイル」論に注目して、親の養育スタイルによって、強迫観念症になる可能性が異なることを理論化した。かれらの理論では、以下のように、養育のパタンに即して六類型が示される。①から③は、〇歳から三歳までの養育パタンに即した分類であり、④は、一八カ月から三歳までの養育パタンに即した分類であり、⑤から⑥は、三歳から六歳までの養育パタンに即した分類である。実際の人格は、これらの類型の組み合わせによって診断しうるとされる。

①親が養育に熱心ではなく、あてにならない場合には、子どもは空想的になり、感受性が強

く、思いやりがあって、風変わりだが創造的で、ひきこもるようになる。
②親が子どものニーズを先取りして満たそうとする場合、それがうまくいかなくなると子どもは反発し、反社会型になると同時に、魅力的に他者を操作するようになる。
③親の養育の仕方が感情に左右される結果として一貫性がないと、子どもは疑い深くなり、明晰な思考をもつと同時に一つのことに固執するパラノイド型になる。
④親が子どもを過剰に管理・コントロールする場合、子どもはそれに従いながらも攻撃的となり、ふくれたりふざけたりしながらも、粘り強い反抗者になる。
⑤なにか目的を達成するとほめてあげるという養育をする場合、子どもは完全にその目的を達成することを強迫観念のように思いがちであり、責任感ある仕事中毒者になる。
⑥子どもに対して親を喜ばせてほしいと求めるような養育をする場合、子どもは演技型になり、「人好き」で、ものごとに対して熱狂的に過剰反応するようになる。

以上の六類型のなかで、もっとも多いパタンは⑤であり、これは「強迫観念型」と呼ばれる。幼少期に限らず、親や先生にほめられながら、その期待に応えようとしてきた人たちの類型である。この⑤に分類される人たちは、責任感が強く、やるべきと思った仕事を完ぺきにこなそうとする。そのような人たちの欠点は、しばしば仕事中毒になることであり、くつろいだり遊んだりすることができず、自分の成し遂げた事柄を楽しめないことである。強迫観念型の人間は、いわゆる「良い子」であり、ベストを尽くして自らの有能さを示すことによって、はじめて他者に愛され得ると感じる。何かを成し遂げるまでは、楽しいことをがまんしなさいと教えられるので、人生をなかなか楽しむことができない。

こうした強迫観念型の人でも、成人すれば、親や先生が求める完全さの要求から逃れることができるかもしれない。しかし内面に形成された「理想の自我」は、その後の人生を拘束する。強迫観念型の人は、学問、芸術、スポーツ、社会貢献などの分野で、完ぺきなことを目指して崇高な目標を立ててしまう。多くの人は、そのような「理想の自我」の追求をどこかであきらめざるを得ない。理想の仕事、理想の結婚、理想のすまい、理想の外見、等々、すべてを実現することはできない。それでも強迫観念型の人は、理想を「実現可能な別の理想」に置き換えて、それを完ぺきにこなそうとする。けれども目標設定を誤ったり、あるいは目標を達成することができないと、抑うつ症に悩まされる。

この強迫観念症が消費行動に現れると、およそ次のような症状になる。子どものころは、親や先生がほめてくれるような理想にしたがって、いろいろな目標を成し遂げるようにがんばってきたけれども、成人して仕事に就くと、その仕事は自分にとって理想の人生をかなえるほどの意義があるようには思えない。自分はいったい、どんな目標を立てて生きていくべきなのか。社会は次のように教えてくれる。すなわち、私は自分の仕事で稼いだお金で、服や小物や電化製品などのモノを買い、モノを通じて自分のアイデンティティや社会的地位を表現しなさい、と。たくさん働いて、たくさん消費することで、自分の社会的地位を表現していくことが奨励される。というのもこの社会は、私たち一人一人が資本主義の発展を担うように要請しているからである。資本主義の社会において、人間の生きがいは、仕事のみならず消費を通じて自分の社会的地位を表現することであり、あるいは自己表現によって社会的に承認されることであるとみなされる。

およそこのような要請を真剣に受けとめて、消費を完ぺきにこなそうとするタイプが、強迫観念型の消費人間である。この病は「強迫的消費依存症」と言えるかもしれない。けれどもこの病は、私たちの資本主義社会においては、とくに問題視されているわけではない。それどころか、奨励された正統な生き方でさえある。旺盛な消費は、低迷する国内需要をけん引し、経済の発展に寄与するであろう。問題が生じるとすれば、返済不能な借金を抱えてしまう場合である。けれども多くの強迫的消費依存症の人たちは、自己破産にはいたらずに、むしろ消費を通じて資本主義の発展に貢献している。

しかし強迫的な消費依存症の人は、モノを買っても一時的にしか満たされない。資本主義社会においては、自分の欲求がたえず更新されるがゆえに、真に満たされることがない。モノを通じて自分の勢力を表現する営みは、どんなに完ぺきを目指しても、心が満たされない状態、あるいは欲求がつねに満たされない状態をもたらすであろう。

強迫的消費依存症は、正統社会の要請に応えようとする完ぺき主義の態度から生まれる。「理想の自我」が「現実の自我」に対して呼びかける声に、敏感に反応することから生じる。このような要請はしかし、他方では要請に応えることができない脱落者たちを生み出している。正統な社会の要請に疲れ、抑うつ状態に陥った人は、どのように人生を組み立て直すべきなのか。「商品による自己表現・自己実現」の要請を解除して、その人の存在そのものを肯定するようなセラピーが必要となるかもしれない。そのための一つの方法は、自己をまるごと受け入れてくれるような他者と、よい関係を築くことである。甘えることのできる他者、寛容で抱擁してくれる他者は、強迫的な消費依存から自分の存在を解放してくれるだろう。もう一つの方法は、他者に頼らずに、自分が存在していること、それ自体を肯定できるような環境を手に入れることである。例えば、ミニマリズムの生活である。ミニマリズムは、「商品による自己表現・自己実現」の要請を解除してくれるだろう。正統な社会から降りたミニマリズムの生活は、強迫観念症や強迫的消費依存症から私たちを解放してくれる。ミニマリズムとはこの場合、他者からの承認を媒介としない自己存在の肯定であり、それは包容力のある他者による承認と、機能的に等価な営みであるということができるかもしれない。

正統な文化としての消費

文化の正統な担い手たちは、消費行動を通じて、自らの社会的地位を築こうとする。その傾向は、文化人類学的な観点からも研究されてきた。メアリー・ダグラス／バロン・イシャウッド著『儀礼としての消費』は、消費の活動を、文化の闘技場という観点から考察している。例えば私たちは、どんな会話をし、どんな音楽を聴き、どんな食事をするのか。そうした選択はすべて消費であり、文化を生み出している。正統な社会においては、人は消費を通じて、自らの社会的地位を上昇させなければならない。正統な社会の行動規範は、消費以外の場面でも生まれるが、消費においてはとくに、可視的かつ安定的な仕方で顕示される。ダグラスとイシャウッドは、これを「儀礼」と呼んでいる。

　消費とは儀礼的な営みである。人々は自身の社会的地位を上げるために、消費の儀礼的な慣習に従い、その振る舞いによって他者からの評価を勝ち取らなければならない。そのための最適なやり方は、必ずしも明示化されているわけではない。儀礼的消費の言語は、暗黙の文化実践のなかに埋め込まれている。なぜ暗黙的なのかと言えば、それは定常社会において、新参者たちが社会の頂点に上り詰めるような可能性（それはシステムの不安定化を招く）を避けるためであると考えられる。新参者たちは、文化の言語を容易に操ることができない[14]。人々は時間をかけて、文化に内在しながら、儀礼的消費の慣習を身につけていかなければならない。そのような学習の長期化が、安定的で正統な社会秩序を生み出すための要因になっていると考えられる。

　正統な社会が形成されるところでは、儀礼としての消費が営まれ、その儀礼を通じて公共的な意味が安定的に形成される。たとえ新参者が経済的な成功を収めたとしても、その成功は、必ずしも社会的・政治的・文化的な成功には結びつかない。新参者たちは社会のなかで、どのように消費すれば自身の社会的地位を上げることができるのかについて、なかなか把握できない。消費の言語は、成功した新参者たちが社会を変革することを妨げ、正統な社会が安定的に再生産されるように、人々の営みに行動規範を与える。そのような行動規範によって方向づけられた消費が、「儀礼としての消費」である。儀礼的消費によって正統な社会的地位を築く営みを、ダグラスとイシャウッドは「マーキング（線引き）」と呼んでいる。消費とは、共有された意味を用いたマーキング活動である、というのが彼らの視角である。

儀礼的な消費の行動は、もし社会が安定的に再生産されているならば、人々が自身の社会的地位を築く際に、理にかなった実践になる。ここでポイントは、人々が儀礼的な消費をする際に、同時に社会を安定的に再生産するプロセスの一端を担うということである。例えば人は、だれと協力するのか、だれと食卓を囲むのか、だれと礼拝を共にするのか、といった問題に直面して、排除と包摂の線引きをする。線引きを通じて、自らが所属する階層をワンランク上に引き上げようとする。儀礼としての消費は、そうした排除と包摂のためのマーキングの営みである。それは、各人が自身の社会的地位を形成するために、排除、独占、簒奪《さんだつ》、撤退などの行為を含んだ闘争でもある。その場合の消費の意味は、社会的地位の上昇に役立つもの、仕事の効率化によって余暇時間を増大させるもの、その余暇時間における社交活動のあり方、などによって与えられるであろう。

ダグラスとイシャウッドによれば、人々の社会的地位が上昇すると、仕事も消費も、低頻度で融通のきく（変更可能な）ものとなる。表3－1は、ユローク族の家計の消費について、頻度の

表3−1　ユローク族の家計の消費

低頻度でランクの高い活動、大きな単位を含む	不定期の祭、罰金および謝礼	政治的な財の領域、標準的な交換比率で相互に交換可能	貝殻、黒曜石の首飾り、鹿皮、キツツキの羽根、ボート
高頻度でランクの低い活動、小さな単位しか含まない	日々の必要	家事用の財とサービスの領域、自由に相互に交換可能	家、漁場・猟場、釣り道具・狩猟用具、食べ物（魚・狩りの獲物・野菜・加工品）

観点からまとめたものである。[15]

　ユローク族において、日々の必要を満たすための消費は、高頻度でランクの低い活動であり、そこには小さな消費単位しか含まれない。これに対して、高い社会的地位を形成するための消費は、低頻度でランクの高い活動であり、大きな単位を含んでいる。ここで一般に消費と呼ばれるものは、高頻度でランクの低い活動である。けれども儀礼としての消費は、低頻度でランクの高い活動にこそ、その本領があるとみなしうる。低頻度の政治的な財は、価値あるマーキング・サービス（階層の差別化）の手段となる。

　むろん現代社会において、人が自らの社会的地位を築くためになすべきマーキング（消費）は、ユローク族の活動で示唆されるような、贅沢品や宝飾品の購買ではない。ダグラスとイシャウッドは、階級に応じて、三つの消費パタンがあると指摘している。第一の階級は、全支出のうち高い割合を食べ物に費やしている。第二の階級は、全支出のうち高い割合を技術的に最新の財の購入に充てている。第三の階級は、全支出のうち高い割合を情報に費やしている。[16] この第三の階級が目指しているのは、社会のさまざまな領域において「創造」することである。現代社会における社会的地位の形成は、創造的な営みと結びついている。

むろん、低頻度でランクの高い活動のすべてが儀礼の観点から意味づけられるわけではない。創造的な営みは、必ずしも正統な社会的地位を形成する営みには結びつかない。支出の多くを情報の消費に向けている人たちは、必ずしも儀礼的な消費をしているわけではない。その消費の営みは、モノを消費せず、社会的地位を形成しない消費であるかもしれない。最近のミニマリズムは、そのような消費形態を示唆している。ミニマリストたちはモノを消費しないが、かといって社会的地位を形成するための儀礼的な消費に関心があるわけでもない。ミニマリストたちは情報を消費するけれども、情報のコストは安い。儀礼的消費論に照らすとき、現代のミニマリズムは、日常の必要を満たすのでもなく、社会的地位を築くのでもなく、消費生活の新たな方向性を与えているかもしれない。そこには新たな正統文化が生まれる可能性があるかもしれない。

以上、私たちは、正統な文化を形成する人たちの特徴を二つの観点から考察してきた。一つは、心理学における強迫神経症の観点であり、もう一つは、儀礼的な消費の観点である。ミニマリストたちは、さしあたって正統な文化活動から降りて、逸脱する。けれどもその逸脱は、新しい正統な文化を築く試みであるかもしれない。逸脱の企てには、新しい正統性への理路が隠されている。そこで以下の三つの節では、逸脱を通じた新しい正統文化の形成について検討したい。

3-3 逸脱と新たな正統①——精神・自然・環境

前節では、心理学と文化人類学の観点から「正統な文化」がはらむ問題性について検討してきた。以下の三つの節では、正統文化からの逸脱が、結果として新たな正統性を育む可能性を検討する。第一に、精神・自然・環境をめぐる問題、第二に、価値の制作的立場と土着的な価値をめぐる問題、第三に、幸福・快楽・高度文化をめぐる問題を、それぞれ取り上げる。

成熟した資本主義社会においては、贅沢な消費は、経済の成長に貢献するがゆえに、「正統な文化」の一つとみなされる。しかし贅沢な消費は、他方では環境破壊を招いており、長期的には社会の停滞をもたらすリスクがある。長期的な視点で考えれば、贅沢は決して美徳とはいえない。贅沢な消費は、社会を破滅させる要因である。環境問題が深刻化するにつれて、贅沢な消費は、しだいに正統な文化とは言えなくなってきた。地球にやさしい生活、質素でつつましい生活のほうが、正統な文化にふさわしいとみなされるようになってきた。ミニマリズムは、そのような新しい正統文化の一端を担うものであろう。ミニマリズムは、新しい時代（「ロスト近代」）の新しい正統な文化となる可能性がある。

新しい正統な文化は、環境に配慮する生活を求めている。この場合、「環境の持続可能性への配慮」には、二つの異なる考え方があるだろう。一つは、消費者市民運動や環境市民（地球規模の環境と社会をめぐって、次世代の人々に配慮するという観点から、最適な生活を模索する人たち）の運動に代表される市民派の考え方である。もう一つは、近代以前の社会への回帰を展望する保守派の考え方である。ところが消費ミニマリズムは、これら二つの方向性とは異なる方向性をもっている。順を追って考察を進めたい。[17]

市民派による正統な文化の転換

市民派と呼ばれる消費者運動の担い手は、これまで資本主義の支配的な生産・流通・消費のあり方に異議を唱えてきた。例えば、共同購入などの新しい流通と生産を担う生活協同組合の運動、商品テストによる粗悪品の実証[18]（および雑誌を通じた情報提供）、適格消費者団体（悪徳商法などで被害を受けた人に代わって、損害賠償を求める訴訟を起こせる消費者団体）による訴訟の実施、などである。ロスト近代の時代に入ると、環境に配慮する消費者運動、例えば有機野菜の生産や流通に携わる活動が脚光を浴びるようになった。例えば「グリーン・コンシューマリズム（緑の消費者運動）」と呼ばれる運動がある。[19]この運動に取り組むあるＮＰＯは、次のような「買い物10の原則」をかかげている。[20]

1. 必要なものを必要なだけ買う
2. 使い捨て商品ではなく、長く使えるものを選ぶ
3. 容器や包装はないものを優先し、次に最小限のもの、容器は再使用できるものを選ぶ
4. 作るとき、買うとき、捨てるときに、資源とエネルギー消費の少ないものを選ぶ
5. 化学物質による環境汚染と健康への影響の少ないものを選ぶ
6. 自然と生物多様性をそこなわないものを選ぶ

7. 近くで生産・製造されたものを選ぶ
8. 作る人に公正な分配が保証されるものを選ぶ
9. リサイクルされたもの、リサイクルシステムのあるものを選ぶ
10. 環境問題に熱心に取り組み、環境情報を公開しているメーカーや店を選ぶ

こうした実践は、誰もが気軽にはじめることができるが、どこまで徹底するかによって、私たちは消費者としての「市民度」を測られることになる。環境に配慮する消費者市民の理想は、モノを浪費しない生活である。そのような理想を掲げて生活する人たちは、環境市民の指導者的な役割を果たしている。その一例として、ベア・ジョンソン著『ゼロ・ウェイスト・ホーム』がある。

カリフォルニア在住のフランス人女性の著者は、二〇〇八年から夫と二人の息子の四人家族で、モノを捨てない「ゼロ・ウェイスト・ライフ」に挑戦し、一年間のごみの量を一リットル弱に抑えることに成功した。著者のブログは、アクセス数が月間二五万回の人気となり、二〇一一年に著者は、アメリカで環境問題に貢献した人を称える「グリーン・アワード」大賞（「地球にやさしい親」部門）を受賞している。

この本のなかでベア・ジョンソンは、マーガレット・ミードの次の言葉を引用している。「少数の思慮深く献身的な市民が世界を変えられることを疑ってはならない。実際、世界を変えてき

たのは、まさしくそういう人たちだけだったのだから」。少数の思慮深い献身的な市民となるために、自ら先頭に立って、環境にやさしい生活をする。本書はそのためのさまざまなノウハウを伝えている。環境市民の企ては、もし多くの賛同者を得ることができれば、大きな社会変革をもたらすであろう。ベア・ジョンソンは私たちの未来を、次のように描いている。

すべての家庭が、布袋と保存瓶とトートバッグを持って買い物に出かけます。スーパーマーケットでは、ワインも含め、すべての商品が量り売りで売られます。各家庭の食材棚や冷蔵庫・冷凍庫にはガラスの保存瓶が詰められ、中身はよく見え、めったにごみになることはありません。(…)モノの過多は、豊かさの象徴ではなく、不注意な行動の結果として見られます。景品やサンプル類は資源の無駄とみなされ、(…)中古の市場がしっかりと根付き、みんなが持ち物を分かち合って、「減らす暮らし」ができるようになります。/健康状態もよくなります。合成化学物質やジャンクフードの消費が減り、埃が溜まる持ち物が少なくなるので、がんや糖尿病やぜんそくの割合が減少します。(…)/ゼロ・ウェイストは学校カリキュラムにも取り入れられます。小学校では、主にモノがどこからやって来るのか、捨てるとどうなるのかを学びます。地元の資源化施設や堆肥化施設への社会見学もあります。家庭科が再び脚光を浴び、高学年の子どもはみな料理の技術や、針と糸の簡単な補修など、エコやサバイバルに必要な様々なスキルを学びます。(…)/ゼロ・ウェイストの未来は、私たちが子どもに何を残すかだけでなく、私たちが子どもに何を教えるかにかかっています。そう、私たち大人は選べるのです。子どもたちに単に家財道具を残すのか、あるいはサステイナブルな未来を築くための知識とスキルを残すのか。（…）「持つ」のか、それとも「生きる」のか？　あなたは未来に何を残しますか？[21]

このようにジョンソンは、長期的な視野に立って、地球環境にやさしい未来社会を描いて実践している。またその実践力を子どもたちの世代に残すというミッションを自ら打ち立てている。これは環境市民の運動として、一つの理想のビジョンであろう。

保守派による正統な文化の転換

このように環境市民派は、地球環境への配慮から、できるだけ浪費しない生活を企てる。これに対して保守派と呼ばれる人たちは、別の考え方から環境問題にアプローチしている。保守派の人たちは、私たちの地球環境が、将来的にどのような事態を帰結するのかについて、それほどこだわっていないようにみえる。保守派の人たちは、長期的な予測に基づいて地球環境を配慮するわけではない。むしろ現代社会において、生活を律するための伝統の意義を強調する。保守派の足場は、近代以前のよき古き時代にある。保守派の人たちは、よき古き社会に立ち返ることが、日本の正統な文化を継承するために必要であると主張する。その場合の正統文化とは、贅沢を美徳とみなすポスト近代の価値観を否定して、日本人がこれまで歴史のなかで育んできた節約の生活を営むことである。この「節約によって身を律する精神」が、正統な文化の中核にあるとみなされる。

例えば鈴木孝夫は、著書『人にはどれだけの物が必要か　ミニマム生活のすすめ』で、自身の実践を綴《つづ》りながら、環境にやさしい生活を説いている。鈴木家は、ほとんど新しいモノを買わない生活を長く続けているという。モノはできるだけ長く大切に使い、壊れたら修繕して用いる。[22]例えば鈴木は、スイス製の自動巻き時計を五〇年以上使っている。親せきや知人が不要だと思ったモノは、もらって使うことにしている。例えば、亡くなった親の喪服は、これを仕立て直して使っている。この他にも、道端に捨てられたモノを拾って使うこともある。鈴木によれば、こうした実践は自分流の個性的な生き方であり、存分に楽しめるという。

人類はすでに、地球の生態系の回復力を超えた生活をしているのだから、経済活動のレベルを下げなければならない。平均的なエネルギー消費や物質消費の水準を下げなければ、地球全体に対する「人間圧」は強まる一方である。市場原理に任せて自由に消費するという発想ではよくない。私たち人間は、欲望の限界、あるいは行為の善悪について、価値判断を下さなければならない。私たちは経済人や技術者としてではなく、思想家の立場から生活を見直さなければならない。地球を保全するにはどうすればよいか。それは思想的な課題であるという。[23]

鈴木は地球環境の問題を、データを示して検討するのではなく、その本質にある価値の問題を哲学的に捉えて行動する。鈴木のスタイルは、保守的な特徴を帯びている。例えば、スイス製の高級腕時計を長く使うとか、喪服を仕立て直すという具合に、一つ前の世代の上流階級の人たちが顕示的な仕方で消費した財を長く使うという、保守的な趣向がみられる。古いものを修繕しながら使い続けるというのは、上質な保守の実践であろう。著者は地球環境に配慮すると言いつつも、他方では、通勤手段として自動車を利用し、自宅から約五〇キロ離れた八王子市郊外の大学まで、必要なガソリンや高速道路通行券といったものは買わざるを得ないことを認めている。こうした自動車の利用がどこまで地球環境に負担をかけているのかについて、鈴木は科学的・理性的に検討するわけではない。モノを節約するといっても、他人と比べて、やたらと新しいものを買うわけではないという範囲での実践である。そこには消費社会に対する批判と、上質な文化を保守する意志があるだろう。

この他にも、保守的な観点から清貧に生きる意義を説いた本、中野孝次著『清貧の思想』がある。現代社会においては環境保護やエコロジーなどの理念が叫ばれているが、中野によれば、それは私たちの文化伝統からすれば当たり前のことであり、そのような環境思想はすでに、私たちの祖先たちの清貧の思想のなかにあった。清貧とは、たんに貧しい生活をすることではない。清貧には、「所有を必要最小限にすることが精神の活動を自由にする」という積極的な意味合いが含まれている。所有に心を奪われると、かえって人間的な自由が阻害されてしまう。清貧とは、そのような惑いを克服して、自由を得るための思想であり実践である。それは「生をミニマムにすることによる精神の自由」であり、創造力の増大に向けて活動する原理である。[24] 中野はこのような観点から、本阿《ほんあ》弥《み》光悦《こうえつ》、鴨長明《かものちょうめい》、良寛、池大雅《いけのたいが》、与謝蕪村、吉田兼好、芭蕉、西行などの人物に体現された清貧の思想を紹介している。

例えば吉田兼好の『徒然草』には、次のような段がある。「人間の儀式、いづれの事か去りがたからぬ。世俗の黙《もだ》しがたきにしたがひて、これを必ずとせば、願ひも多く、身も苦しく、心の暇《いとま》もなく、一生は、雑事《ざふじ》の小節にさへられて、空しく暮れなん。日暮れ、塗遠《みち》し。吾が生《しやう》すでに蹉跎《さだ》たり。諸縁を放下《ほうげ》すべき時なり。（…）」（一一二段）これはすなわち、世俗的な事柄をいっさい拒否して、魂の救済を求めるものである。中野はこのように日本的な精神をさまざまに取り上げて、私たちが保守すべき正統な文化を描いている。

むろん中野のいう清貧の思想は、日本に固有の文化というわけではないだろう。中野によれば、例えばE・フロムは『生きるということ』で、「在ること」を重視する新しい人間を描いている。それは例えば、以下のような特徴をもっている。[25]

(1)十全に在るために、あらゆる持つ形態を進んで放棄しようとする意志。

(2)安心感、同一性の感覚、自信。それらの基礎は自分の在る姿であり、結びつき、関心、愛、周りの世界との連帯への要求であって、世界を持ち、所有し、支配し、ひいては自分の所有物の奴隷になろうとする欲求ではない。

(3)自分の外のいかなる人間も物も、人生に意味を与えることはなく、このラディカルな独立と、物に執着しないことが、思いやりと分かち合いに専心する最も十全な能動性の条件になりうる、という事実の容認。
(4)自分が今ある所に十全に存在すること。
(5)貯蓄し搾取することからでなく、与え分ち合うことから来る喜び。
(6)生命のあらゆる現われへの愛と尊敬。それは物や力やすべての死せるものでなく、生命とその成長に関係するすべてのものが神聖である、という知識の中に見られる。

中野によれば、こうしたフロムのいう「在ること」の様式は、日本のすぐれた芸術家たちの目指したものと完全に一致するという。戦前の日本人は、いまと比べて比較にならないほどつつましく暮らしていた。部屋は、襖《ふすま》と障子によって仕切られた簡素なものであり、所有したモノと言えば、衣類を収納するタンスと茶器を入れる茶ダンスくらいであった。日本人はそうした簡素な生活のなかで、自らを律する精神を養った。例えば、一六〜一七世紀を生きた、本阿弥妙秀《ほんあみみようしゆう》がいる。本阿弥光悦の母である。本阿弥家の家記「本阿弥行状記《ほんあみぎようじようき》」によれば、彼女は金銀財宝よりも、質素で正直に生きる美徳を備えていた。中野は本阿弥妙秀の精神が、その後、名もない庶民たちのあいだで脈々と受け継がれたとみる。中野はさらに、花を愛した西行や、鳥の声を楽しんだ良寛などと同じ自然愛の精神が、庶民たちに共有されてきたと論じている。

日本の著名な文化人たちは、自ら積極的に清貧の生活を送った。それはすぐれた品位を示す生き方であり、その品位は、権力や富よりもはるかに高い価値があった。日本の古人の生き方を懐かしんで、その生き方の思想を学ぶことは、私たち現代人が、現代の日本社会を批判する力にもなる。現代の日本社会は、近代的な産業化を遂げたとはいえ、必ずしも「ゆたかさ」の実感をもたらしたわけではない。私たちは、物質的な繁栄を盲目的に追求したために、どこか間違ってしまった。必要なのは、もう一度清貧の思想の出発点に戻ることである。出発点に戻って、いま一度、人間には何が必要で何が必要でないのかについて検討することである。そのような検討を通じて、社会の仕組みを変えていくべきだと中野は説いている。[26]

環境にやさしいという欺瞞について

以上、環境運動をめぐる市民派と保守派の実践について、それぞれ紹介してきた。ミニマリズムはしかし、いずれにも当てはまらない特徴をもっている。市民派も保守派も、環境を守るといって、実は欺瞞的な水準にとどまっているのではないか。ミニマリズムの実践は、そのような疑問を提起するかもしれない。というのも多くの市民派や保守派の実践は、すぐれた理念を掲げる一方で、実践的には不徹底なものにとどまるようにみえるからである。

環境運動の理想を徹底すれば、それは「環境に負荷をかけない生活スタイル」を目標として掲げる必要がある。そのような生活は、はたして可能なのだろうか。自分が生きることと死ぬことを天秤にかけて、生きたほうが地球環境にやさしいとか、環境が持続的になるといえるような基準は、本当にあるのだろうか。

この問題を探求すると、私たちは一方で、生きることそれ自体が、どうも環境に負荷をかけているという事実に直面する。私たちが生きることを通じて、環境をいっそう再生することができるなら、それは幸いなことである。しかしそのような理想の生活は、かぎりなく難しい。例えば、LEDライトは、従来の白熱灯よりもエネルギー消費量が少なく、その点で環境に負荷の少ない生活を可能にした。しかしLEDライトを使った生活といえども、環境に負荷をかけていることに変わりはない。

環境に負荷をかけない生活を突き詰めて考えると、生きることをやめることがふさわしいのではないか。けれども自分で自分の命を絶つことは、人間的な罪である。私たちは「生きることを絶つ」という理想を倫理的に断念せざるを得ない。環境に負荷をかけないことが倫理的にかなっているのだとすれば、次善の生き方の理想は、できるだけ静かに、しかも短い生を生きることかもしれない。静かで短い生の美徳が、語られなければならないだろう。しかしそのような生は、これまで市民派や保守派を含めて、誰もすぐれた倫理であると説いてはこなかった。

静かで短い生を送るためには、環境に配慮する一方で、不健康な生活を送って命を短くする必要があるかもしれない。けれども不健康な生活は、倫理的とは呼ばれない。倫理と両立するかぎりで環境に負荷をかけない生活があるとすれば、それは環境に配慮しつつ、賢く長く暮らす生活になる。そのイメージは、森のなかで原始的な生活をするとか、あるいは有機農業に従事して自給自足の生活を送るといったものになるかもしれない。では都会に暮らす現代人が、環境に配慮しながら賢い生活を営む場合、どんなスタイルになるだろうか。おそらくそれはシンプルな生活であり、有機野菜を食べながら賢く長く生きる、といったものになるのではないか。問題はしかし、そのような賢い生活もまた、環境に負荷をかけており、後ろめたさを拭《ぬぐ》えないという点である。環境に配慮する私たちの生き方は、自殺を倫理的に認めず、短い生を避けるべきとする点で、すでに環境よりも人間を優先している。私たちの倫理生活は、すでに環境に対して負荷的であることを認めざるをえない。

功利主義の観点から言えば、人類社会の理想は、できるだけ多くの人が、できるだけ快楽を経験することができるような社会であろう。しかし、できるだけ多くの人が快楽を得るといっても、その理想は「静かで短い人生」を送る人々が一万世代続くことか、それとも例えば、「活動的で長い人生」を送る人々が五〇〇〇世代続くことか。いずれが望ましいのだろうか。私たちは、いったい私たちの子孫である人類が、私たちの世代の環境負荷によって、何世代分少なくなるのか、という問題を考慮しなければならなくなる。しかしこの問題に明確な答えを与えることは難しい。

では現代人にとって、理想の消費生活とはどのようなものか。私たちは現在、この究極的な問いに対する答えをもっていない。市民派も保守派も、基準を持ち合わせていない。私たちが直面しているのは、適切な生き方の指針となる基準が不透明であるという、倫理の機能不全である。

こうした状況において、人々はある高次の倫理的価値基準をかかげるよりも、さしあたって「できることから試みる」という、実践に内在的な基準を通じて生活を律するほかないようにみえる。ミニマリズムはそのような実践内在的な運動として、人々の関心を捉えているのではないか。

ミニマリズムには、遠い未来の環境問題を見据えて理性的に自己を律するという市民派的な関心があまりみられない。またミニマリズムには、文化的な成熟を示す「品位」を身につけるために、古人に学ぶという姿勢はあまりみられない。ミニマリズムは、市民派や保守派とは異なるところで、人々の関心を引きつけている。にもかかわらずミニマリズムは、ポスト近代の消費文化に代わりうる「新たな正統文化」としての意義をもちはじめている。ここではこの点を指摘して、正統と逸脱をめぐる第二のテーマに考察をすすめることにしたい。

3―4　逸脱と新たな正統②――価値の創出・土着の発見

逸脱を通じて新たな正統にいたるもう一つの回路は、既存の資本主義システムにおいてはあまり評価されてこなかった価値を発見したり創出したりして、それを正統なものと主張する試みである。近代的な価値観に対抗し、新たな正統性を打ち立てる企てとして、これまで例えば、価値の「制作者」になることや、「土着」的な価値を再発見することが提案されてきた。

価値の制作者になる

ダグラス・ラミスは著書『経済成長がなければ私たちは豊かになれないのだろうか』で、いわゆる資本主義的な発展とは異なる「対抗的発展《カウンター・ディベロプメント》」を展望している。[27]

資本主義のオルタナティブを考えるとき、私たちはしばしば「持続可能な発展」という言葉を用いる。この言葉はしかし、生活のスタイルとしては、今まで通りの発展を目指しているにすぎない。これに対してラミスのいう対抗的発展は、第一に、エネルギー消費を減らし、経済活動に使っている時間を減らし、あるいは値段のついたものを減らすという、「減らす実践」の発展である。第二に、対抗的発展は、経済以外の価値を発展させる試みである。交換価値の高いものを減らして、使用価値の高いものを増やす試みである。私たちはモノを少しずつ減らしていくと、「物がなくても平気な人間」になることができよう。ラミスによれば、モノを減らすことは、同時に「人間の能力の発展」でなければならない。例えば、オーディオ機器や携帯端末を通して音楽を聴くのではなく、楽器を奏でる。あるいは、テレビでドラマを見るのではなく、自分で踊ったり、芝居を作ったりする。このように物事を受動的に享受するのではなく、物事を生み出す「制作者」になることが、対抗的発展の本質であるという。対抗的発展は、機械を減らして、その代わりに道具を増やす企てである。人間は道具を通じて、能力と技術を発展させていく。このようにスミスは、既存の資本主義に代わる新たな正統文化を、制作者の観点から展望した。

二〇世紀を代表する経済思想家のイヴァン・イリイチも、類似の理想を描いている。[28] イリイチによれば、現代の貧困とは、専門家たちが台頭する一方で、一般の人たちは自分の力でなにも生み出すことができない「無能力」の状態に置かれてしまうことにあるという。一般の人々は、自身の資質を発展させる機会が少なく、また地域の人々とのつながりを育んだり、あるいは環境資源を自分たちの手で用いたりすることができないでいる。結果として人々は、市場の外で個人的な満足を味わう機会を失っている。そのような無力感に、貧富の差はないという。

こうした現状認識に基づいて、イリイチは次のような対比でもって代替的な文化を描いた。

「既存の正統な文化」：商品生産を増大させるための新しい道具。商品を大量生産する権利。雇用されて俸給生活を送ること。他律的に管理されること。

「代替しうる正統な文化」：近代的ではあっても、その使用において価値が生み出されることを可能にするような道具。人々が創造的に自己を表現し、それによって自己を充足させることができるような自由。使用の喜びにあふれた非雇用生活。自力で活動すること。

このような対比から、イリイチは新たに「コンヴィヴィアリティ」という言葉を用いて、独自の思想を展開している。イリイチによれば、人間に必要な権利は、「平等な生産的自由」、すなわち「使用＝価値」をつくりだす自由な機会を公平に配分することである。最も恵まれない人々にも、使用において生み出される価値をつくりだす「最大の力」を与えることである。人間が最低限の尊厳を得るためには、「制作者（使用価値の生産者）」として生きる機会が必要である。コンヴィヴィアリティとは、人々が自立するために相互に助け合いながら、使用価値を創造的に生み出していくという理想の生活である。

以上のラミスとイリイチが示したような「制作者中心の文化」は、既存の資本主義システムを転換する代替案を示しているだろう。

土着的な価値を発見する

正統な文化を代替的に打ち立てるもう一つの方法は、近代化によって貶められた土着的な価値を再発見することである。私たちは近代化とともに、それまでの伝統文化を破棄して、資本主義に適合的な文化を受け入れてきた。私たちは例えば、共同体の絆やコミュニケーションの喜びに代えて、近代的な工業製品を消費することに喜びを感じるようになった。けれどもこうした近代の消費文化は脆弱であり、伝統社会における文化は、つねに再興の余地があるだろう。

山本哲士《てつじ》は伝統的な社会の正統性を回復するという観点から、消費社会を批判的に論じている。山本によれば、人は、他者とのコミュニケーションや自然とのかかわりを通じて満足を得るといっても、自分の側で抱えている「欠如」ゆえに、うまくいかない。近代社会を生きる私たちは、自分のなかの欠如を埋め合わせるために、モノやサービスを購入して「象徴的な満足」を得ようとする。[29] 伝統社会においては、欠如は顕在化していなかった。ところが産業社会の論理は、人々をたえず欠如の状態に置きながら、象徴的な媒介物（貨幣）によって人間行動を編成し、経済の観点から私たちの活動を規定していく。

しかし貨幣を媒介にした消費は、私たちが共に集まって消費することや、土着の自然との関係で満たされることに比すれば、それほど喜びを与えるものではない。山本によれば、消費の本質は「共に集まること」にある。ところが近代の産業社会は、そのような消費の本質を隠して、モノやサービスの購入によって欲望を満たす点に、根本的な問題をはらんでいるという。

現代の消費文化は、私たちの「正統な文化」の一つを形作っている。とはいえその内部には、さまざまな対立がある。山本は、次のような三つの軸を用いて論じている。[30]第一の軸は、経済システムの対立、すなわち資本主義と社会主義の対立である。第二の軸は、中央集権システムと地方分権システムの対立である。[31]第三の軸は、産業化された社会（機械化・官僚化された社会）と土着的（ヴァナキュラー）な社会（自分で生み出したものや習俗から成り立つ自俗的社会）の対立である。以上の三つの対立軸のうち、山本が関心を寄せるのは第三の軸である。これまでの資本主義社会においては、消費は、個人や家族という小さな単位にまかされてきた。それは産業社会の論理をいわば受動的に受け入れるものであり、生産されたものを各人が私的に享受するという営みに制約されてきた。しかしこのような産業社会の論理は、一九七〇年代ごろから行き詰まり、しだいに資本の論理を駆動しなくなった。

そこで山本は、「ヴァナキュラーな領域」、すなわち自分で生み出した手作りのモノや、伝統的な習俗から成り立つ領域に注目する。[32]それは産業社会の外側に広がる領域であり、その意味で近代社会から逸脱した文化の領域といえる。しかし山本のみるところ、このヴァナキュラーな領域は、ポスト産業社会においては、新しい資本の駆動因（「新しい正統な文化」）になりうるという。

従来の産業社会においては、例えば女性の女性的（フェミニン）な性質は、産業の機械的・官僚的な編成にとって不要なものとみなされてきた。女性的な要素は、生産の現場では価値をもたなかった。ところが女性のフェミニンな性質は、雑誌や広告を通じて、しだいに「商品への欲望」を喚起し、資本を動かすようになる。女性のセクシュアリティは、一つの文化資本として、資本主義の論理に取り込まれていく。とりわけ一九八〇年代以降のポスト産業社会においては、それまでヴァナキュラーな次元に隠されていた女性のセクシュアリティが、文化的次元において発現された。女性の性の象徴的な意味が解放されて商品化され、資本主義のシステムを駆動するようになった。

それまでの家父長制的な資本主義社会においては、男性は労働に従事し、女性は家庭で家事に従事するのが一般的であった。ところがポスト産業社会においては、セクシーな女性が広告に現れ、記号の交換価値として消費されるようになる。それは産業社会の論理から見れば「余剰」であるが、その余剰は、経済を新たにドライブして、産業社会における家父長制的な正統文化を転換していく力となった。

ヴァナキュラーな領域には、女性のセクシュアリティの他にも、産業化されていない「シャドウ・ワーク」がある。シャドウ・ワークとは、賃金として支払われることのない家事労働であり、典型的には、労働者の賃労働を陰で支える主婦の労働である。主婦の家事は、それまでの慣習や伝統にしたがう場合には、土着的な要素を含んでいる。ところが産業化とともに、シャドウ・ワークはしだいに商品の機能へと代替されるようになった。例えば家庭では、料理をしなくても、調理されたものを買って食べることができるようになった。洗濯の仕事は、洗濯機や乾燥機に代替された。食器洗いや掃除の仕事も、代替されつつある。これまで家庭のなかで土着的に営まれていた仕事は、資本主義の浸透とともに縮小されてきた。

このように、ポスト産業社会においては、産業社会における正統な文化が崩壊しつつある。一つには、家父長制的な制約を破って、セクシャリティが発現してきた。もう一つには、市場の背後で土着的に営まれてきたシャドウ・ワークが縮小してきた。いずれも家父長制的な正統文化を掘り崩し、新たな正統文化を生み出している。

以上、代替的な正統文化の案として、製作者の文化と土着の文化の理想についてそれぞれ紹介した。けれどもミニマリズムは、いずれの理想も掲げるわけではない。ミニマリストたちは確かに、市場で流通している商品がもつ交換価値を疑うが、しかしミニマリズムが理想とする社会については、次章で検討したい。

3-5 逸脱と新たな正統③——幸福、快楽、上位文化

次に本節では、新しい正統な文化の三つ目の特徴、すなわち幸福と快楽と上位文化の関係につ

いて検討したい。正統な文化は、何が幸福で、何が快楽で、何が上位の文化であるのかについて、人々のあいだに支配的な解釈を示す力を持っている。しかしその解釈は、時代の変化とともに、新たな正統文化によって代替されていく。現代のミニマリズムは、幸福や快楽や上位文化についての支配的な捉え方に、変更を迫っている。その作用について検討したい。

経済優先から幸福優先へ――正統な文化の緩やかな代替

資本主義の社会はこれまで、経済発展に資する行為を正統な文化とみなしてきた。ところが最近、経済よりも幸福を優先すべきではないかという議論が台頭している。経済の発展は、必ずしも幸福の増大に結びつかない。例えばアメリカでは、過去五〇年間で、幸福度指数の値が低下している。一九五六年から二〇〇六年までのデータをみると、「とても幸福だ」と思う人の割合は、三分の一も低下している。[33] 日本人の生活満足度は、戦後直後から現在までの期間でみると、やや上昇しているものの、この三〇年間の推移はほぼ横ばいである。[34] 経済の発展は、私たちの生活をいっそう満足させるわけではない。経済の発展と幸福の増進のどちらが大切なのかという問題は、簡単には答えられない。もし幸福を優先すれば、やがて経済は衰退してしまうかもしれず、長期的には、人々の幸福度も低下するかもしれないからである。幸福の追求は、かえって不幸をもたらすリスクがある。

ニック・ポータヴィーはこの点で、興味深い分析をしている。イギリスの世帯パネル調査には、幸福度（人生に対する満足度）を七段階評価で答えてもらう質問がある。ポータヴィーは、過去一〇年間のデータを用いて、回答者の年収とこの幸福度の関係を分析した。すると他の条件（配偶者の有無や友人と会う頻度など）が一定ならば、収入が一〇〇〇ポンド（約一五万円）増えると、平均して幸福度が七段階評価で〇・〇〇〇七ポイント上がることが分かったという。[35] この計算が正しいとすれば、たとえ収入が一〇万ポンド（約一五〇〇万円）増えたとしても、人々の幸福度は〇・〇七ポイントしか上がらないことになる。七段階に区分された幸福度を一段階上げるためには、約一四三万ポンド（約二億一四五〇万円）の収入増がなければならない。

収入と幸福度の関係が、これほど緩やかなものだとすれば、私たちは収入を通じて幸福度を上げるよりも、別の仕方で幸福度を上げるほうが効果的ではないか。例えば、結婚している人と独身者を比較すると、結婚している人のほうが幸福度が高い。独身者が独身のままで、結婚している人と同じ幸福度を得るためには、毎年、約二〇万ポンド（約二五〇〇万円）の追加収入がなければならない計算になる。結婚のほかにも、余暇時間の増加や、友人との親密な関係を築くことによって、私たちは幸福度を増大させることができる。現在、私たちが直面している問題は、経済を通じて幸福になることが、他の方法と比べて難しいようにみえる、ということである。

経済と幸福のどちらを優先すべきなのか。最近ではこうした問題をめぐってさまざまな著書が刊行されている。話題になった一冊に、ソニア・リュボミアスキー著『幸せがずっと続く12の行動習慣』がある。[36] 本書は、ある特定の行動習慣が幸福に結びつくことを示している。行動習慣を変えるだけで幸福になれるのであれば、私たちは経済活動を優先する必要がないかもしれない。

リュボミアスキーが挙げる行動習慣は、以下の三つのタイプに整理することができる。
(1)「関係性の構築」：感謝の態度は、日常の出来事を当たり前とは思わずに、物事を大切に味わう感情を育む。感謝の気持ちをよく示す人ほど、落ち込んだり、不安になったり、あるいは孤独を感じたりすることが少ない。親切にしたりボランティアをしたりすると、自己認識がよくなる。人を助けると、「誰かとつながっていたい」「感謝されたい」「価値ある友情を得たい」という基本的な欲求が満たされる。親切にされるよりも親切にしたほうが、生活満足度が高くなる。夫婦や恋人同士のように、強くて安定した対人関係を維持することは、幸福度を高める。人を許すことで、他者への親しみが高まり、助けてあげたいという気持ちを覚えるようになる。憎悪の感情から解放され、寛大で慈愛に満ちた考え方をすることができるようになる。
(2)「自己実現」：人は楽観的になることで、余裕が生まれ、意欲をかきたてられ、率先して行動するようになり、価値ある目標に向かって集中できるようになる。他人と比較しないことも重要である。他人をうらやましいと思ったら幸せにはなれない。反対に、他人の成功を喜ぶことができる人は、幸せになれる。自分の生活環境をよりよくすることよりも、新しい活動を始めることのほうが、幸福になれる。ただし幸福は、目標を追い求めることから生まれるのであって、目標の達成から生まれるのではない。ストレスやトラウマの克服法を知ることも重要である。問題を解決できる場合は、解決に向けて全力を尽くす。問題を自分で解決できない場合は、状況をポジティブに解釈し直して受け入れる。トラウマにプラスの面を見出して、目標をもっと高く設定できる人は、成長する可能性が高い。

(3)「身体性の向上」：何かに没頭したり熱中したりすることは、高揚感を与えてくれる。フロー体験を求める人は、より挑戦しがいのある活動を試みるようになる。精神を集中するための鍛錬を積むようになる。また、人生の喜びを深く味わうためには、過去の喜びを思い出すことが必要である。老人は思い出にふけることで、よりポジティブな影響を受け、より道徳的になることができる。未来を考え、残された時間について意識する人は、現在をいっそう楽しむことができる。また信仰心のある人は、トラウマを経験した後の回復状態がよく、健康で幸福を感じることができる。さらに、短時間であれ瞑想をすると、脳が活性化し、免疫システムが強化される。運動も、気分を向上させるホルモンを増加させる効果がある。ほほえみや笑いは、ポジティブな感情を高めてくれる。

以上である。幸福になるために必要とされるこれらの行動習慣において興味深いのは、この中に「自己の欲望を消費財で満たすこと」が含まれていない点である。経済的な稼ぎに応じて満たされるような要素は含まれていない。これに対して以上の行動習慣には、ミニマリズムに共通する要素もある。例えば「消費において他者と比較しない」という習慣である。けれどもミニマリズムは、他の行動習慣とはほとんど関係がない。ミニマリズムは、必ずしも幸せを求める実践ではなく、幸せとは別の価値を求める実践であるのかもしれない。あるいはミニマリズムは、幸せになるための一つの条件であって、それ自体が積極的に幸せをもたらすわけではないのかもしれない。いずれにせよ、ここで指摘したいのは、現代人は最近になって、さまざまな幸福論に影響を受けて、しだいに既存の正統な文化（労働と消費）から逸脱しはじめた、という点である。

これまで勤勉な労働と旺盛な消費を通じて資本主義の発展を担うことは、正統な文化の一つであった。ところが現代人は、経済よりも幸福を追求する方向に向かっている。すでに日本人の平均労働時間は減少傾向にある。加えて消費においては、しだいに顕示的な消費のスタイルがゆるんできた。例えば近森高明は、ショッピングモールにおける日本人の行動パタンが、最近になって変化してきたことを指摘している[37]。一九八〇年代の記号消費の時代には、人々は「その場にふさわしい格好をしているか」とか、あるいは「流行から外れてはいないか」など、他人の視線を意識して、自分の格好をチェックするという行動習慣をもっていた。そのために身体は緊張していた。ところが最近の都市空間においては、人々の身体は、かぎりなくゆるんでいる。コンビニやＴＳＵＴＡＹＡやショッピングモールにおいて、私たちはあまり他人の視線を意識せずに動き回っている。私たちは「まるっきり油断をしてだらしなく過ごしている」。他人の視線をあまり気にしないでショッピングモールを回るというスタイルは、顕示的消費とその背後にある生活スタイルが失われてきたことを意味するだろう。

むろん労働と消費を通じた経済システムへの貢献は、それが過剰である場合には、もはや美徳とは言えない。それはまた、私たちを幸せにするための第一の要因でもない。これまで資本主義の社会は、富への欲望を駆動因として、虚栄心・権力欲・色欲などを動員しながらも、これらの欲求が悪徳をもたらさないような仕組みを築いてきた。ところが経済社会が成熟すると、富への欲望は、しだいに飼いならされていく。私たちの正統な文化は、経済的な富中心の文化から、経済以外の活動を中心とする文化へと変化している。先に挙げた幸福のための行動習慣は、経済活動に代わる新たな正統文化の一つであり、ミニマリズムはそのような行動習慣の一つとして位置づけられるかもしれない。

過剰と退屈がもたらす不快さについて

資本主義社会における正統な文化がゆるやかに変容していることについて、別の面から指摘したい。経済の発展が「財の過剰」を生み出すにつれて、かえって「財の過剰から逃れることの効用」が増す、という心理的な現象についてである。私たちはこれまで、財を過剰に消費する生活スタイルを称揚してきた。ところが現代人は、財の過剰から逃れるミニマリズムの生活に関心を寄せている。ミニマリズムは、新たな正統文化になりうるかもしれない。この可能性について、経済思想の名著、シトフスキーの『人間の喜びと経済的価値』を手がかりに考察してみたい。

シトフスキーは、経済学の効用理論を発展させて、「最高の快適さは、不快さとの境目にある」という考えを展開している。彼によれば、「最高の快適さ」とは、脳の処理能力を十分に活用するものであり、もしそれ以上に脳を活用すると、快適さの対極に移行してしまうという。[38] ぎょっとさせるもの＝刺激的なものは、ある限度を超えると不快になる。この現象は、経済学でいう「限界効用逓減の法則」とは、異なる性質をもっている。限界効用逓減の法則とは、ある財を享受する際に得られる効用はしだいに少なくなる、というものである。例えば私がリンゴを食べるとして、二個目のリンゴを食べることから得られる効用は、一個目のリンゴから得られる効用よりも少ないであろう。同様に、三個目のリンゴから得られる効用は、二個目のリンゴから得られる効用よりもさらに少ないであろう。このように効用は、享受するものの数が増えるにしたがって逓減していく。場合によってはマイナスにもなるだろう。もし効用を最大化しようと思ったら、限界効用がマイナスになる直前で食べるのをやめればいい、ということになる。

しかしこの限界効用逓減の法則は一般法則であって、それぞれの効用がもつはずの「新奇さ」については何も語らない。そこでシトフスキーは、最高の快適さ（効用を最大化する点）を「新奇的な逸脱の程度」という観点から検討している。新奇さは快楽をもたらすが、ある閾値《いきち》を超えると不快になる。彼が描く「ブント曲線」の図は、快適さの程度が、新奇さの程度とともに上昇した後、一気に下落する事例を基にしている。むろんそのような事例は、あまりないかもしれない。シトフスキーが挙げる他の例のいくつかは、もっと一般的なものである。例えば、被験者に対して一定の電気刺激を与え続けた場合に、その新奇さの感覚や注意を向ける感覚は減少していくとか、生後五週間の幼児の関心を引くものは、慣れ親しんだものと新奇なもののいずれでもなく、それらを組み合わせたものである、といった実験結果である。

シトフスキーは興味を引く事例として、音楽鑑賞を挙げている。音楽が楽しまれるためには、曲は既存の一定の形式に従ったものでなければならない。他方でその音楽がありふれた響きにならないためには、一定の逸脱が必要である。しかもその逸脱の方法は、伝統的な逸脱方法からも逸脱していなければならない。[39] ありふれた逸脱の方法では、新奇さが失われるからである。

そこで作曲家は、確立された様式にとどまりつつも、新しい方法で逸脱しようとする。逸脱が大きすぎると、音楽は不快になってしまう。だから作曲家は、逸脱が不快になる直前で、新奇さの追求をやめなければならない。しかしその「快適さと不快の境目」がどこにあるかについては、事前には分からない。音楽を鑑賞する側も、その境界をあらかじめ明確に知ることはできない。

音楽のなかには、もっぱら穏やかな快適さのみを追求して、新奇性を追求しない「実用音楽」もある。例えば、テレマンの食卓音楽、ヘンデルの水上音楽、モーツァルトの喜遊曲などである。こうした音楽は、度が過ぎて不快になる心配がないように作られている。けれどもシトフスキーが関心を寄せるのは、覚醒的な力を持った音楽である。日常生活を軽く彩る音楽ではなく、人々の感受性や脳の情報処理能力を最大限に刺激するような音楽である。そのような音楽は、伝統的な様式からできるだけ逸脱しようとする。

実用音楽の理想は、人々に「安楽（comfort）」をもたらすものであるだろう。これに対して、刺激の強い音楽の理想は、安楽を超えて、人々の「快楽（pleasure）」を最大限に高めるものである。シトフスキーは明確に論じてはいないが、いまこの区別によって安楽と快楽を分けてみると、人はたんなる安楽を求めるのではなく、五感をすべて用いて最大限の快楽を求める存在でもある。その場合の快楽はしかし、最大限の不快と隣り合わせにあり、その境目は明確ではない。人はしばしば快楽の度が過ぎて、最大限の不快さにいたりつくことがある。

この安楽と快楽の区別は、例えば、私たちが絵画を鑑賞する際に、「快い」と感じる絵と「興味深い」と感じる絵を識別することにも対応するだろう。シトフスキーは、芸術作品を鑑賞する人々の生理的反応を調べた実験を参照しつつ、穏やかな刺激を与える作品は「快いもの＝安楽」であるのに対して、不安を伴うような興奮の感覚を与える作品は「興味深いもの＝快楽」であると解釈している。[40] 安楽としての快は、安心して得られる快である。これに対して逸脱から得られる快楽は、不快のリスクが大きいけれども、脳や五感を最大限に活用して、最大限に得られるものである。

最大限の快楽を得るためにはしかし、脳の能力や五感の感受性を掘り下げていくという、修練の過程を必要としている。人はマニアとして、玄人として、修行者として、あるいは道楽者として、脳や五感を掘り下げることによって、最大限の快楽を得る。ところがその最大限の快楽は、既存の快楽からの逸脱によって得られるものであるから、下手をすると最大限の不快へといたるリスクがある。最大限の快楽とは、逸脱を通じてマニアックに掘り下げた刺激である。その掘り下げ方が凡庸なものであれば、いつでも刺激を失うであろう。またその掘り下げ方に失敗すれば、快楽は不快なものに転化するだろう。いずれにせよ、最大限の快楽を得るためには、逸脱的なも

図3－2　逸脱と快／不快の関係

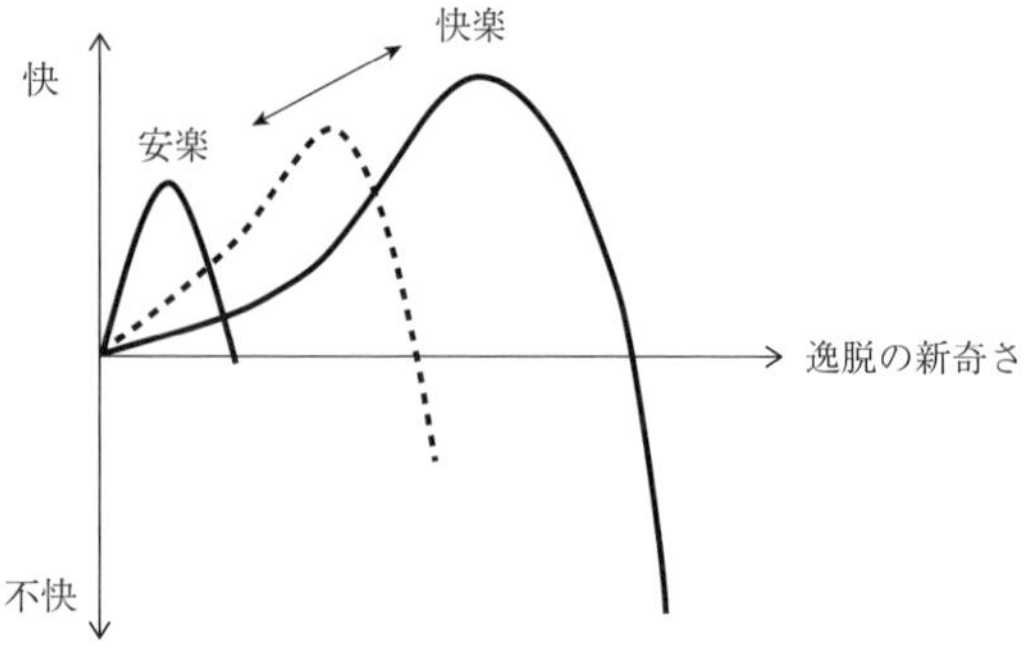

（Scitovsky［1976＝1979: 56］をベースに橋本作成）

のを求めなければならない。またその快楽を持続させるには、逸脱に次ぐ逸脱を求めなければならない（図3－2参照）。

ポスト近代の消費社会とは、このような逸脱による快楽を求める社会であった、ということができる。しかし新奇さの追求は、限度を超えると不快なものへ転化する。もはや新奇さが快楽を生まず、かえって不快の源泉になる場合には、どのようにすればいいのか。シトフスキー自身は、人は安楽と快楽の自由選択において、合理的に判断できるだろうと考えた。人は快楽が不快に転化するリスクを制御できると考えた。もしそうだとすれば、次のように言うことができる。消費のミニマリズムが生まれる背景には、逸脱的な新奇さがもたらす不快のリスクが上昇したのではないか、そしてそのリスクに対して人々は回避的になってきたのではないか、と。

逸脱的な新奇さを追求していくと、それは同時に、不快のリスクを上昇させる。そのようなリスクは、ネット社会における「情報の過剰」とともに高まっているかもしれない。クラップは『過剰と退屈』で、モノや情報が過剰になると、人生はかえって無意味化し、退屈になるというパラドクスを指摘している。[41]

クラップによれば、人間には、興味深いと感じる情報量の閾値《いきち》というものがある。例えば、物事を細部にわたって描写していくと、それは興味を引き付ける点を越えて、しだいに退屈度を高めていくだろう。ヴォルテールがいうように「退屈な人である秘訣は、なにもかも語ること」である。聞き手がうんざりするまで話の細部を積み重ねる人は、他人を退屈させてしまう。あるいはまた、体力的な問題もある。例えば博物館で、私たちは一時間か二時間程度鑑賞すると、疲れてしまう。それ以上に鑑賞しても、興味を持続させられなくなる。人は疲れると、体力や精神の集中力が減退し、それで退屈してしまう。第三に、人はあまりにも多様な経験には喜びを感じないようである。テニスなどのスポーツ競技には、一定のルールがある。もしそのルールが変更されたり、あるいはルールによる縛りが少なくなると、人はスポーツ競技を楽しむことができなくなるだろう。あまりにも自由度が高いと、人は退屈を感じてしまう。このように、多様性や複雑性がある閾値を超えると、人は意味を受け取ったり、意味を創造したり、意味を解釈したりする営みを劣化させてしまう。情報が増えても、それらを意味として受けとめることができなくなる。

クラップは、情報が凡庸なものへと劣化するプロセスについて、いくつかのパタンをリスト化している。(1)忘れる、慣習化する、といった心理的なプロセス。(2)情報が繰り返されるなかで、その細部が失われてしまう場合。例えば、何度もコピーされて伝承された噂話や、ある本物の安価な複製（キッチュ）は、凡庸なものとなる。(3)機械的に大量生産されたもの。それらは単調に感じられる。(4)ポピュラー文化のように画一的に拡散されるもの。それらは凡庸に感じられる。(5)模倣されたファッションも、凡庸に感じられる。(6)情報を親しいグループもしくはネットワークに限定してしまうと、凡庸化してしまう。(7)自然な／現実的な／正統なといった、文化的な意味の基準を当てはめることで排除されたものは、否定的な意味を受け取るが、文化的意味の基準が多すぎると、意味を否定されるものも多くなる。(8)意味の欠如は退屈をもたらす。しかしその退屈を紛らわせてくれるような、慰安となるエンターテイメントがある。テレビのバラエティ番組などは、意味の欠如を代償してくれる（クラップはこれを「社会的プラシーボ（偽薬）」と呼んでいる）。

こうした意味の凡庸化とその代償物の享受から免れるためには、次のような実践が効果的であるかもしれない。慣習化した行動をすべてやめる。高価なホンモノを志向する。大量生産されたものを買わない。画一的なポピュラー文化に近づかない。ファッションは最低限にする。情報はできるだけオープンにする。既存の文化的意味の基準によって物事を排除しない（差異のコードを否定する）。無意味な生を癒してくれる偽薬（慰安的娯楽）には近寄らない、等々である。こうした実践は、一方ではハイカルチャー（上位文化）を肯定し、他方ではミニマリズムに接近するだろう。ミニマリズムは、情報の凡庸化を克服するための、一つの手段になりうるかもしれない。

修道院と芸術家――ハイカルチャーの正統性復権

以上の二つの節では、社会の正統な文化が経済中心から幸福中心へ移ってきたこと、また、財の過剰から逃れることが新たな正統文化になりうることについて、それぞれ論じてきた。いずれにおいても、ミニマリズムの実践が役割を果たすことを指摘した。次に検討したいのは、ハイカルチャーの正統性についてである。ハイカルチャーとは、高度な精神を発揮する営みであり、またその産物である。ハイカルチャーが息づく社会は、文化的に成熟した社会である。それは資本主義とは別の社会環境を必要としている。

かつてオスカー・ワイルドは、人間のすぐれた魂は、社会主義のもとで育まれると論じた[42]。ワイルドのいう社会主義とは、計画経済のことではない。それは私有財産にとらわれずに、真に解放された魂を育むような制度であるとされる。ワイルドによれば、人間の完成は、人間が所有するものによってではなく、人間の存在によって測られる。たしかに私有財産は、社会的地位や名誉や尊敬や肩書など、愉しいものをもたらしてくれる。しかし人は、私有財産を追求する過程で、自分が欲しい程度を超えて、飽き飽きしながらも蓄財しつづける傾向がある。人は財産を確保するために、過労で自分を殺してしまうかもしれない。私有財産制度のもとでは、人間は、生きることの真の楽しみと歓びを逸している。自分のなかにある魅惑に富む愉しいものを、自由に発達させることができないでいる。

ワイルドはこのように、私有財産制のもとではすぐれた魂が育まれないと指摘した。ワイルドによれば、真の楽しみと歓びは、自分のなかにあるすばらしいものを発達させることによって得られる。その典型は、芸術家の活動である。真の芸術家は、強烈な個人主義者である。真の芸術家は、他者の視線を気にすることなく、孤独に耐え、自分のなかにあるすばらしいものをつかみ取ろうとする。もし他人が求めるものを制作するなら、「退屈なまたは人を楽しませるだけの職人、正直なまたは不正直な商人」となってしまうだろう。

真の芸術家は、資本主義制度のもとでは育まれない。ワイルドが社会主義という言葉で表そうとしたのは、財産の蓄積を拒否する人たちからなる社会であり、真の芸術家が育まれる社会である。それは、見方を変えればミニマリズムの社会であるかもしれない。ミニマリズムは、財産の蓄積を拒否するからである。ミニマリズムは、ハイカルチャーを育むための思想といえる。それは文化の成熟とともに、一つの正統な文化的地位を獲得しうるかもしれない。

かつてジンメルは、初期のフランシスコ会修道士たちを引き合いに出して、かれらにおける魂の解放が、絶対的な無所有のうえに成り立つと指摘した。ワイルドのいう社会主義下の魂とは、そのような修道院において実現されるかもしれない。けれどもミニマリズムの生活は、俗世間のただなかにおいて無所有を実践する点で、修道院の生活とは異なる。ミニマリズムは、俗世間にとどまるという点では、プロテスタンティズムの倫理に近い。そしてまた、ワイルドのいう社会主義も、修道院生活よりも、俗世間のなかで営まれるミニマリズムに似ている。いずれも俗世間において、自分のなかにあるすばらしいものをつかみ取ろうとする企てである。

情報消費社会の隠された理想

最後に、消費社会の変容とミニマリズムの関係について検討したい。私たちの消費社会はしだいに、消費の中身を物質から情報へと転換してきた。物質ではなく情報を消費する社会は、環境にやさしい社会でもある。ミニマリズムは、そのような新しい消費社会の正統文化の一つになりうるかもしれない。

これまで消費社会は、私たちの欲望を肥大化して、その欲望を自由な仕方で満たしてきた。私たちは消費社会のなかで、たんに物質的な必要性から自由になっただけではなく、自分の欲望を固定させる必要がなくなった。さまざまなモノや事柄に触発されて、欲望がいろいろな方向に変化していくようになった。そのような欲望の自由を私たちは手にした。消費社会は、それがもしモノの消費から情報の消費へと転換され、そして南北問題や環境問題などの深刻な政治問題を引き起こさなくなれば、理想の社会であるかもしれない。

もちろんそのような理想の実現は難しい。また情報消費社会の理想が実現されたとしても、たんに受動的に情報を摂取するだけの生活は理想ではないかもしれない。けれどももし、文化的な創作を含めて情報を生産する側に熾烈な競争があるなら、生産者たちによって生み出される欲望は私たちが自由に受け入れたり拒否したりできるものになる。私たちの欲望は、新しい商品や作品によってたえず生み出されていく一方で、私たちはそれらを選択する権利をもちうる。私たちはより美しいもの、より魅惑的なものに惹かれて、自らの欲望を自由に満たすようになるかもしれない。見田宗介は著書『現代社会の理論』で、そのような消費社会の理想を展望している。

見田は、消費と情報の概念をそれぞれ彫琢することによって、独自の理想社会を描いている。まず消費の概念には、二つの意味がある。一つは、商品を購入するという表面的な意味であり、もう一つは、「充溢し燃焼しきる消尽」という隠された次元の意味である。後者の意味での消費は、私たちの生が充実して、歓喜に包まれることである。この場合の消費は、必ずしも物質を破壊する必要はない。情報による付加価値（正確には情報によって作り出されたイメージの価値）を消費するだけで、生の充実と歓喜は訪れる。見田はこのような「充溢し燃焼しきる消尽」としての消費に、人間の理想を見出した。充溢し燃焼しきる消尽としての消費は、資源収奪的ではなく、また他民族（他社会）収奪的でもない。それは人間の知性や魂を育んでくれる。経済が「成長したあとも成長しつづけることが健康なのは、「非物質的」な諸次元——知性や感性や魂の深さのような次元だけである」。見田は、知性や感性や魂の深さを育んでくれる営みとして、このような消費を称揚した。この場合の消費は、必ずしも商品の購入を伴う必要はないだろう。

見田はさらに、情報という言葉の本来的な意味を探った。情報とは「見えないものを見えるものとして経験させてくれるもの」である。すると情報消費とは、たんにデータを得ることではなく、究極的には、バタイユのいう至高性の体験を理想とする。それは「あらゆる効用と有用性の

表3－2　消費スタイルの諸形態

	物質消費	情報消費(1)	情報消費(2) 至高性
欲望の自由解放	大量生産・大量消費社会、豊かな社会	記号消費社会	生の充溢 **ミニマリズムⅠ**
必要な欲望の計画的充足	ニーズ充足社会	精神的ニーズの充足社会	質素な禅的生活 **ミニマリズムⅡ**

彼方にある自由の領域」の体験であり、「それ自体として直接に充溢であり歓びであるような領域」を体験することである。例えばバタイユは、「朝の陽光という単純な至福のうちに、最も奢侈でぜいたくな〈消費〉の極限」を見出した。朝の陽光を味わうだけで、私たちは最も贅沢な至高性の体験を得ることができる。このような意味での消費は、究極的な理想たりうる、と見田はいう。この究極的な体験としての情報消費は、商品経済によって媒介される必要はない。それは自然とのコミュニケーションを通じて、あるいは人と人との直接的なコミュニケーションを通じて、可能になるであろう[43]。

見田はこのように、消費と情報の概念をそれぞれ深く考察することで、いわゆる情報消費とは別の理想的な営みを描いた。見田のいう情報消費とは、データを得たり享受することではない。それはあらゆる効用と有用性を離れた次元で、至高の体験をすることである。その体験を消尽しつつ、味わうことである。そこには「生の充溢」がある。このような社会の理想は、既存の消費社会に代わる、新たな魅力と正統性を持ちうるだろう。

表3－2を用いて言えば、見田の情報消費社会の理想は、「記号消費社会」から「生の充溢」へと向かう。これは実は、ミニマリズムの方向性の一つでもある。ミニマリズムはモノの消費を減らして、生の充溢へと向かうことができ

る。むろんミニマリズムは、欲望の自由な解放には関心がないかもしれない。むしろ自分の欲望をコントロールして、必要な欲望を必要なだけ計画的に充足することに関心を持つかもしれない。ミニマリズムには二つの可能な方向性がある。一つは、モノを減らして充溢した至高性を体験する方向性である（ミニマリズムⅠ）。もう一つは、モノだけでなく情報の摂取量も減らして、質素な禅的生活へ向かう方向性である（ミニマリズムⅡ）。後者の理想については、第6章で検討したい。ここで確認したいのは、見田のいう消費社会の理想を実現するためには、ミニマリズムの実践が適合的である、ということである。

3−6　複雑な問いをシンプルにする

本章では、現代社会の正統な文化とそのオルタナティブという観点から、ミニマリズムの意義を検討してきた。私たちの資本主義社会における正統な文化は、たくさん働いてたくさん消費する生活であった。ワーカホリックになって働き、モノを顕示的に消費するような生活であった。ところが資本主義の発展とともに文化が成熟すると、正統な文化に変化が現れた。勤労の美徳は、しだいに評価されなくなってきた。他者の視線を敏感に感じ取りながら営まれる顕示的消費も、しだいに減ってきた。こうした変化のなかで、ミニマリズムへの関心が高まっている。ミニマリズムは資本主義の正統な文化から逸脱する生活であるとはいえ、その企ては私たちの社会において新たな正統性を獲得するかもしれない。ミニマリズムはこの社会を変革するための、新たなオルタナティブといえるかもしれない。

心理学的にいえば、これまで資本主義の正統な文化には、労働と消費に対する「強迫観念症」が付きまとってきた。また文化人類学の視点で捉えると、資本主義以前であれ以後であれ、正統な文化を形成してきたのは「社会的地位を形成するための儀礼的消費」であった。これらの視角から捉えると、ミニマリズムはあきらかに逸脱的である。ところが心理学と文化人類学の視点からすれば逸脱的にみえる行動でも、環境問題や幸福の理念、あるいは過剰と退屈の相克などに照らしてみると、別の面がみえてくる。ミニマリズムは、既存の資本主義が行き詰まりをみせるなかで、新たな正統文化を形成するかもしれない。

例えば環境問題が深刻化するなかで、私たちの資本主義は、環境への負荷を軽減する方向性を模索せざるを得ない。ミニマリズムの企ては、環境に負荷をかけない試みとして、市民派とも保守派とも異なるオリジナルな思想を提供している。あるいは私たちの正統な文化は、経済中心から、幸福中心へとしだいに変化しつつあるが、そうした中で、ミニマリズムは幸福になるための営みとして、新たな正統文化を形成しうるかもしれない。

これまで資本主義のオルタナティブ論と言えば、価値の積極的な制作者の視点を重んじる議論や、ヴァナキュラーな領域の可能性を重んじる議論が主流であった。これらに対してミニマリズムは、別の理想を示している。それは私的所有の観念に代わる「無所有」の理想を掲げるものであり、文化的な成熟を育むための精神的土壌を用意する。私たちは価値の制作者にならなくても、またヴァナキュラーな価値を発展させなくても、成熟社会の文化を担うことができる。必要な視点は、現在の資本主義社会が抱える行き詰まりに応じる新たな正統文化である。

現代の資本主義社会が直面している喫緊の問題は、環境問題であり、不平等（格差）であり、あるいは消費がもたらす満足の限界（すなわち幸福の問題）である。こうした問題は、資本主義のもとで人々が受動的な生を享受せざるを得ないという問題よりも、いっそう深刻であるようにみえる。私たちは、グローバルな環境問題に対して、あるいは富の不平等がもたらす弊害に対して、あるいは消費からえられる満足度（幸福度）の限界に対して、どのように応じるべきなのか。ミニマリズムはこのような問題状況において、一つのシンプルな答えを与えている。ミニマリズムは、さまざまな社会問題を生み出している自分自身の生き方を見直す思想である。ところが私たちが生み出している問題は、あまりにも巨大で複雑であるため、根源的に解決することは難しい。そのように委縮してしまう人々でも、自発的にシンプルに生きるなら、自分自身をエンパワメントすることができるだろう。[44] ミニマリズムとは、認知的に複雑な問題に対するシンプルな実践であり応答である。複雑な問題に対するシンプルな答えである。ミニマリズムの答えはしかし、諸問題に対処するための一歩でしかない。この一歩は、いかなる意味を持ちうるのか。本章で示したことは、ミニマリズムが新たな正統文化を形成する可能性であった。ではそれはどのような文化なのか。章を改めて検討をつづけたい。

第4章

ミニマリズムの類型分析

以上の二つの章は、「消費社会とそのオルタナティブ」（第2章）、および、「支配的（正統的）文化とそのオルタナティブ」（第3章）という観点から、それぞれミニマリズムの意義を検討してきた。理論編の最後となる本章では、ミニマリズムの諸類型について検討する。ミニマリズムの具体例は次章（第5章）でさまざまに取り上げるとして、その前に理論的な枠組みを示したい。

以下では、まずアメリカにおいてミニマリズムがどのような背景から生まれたのかを考察し、現代アメリカにおけるミニマリズムの諸類型を整理する。そして、このアメリカの動向との比較で、日本のミニマリズムの特徴を捉える。第二節では、ミニマリズムとそれに類似する生活思想を比較し、またミニマリズムのなかのさまざまな類型について、いくつかの枠組みを使って分析する。ミニマリズムは、脱資本主義の生活思想の一つである。しかしミニマリズムは、従来の脱資本主義と比べて、どんな特徴をもっているのか。本章ではこの問題に迫りたい。

4-1 ミニマリストの台頭

ミニマリズムは現代の現象であるとはいえ、その先駆者の系譜をたどると、思想史上の重要な人物たちを挙げることができる。[1] ブッダ、ディオゲネス、アリストテレス、エピクロス、ストア派、西洋の修道院生活者たち、クエーカー派、アーミッシュ派、ヘンリー・ソロー、ジョン・ラスキン、ガンジー、農本主義者たち、スコット・ニアリング（Scott Nearing（1883-1983）：ラディカル左派の政治経済学者）とその妻、あるいは、ジョン・ミューア（自然保護の父）やラルフ・ボーソディ（Ralph Borsodi（1886-1977）：農業理論家）などが、時代に抗してシンプルな暮らしを提案し、実践してきた。ミニマリズムの直近の歴史的背景として重要なのは、一九六〇年代のカウンター・カルチャー（対抗文化）である。以下では、この運動からいかにしてミニマリズムが台頭したのかを追跡し、その上で一九八〇年代にアメリカで開花した自発的簡素の思想を検討する。さらに現代に目を移して、コミュニタリアンのエッツィオーニによるミニマリズム分析と、日本のミニマリズムの特徴について、それぞれ検討したい。

カウンター・カルチャー

ミニマリズムは、アメリカでは支配的な文化に対抗する運動のなかから生まれてきた。ケルアックの『路上』[2]（一九五七年）は、著者の自伝的な小説であると同時に、当時のアメリカ社会に抵抗する生き方を描いた記念碑的作品である。主人公のサル・パラダイスは、中産階級の生活を捨てて、アメリカ大陸を放浪する。そのなかで築かれた価値観は、後のカウンター・カルチャー、とりわけヒッピー文化に大きな影響を与えた。ケルアックはまた『荒涼天使たち』のなかで、抵抗の精神を次のように描いている。

しっかりしろ、ジャックよ、森羅万象を通りぬけよ、そして万物は一つの夢だ、一つの現象だ、一つの閃光だ、一つの悲しい目だ、一つの水晶の透明な神秘だ、一つの言葉だ——じっとしていよ、なあ、人生の愛を取りもどしたらこの山を下りてただ在れ——在れ——無限の可能性を持った精神の無限の豊さたれ、説明するな、（…）ただ流れよ、流れよ、すべて自分で在れ、あるがままであれ、存在とはつねにあるところのものにすぎないのだ（…）そこで黙れ、生きよ、旅に出よ、冒険しろ、祝福せよ、哀れむな[3]（…）

ここに描かれている人生観は、中産階級の生活とは対照的であり、社会のなかであくせく働くよりも、浮浪者のスタイルが追い求められている。ここでいう浮浪者とは、辺境地帯の山師の末裔である。山師たちは、金鉱を求めて山地を彷徨《さまよ》い歩いた。そのような山師たちのように、放浪を通じて自己の「存在」を見つけることは、物質的な富を追求しないミニマリズムと親和的であるかもしれない。

ケルアックが描いた放浪者の思想は、一九六〇年代から一九八〇年代にかけて生まれた「ジェネレーションX」に受け継がれる。ジェネレーションXは、それ以前のカウンター・カルチャーを継承すると同時に、ミニマリズムにも関心を示した。ダグラス・クープランドは『ジェネレーションX』のなかで、次のような描写を残している。[4]

「（…）ああ、そういえば、クリスマスに何がほしい（……）」
「何もほしくないよ、タイラー。人生の品々を捨てているんだから」

「心配になってくるよ、アンディ。野心てものがない人なんだから」

（…）タイラーは大企業に勤めたがっている。大きければ大きいほどいいのだ。

「何もほしがらないのは、別に妙なことじゃないぜ、タイラー」

「それならそれでいいけどさ。ただ、捨てるブツがあったら、ぼくによこすようにしてくれよ。それに、ポロがいいな。」

「実を言うと、今年はお前にミニマリスト・ギフトをやろうと思ってたんだけどな、タイラー」

「え……」


ここでアンディがタイラーに贈りたいと思っている「ミニマリスト・ギフト」とは、きれいな石とか、枯れたサボテンであるという。いずれも貨幣価値をもたず、日常生活のなかで役立たないものである。クープランドによれば、ミニマリズムには「目立ちミニマリズム」と「カフェ・ミニマリズム」の二つがある。「目立ちミニマリズム」とは、物質的な所有物がないことを見せびらかして、これを倫理的・知性的な優位の証拠とする立場である。これに対して「カフェ・ミニマリズム」とは、何も見せびらかさずに、ミニマリズムの哲学を信奉する立場である。ここでアンディが示そうとしているのは、まったく貨幣価値がないものを見せびらかすという、反骨精神に裏づけられた目立ちミニマリズムであろう。いずれにせよクープランドは、ジェネレーションXが、ミニマリズムの生活に関心を寄せる様子を描いた。ジェネレーションXは、人生を成功させたヤッピー（都市に住む若いエリート・サラリーマン）たちの文化に怒りを抱いた。彼らはしかし、成功者たちを批判する一方で、自分たちが虚無と腐敗と憂鬱にさいなまれていることを認めている。かつてのヒッピーたちは、アメリカ大陸を放浪した。これに対してジェネレーションXは、日本の「しらけ世代」に似ている。社会に対してシニカルに向き合いつつ、あたかも生命力を失ったような虚脱感を見せびらかすことを、抵抗の証としたのであった。

自発的簡素の思想

ミニマリズムはこのように、アメリカでは対抗文化のなかから生まれてきた。それが積極的なライフスタイルとして語られるのは、デュエイン・エルジンの『ボランタリー・シンプリシティ［自発的簡素］』（一九八一年）においてである。同書は一九八〇年代のアメリカで、ニューエイジ思想と呼応する新しい世界観を示した。アメリカにおけるミニマリズムの積極的なビジョンのルーツは、この本までさかのぼることができる。

アイダホ州の農場に育ったエルジンは、大学で経済学の学位を取得したのちに、人口増加と未来に対処するための政府の研究機関で働いた。その後、スタンフォード大学の研究機関で未来学者として研究を手がけ、そこで『自発的簡素』を書き上げる。エルジンは当時、社会の未来像を描くことに関心があった。そこで六〇年代以降に台頭した新しい世代のライフスタイルを検討した。エルジンの予測は、工業段階にある当時の社会が、やがて自発的簡素の社会へ向かうというものであった。既存の工業的世界観と対比して、エルジンは自発的簡素の世界観を表4－1（次ページ）のように特徴づけている。[5]

エルジンはこのように、当時の工業的世界観に代わる自発的簡素の世界観を体系的に描いた。自発的簡素の世界観は、今日のコミュニタリアニズム思想の原型でもある。自発的簡素の生活においては、「自律と機動性」よりも「結びつきとコミュニティ」に力点が置かれている。現代を代表するアメリカのコミュニタリアンであるA・エッツィオーニは、このエルジンの自発的簡素の運動が、その後のコミュニタリアン運動の源流になったとみている。[6]

エッツィオーニの分類

エルジンの『自発的簡素』は、アメリカではミニマリストたちのバイブルになった。この本に導かれて、アメリカでは一九九〇年代以降、ミニマリズムの運動がさまざまに展開した。エッツィオーニによれば、九〇年代の自発的簡素の運動には、三つのパタンがみられる。[7]

第一に、「ダウンシフターズ」と呼びうる人たちがいる。例えば高級なブレザーを着る一方で、ジーンズを履くといったスタイルによって象徴される人たちである。ダウンシフターズは、生活水準を少し落とそうとする。あるいはまた、仕事時間を短くしたり、賃金の安い仕事に切り替えたり、家に居るために仕事をやめるなど、自分の生活を優先して、少ない給与に甘んじようとす

表4－1　エルジンにおける二つの世界観の対比

工業的世界観	自発的簡素の世界観
人生の最優先目標は物質的進歩である。	人生の中心目的は、生の物質的側面と精神的/霊的側面の双方の調和のとれたバランスのよい進化である。
派手な消費に大きな力点が置かれる。「良き人生」は、生のさまざまな快楽を享受し、生の不快を回避するに十分なお金をもつか否かにかかっている。	節約と質素――つまり必要な分だけを使うことに大きな力点が置かれる。満足のゆく人生は、他の人々との協力においてバランスのとれた成長があってはじめて成立する。
アイデンティティ（自己証明）は物質的財産と社会的地位によって定まる。またアイデンティティは固定したものか、でなければゆっくりとしか変わらないものとみなされている。	アイデンティティは生きてゆく過程のうえで明らかになる。アイデンティティは流動的なもの、一瞬一瞬新しく生まれるものとして経験される。
個人はその人の肉体によって限定され、究極的に分離し、孤立したものである。	個人はより大きな宇宙のユニークかつ不可欠な部分として経験される。自己の「本質」は、われわれの物理的存在によっては限定されない。
宇宙は物質的で、おおむね生命をもたないものとみなされる。われわれ生命あるものが、生命なき宇宙を自己の目的で搾取することは正しい。	宇宙は巨大な生きた有機体として経験される。全生命の尊さと健全性を尊重するようなしかたで行動することがふさわしい。
自己奉仕的な行動に大きな力点が置かれる（見返りとしては必要最小限のものを差し出しておいて、自分に取れるかぎりのものを取る）。	生命奉仕的な行動に大きな力点が置かれる（生に自分のできるかぎりのものを差し出し、見返りには必要最小眼しか求めない）。
「いちかばちかの競争」が支配している。他者と争い、一発でしとめろ。	「公正な競合」が支配的。他者と協力し、生計を立てることをめざせ。
国際関係においては「救命ボート倫理」が見られる。	国際関係には「宇宙船地球号倫理」が見られる。
全体の福祉は「自由」市場および/ないし中央官僚機構の作用にまかされる。	個々人が全体の健康と幸福に対する責任を引き受け、総体的な福祉の促進に直接参加する。
専門家やスペシャリストに対する依存度が高い。	自立と自治に大きな力点が置かれる。
自律性と機動性に大きな力点が置かれる。	結びつきとコミュニティに大きな力点が置かれる。

る。

第二に、徹底的に簡素化する人たち（strong simplifiers）がいる。例えば仕事をやめて、年間二万五〇〇〇ドルはかかる最低限の生活費を、自らの貯蓄からねん出して生活するような人たちである。かれらは働ける場合でもリタイアして、執筆をしたり、ボランティアをしたりする。フルタイムで働くこともできるが、むしろ自宅でパートタイムの仕事をしたり、子どもと過ごす時間を大切にしている。

第三に、包括的な簡素化を実践する人（holistic simplifiers）たちがいる。もともと住んでいた豊かな郊外や高級化した都市の区域から小さな町や田舎に移住して、いっそうシンプルな生活を目指す人たちである。これは一つの社会運動《ムーブメント》でもある。かれらはエルジンが提唱する「自発的簡素」の中核的な担い手であり、一貫したビジョンや哲学によって動機づけられている。

以上の三つは、自発的簡素のいわば初級・中級・上級といえるだろう。いずれにせよ、九〇年代のアメリカで自発的簡素への関心が高まった背景には、所得の一単位当たりの増加が「ウェルビイング（幸福）」の増加に結びつかず、場合によっては減少させてしまうという事態があった。金銭面でのウェルビイングについて関心がある人は、それだけいっそう幸福とは感じにくくなるという研究もある。これに対して自発的簡素の文化は、所得を増やさずに幸せになる方法の一つとして、社会的に注目されたというのがエッツィオーニの分析である。

自発的簡素の生活は、稼ぎとは無関係に、やりがいのある仕事を重んじる。あるいは顕示的な消費ではなく、穏健な消費を重んじる。自発的に簡素に暮らす人たちは、生涯学習、公共生活、ボランティア、共同体への参加、インターネットのサーフィン、スポーツ、文化的諸活動、自然観察、自然とのふれあい、などからより多くの満足を得ている。およそショッピングをすることから満足を得ている人たちは、こうした活動に関心を示さないであろう。これに対して自発的簡素の実践者たちは、活動を通じて自身のテイスト〔嗜好〕を磨き、何かにコミットすることを通じて充実した生活を営もうとする。「外見はシンプル、中身はリッチ（outwardly simple, inwardly rich）」という生活が、かれらの目標となっている。

しかしこうした簡素な生活の実践者たちも、自分の生活をまったく顕示しないわけではない。もし人々が、自分にとって最も高所得を期待できそうな仕事を選ぶのではないとすれば、「もっと稼ぐことができるけれども、私はそれを選ばない」、「私は資本主義社会のなかで失敗したわけではない」というシグナル（メッセージ）を、なんとかして送らなければならない。自発的簡素の思想は、実はこのニーズに応えるものである。かれらは、モノが少ない生活を、強いられたのではなく自分で選んだということをシグナリングできるような、「低コストかつ認知しうる消費財」を選ぶ。例えば、シンプルな生活に結びついたセレクト・グッズ、従来のステイタス財と同様に認知しうる財、たんに低所得だからあまり消費しないという人たちにはしばしば買う余裕がない財、等々。こうした財を購入することで、かれらはシグナルを伝えることができる。

このように、自発的簡素の実践にも、別の意味での顕示的な消費が伴っている。しかし全体としてみれば、自発的簡素の実践は、モノの消費から離れていくだろう。その要因として、エッツィオーニは次の二つを挙げている。[8]

第一に、文化の成熟とともに「稀少性が縮小していく」という現象が生まれる。一般的な消費財、例えば自動車やバイクやテレビや家などと違って、知識財や文化財というものは、消費されたり所有されたりすることを拒むものである。例えば、ポルシェという車が消費されたらその価値は減価するが、これに対してベートーヴェンの第九は、何度消費されてもオリジナルな輝きを失わない。ＣＤで第九を聴いても、それは生産されたものを破壊しない。人々がいっそう知識や文化を嗜好するようになれば、財の稀少性は縮小していく。これは自発的簡素の生活を促進する契機となるであろう。

第二に、人々はしだいに、物質以外の満足を求めるようになった。例えば、絆の形成、愛、親密性、友人関係、瞑想、自然とのコミュニケーション、太極拳などのエクササイズなどは、資本主義の原理から比較的自由な営みである。カウンター・カルチャーとはある意味で、こうした資本主義の原理に従わない幸福の源泉を発見する試みである。それは自発的簡素の生活をもたらしている。エッツィオーニは自発的簡素の興隆が、富を社交的な（societal）条件へと転換するための、最高の新しい資源であるとみている。

むろん自発的簡素の生活は、人々を社交的にする条件だけでなく、反対に、人々をいっそう個人的な瞑想へといざなう条件を与えてもいる。自発的簡素の生活は、田舎志向の隠居的生活、環境派の個人主義、清貧の保守主義、などとも親和的である。実際、日本においては、コミュニタリアニズムよりもむしろ個人主義の方向で、ミニマリズムを実践している人が多いように見える。

日本のミニマリズムの特徴

エッツィオーニは自発的簡素の生活をコミュニタリアニズムの観点から解釈したが、これに対して金子由紀子は、日本の文脈でミニマリズムを語っている。多数の著書をもつ金子は、幼少のころから、シンプルな生活に関心をもっていた。学生時代から一〇年間の一人暮らしをする過程で、少ないモノで楽しく暮らすノウハウを模索するようになった。金子はその後、出版社に勤務したのちに、現在はフリーランスで活躍している。二児の母である一方、情報サイト（All About）の「シンプルライフ」を担当している。

日本でミニマリズムの流行がピークを迎えたのは、二〇一六年であった。その前史に「モッタイナイ」というスローガンを掲げる節約運動があった。二〇〇五年にケニアの環境副大臣、ワンガリ・マータイ（当時）が国連の「婦人の地位向上委員会」の演説でこの言葉を紹介して、会場にいた人々に「もったいない」と唱和させると、これが世界的に話題となった。マータイによればモッタイナイは、経費を節約する（reduce）、リサイクルする（recycle）、再利用する（reuse）、修理する（repair）、という四つのRから始まる言葉を表すことができる。日本でも当時、この「モッタイナイ」というスローガンがよく使われ、過剰な包装をしない、使い捨てのものは買わない、無駄使いはしない、などの消費者モラルが高揚した。金子によれば、この節約運動の意義は、次の五つに整理できるという。[9]

第一に、ストレスを発散するための消費は避けたほうがいい。例えばフリーマーケットで「面白いから」という理由で買うと、後悔してしまう。通販やネットショップを利用して安易に商品を買うことも、後悔を招く。安物を買う消費は、ふだんの生活でストレスを抱えているから生じるのであり、大切なのはむしろ、ストレスを発散することそれ自体である。疲れたら、食事でストレスを発散するのではなく、キャンドルを灯《とも》したり、お香を焚《た》いたりする。あるいは、インスタント食品やレトルト食品を食べない（ストックしない）ようにしたり、早起きをしたり、姿勢をよくしたり、一日一回、空を見たりする。こうした非消費の営みのほうが、すぐれたストレス解消法になる。

第二に、安易な消費よりも、生活の質の向上のために、高価なモノを選んで買うセンスを磨いたほうがいい。一〇〇円ショップで買い物をせず、モノは一〇年以上使う前提で、例えば毎日使うタオルや石鹼にこだわったり、文具にこだわったりする。あるいはワンパターンになっても、好きな服だけを着ることにする。毎日使うモノの質を上げれば、モノを減らすことができる。

第三に、モノで自己表現しようとすると、かえって安っぽくなるので望ましくない。自分の部屋を個性的に飾るよりも、むしろ部屋に置くものはなるべく白系のほうが無難であり、柄のないものを選んだほうがいい。部屋の飾り物は処分して、価値のない家具も処分する。街頭で配っている無料グッズはもらわないようにする。これまでに買った服やアクセサリー、バッグなどを思い切って処分する。このようにすれば、消費によるアイデンティティ形成から脱却できる。

第四に、物質主義を逃れて、情報を消費したほうがいい。インターネットで情報をサーフィンすれば、私たちの欲求の多くは満たされる。また、本を図書館で借りて読むだけで、幸せな生活を送ることができる。

第五に、物質主義を逃れて、他者とつながったり、思い出になるような経験をしたほうがいい。例えば、ホームパーティを開いたり、あるいは映画を見て泣いたり、美術館や好みのインテリアのカフェなどの美しい空間を訪れたりする。このようにすれば、財の消費を減らすことができる。

金子によれば、以上のようなミニマリズムの生活には、いくつかの新しい特徴がある。一つには、それは節約することよりも、「余計なモノを持たないためにはあえてコストを支払い、いざ必要なモノを買う場合にはコストを考慮せずに好きなモノを買う」という点である。第二に、節約生活においては、整理整頓するための収納術が重要となるけれども、ミニマリズムにおいては、そうしたこまかい技は必要ない。むしろあまり器用でない人、細かいことが苦手な人に対して、のびのびとした生活を提案することができる。第三に、ミニマリズムは、たんに節約するのではなく、モノが少ない空間によいモノを置くという、美的なセンスの表現に関心を向ける。何も買わないというのは、ストイックな精神生活であり、長く続けることができない。ミニマリストはむしろ、「これがあれば、ほかには要らない」と思えるような、お気に入りのモノといっしょに暮らしたいと考えている。美意識が高い人は、本当に欲しいモノでないかぎり買わない。これは賢い消費生活のあり方を示しているだろう。

賢い消費生活のためには、人は自分のテイストを十分に洗練しなければならない。高価なモノを買って後で後悔するようでは、賢い消費とはいえない。金子は賢い消費のために、「普段から自分の本当の嗜好《しこう》を自分でよく知っておくことが大切」であると説く。自分が好きな色、形、ブランドを把握するために、一冊のノートを用意して、欲しいもののリストを作ることを勧めている。そこに「必要な度合い」と「手に入りやすい度合い」を書き込んで、両方の度合いが高いモノから買う計画を立てるといいという。こうした消費生活の啓蒙は、エッツィオーニのコミュニタリアニズムとは異なり、あくまでも個人のアイデンティティ表現の観点から、消費行動の成熟を呼びかけるものである。金子においてミニマリズムは、洗練された個人的な消費生活の理想として描かれている。

以上、アメリカと日本におけるミニマリズムの思想について、それぞれ紹介してきた。アメリカではミニマリズムは、対抗文化運動の流れを汲み、自発的簡素の思想として発展した。この思想は、アメリカではエッツィオーニによって、コミュニタリアニズムの運動の一つとして捉えられた。これに対して日本では、ミニマリズムはモッタイナイ運動を背景として、消費の質を「高級で自分のセンスを表現できる一点もの」へと転換するスタイルと結びついた。たんに節約する生活を称揚するのではなく、欲求の洗練化を称揚するものであった。ではミニマリズムは思想としてみた場合、どんな新しい特徴をもつのだろうか。節を改めて検討したい。

4―2 ミニマリストの位置

ミニマリズムとはどんな思想なのか。ここではミニマリズムの思想的特徴を、いろいろな観点から捉えてみたい。第一に、ミニマリズムを脱資本主義思想の一つとして位置づける。第二に、ミニマリズムをそれ以前の「脱サラ」思想と比較して位置づける。第三に、ミニマリズムの実践を消費者市民の実践と比較して位置づける。第四に、ミニマリストが暮らす場所やミニマリストたちの所得、またその実践の動機について分類を試みる。最後に、ミニマリストたちの実践の背景にある社会変容について考察したい。

脱資本主義の諸思想とミニマリズム

鶴見済《わたる》の『0円で生きる』は、脱資本主義の実践を知るうえで興味深い。この本には、消費しないで生きるための知恵が、さまざまに紹介されている。他者からもらう、不用品を回す、共有する、貸し借りする、人の家に無料で泊まる、ヒッチハイクする、オープンガーデン（無料庭園）を造る、ネットの無料提供物を使う、売れ残りをもらう、拾う、フリマを利用する、輪番制を使う、ボランティアをする、公共サービスを使う、無料相談を利用する、ハーブを育てる、自然を鑑賞する、などの営みである。こうした消費しない営みはすべて、資本主義の支配から離れたところで喜びを得るための知恵であると同時に、資本主義の社会を変えていく実践でもあるだろう。[10]

鶴見のこの書が紹介する脱資本主義的な生き方は、およそ四つの類型にまとめることができる。コミュニタリアニズム、経済的自由主義、リベラルな福祉国家思想、そしてディープ・エコロジー（環境主義思想）である。

ここでコミュニタリアニズムとは、共同社会の道徳を取り戻そうとする立場である。例えば、余暇の時間をショッピングモールで過ごすよりも、地域の催し物やＮＰＯ活動などに参加して、市民的なコミュニケーションを育むことのほうが道徳的にすぐれていると考える立場である。コミュニタリアニズムはさらに、資本主義の経済から脱却するために、無料でモノを交換したり、余り物をシェアするようなネットワークを築いていくことが、道徳的に望ましいと考えるだろう。

これに対して経済的自由主義は、それ自体としては資本主義に反対する立場ではない。けれども経済的自由主義は、資本主義のなかで「資本なしの自由経済」が可能であることを教える。例えば、メルカリなどのアプリを通じてモノを売るビジネスは、資本金ゼロで始めることができる。資本金ゼロのビジネスは、巨大な資本が支配する社会に対する一つの抵抗であるだろう。

第三に、リベラルな福祉国家は、これまで自由市場経済を批判して、経済の一部を政府が運営することが望ましいと主張してきた。このリベラルな福祉国家の考え方を拡張して、私たちは公共交通や大学教育を無料にしたり、すべての市民に基本所得《ベーシック・インカム》を提供したりする、という政策を提案することができる。とりわけ基本所得は、ゼロ円で生きるための強力な政策であるだろう。

最後に、ディープ・エコロジーの立場は、資本主義の経済から脱却して、究極的には自然の恵みだけで生活することを理想とする。自然界を深く理解して、自然界から無償のものを得ることが目標となる。例えば、野草を食べる、雨水を利用する、日光浴をする、などの営みである。これらは資本主義の経済から逃れたところで、富を享受するものであろう。

以上、鶴見済の『0円で生きる』を参照しつつ、脱資本主義の四つの思想理念を整理した。脱資本主義には、この他にも二つの種類がある。いずれもまだ「思想」と呼べるほど成熟してはいないが、例えば次のような実践である。

一つは、「ゴミは宝の山」であるとの発想から、ゴミを拾って生活するという生き方である。これはモッタイナイという節約運動にも関係している。最近では、コンビニやスーパーストアなどで廃棄される食品（「食品ロス」）を、必要な人に分配する運動にも結びついている。しかし思想的にはまだ練られていない[11]。

もう一つは、ミニマリズムである。ミニマリストたちは、自分の身の回りの品を捨てて、禅的な生活をしようとする。ミニマリストたちは、コミュニティを形成することにはあまり関心がないかもしれない。環境への負荷を気にすることもあるが、突き詰めて環境を守ることには関心がない。自然界から何らかの恵みを受け取ることはあるかもしれないが、それが主たる関心事ではない。無料の行政サービスに頼ることにも、あまり関心がないだろう。ミニマリズムは、脱資本

6月の新刊 ●14日発売 ちくま学芸文庫

修験道入門
五来重

国土の八割が山の日本では、陰陽道や仏教と結合して修験道が生まれた。霊山の開祖、山伏の修行等を通して、日本人の宗教の原点を追う。（鈴木正崇）

51055-6
1650円

山岡鉄舟先生正伝
小倉鉄樹／石津寛／牛山栄治 ■おれの師匠

鉄舟から直接聞いたこと、同時代人として見聞きしたことを弟子がまとめた正伝。江戸無血開城の舞台裏など、リアルな幕末史が描かれる。（岩下哲典）

51057-0
1650円

戦国乱世を生きる力
神田千里

土一揆から宗教、天下人の在り方まで、この時代の現象はすべて民衆の姿と切り離せない。「乱世の真の主役としての民衆」に焦点をあてた戦国時代史。

51030-3
1430円

戦争体験
安田武 ■一九七〇年への遺書

わかりやすい伝承は何を忘却するか。戦後における戦争体験の一般化を忌避し、矛盾に満ちた自らの体験の「語りがたさ」を直視する。（福間良明）

51056-3
1320円

Math & Science

システム分析入門
齊藤芳正

意思決定の場に直面した時、問題を解決し目標を達成する多くの手段から、最適な方法を選択するための論理的思考。その技法を丁寧に解説する。

51061-7
1210円

6桁の数字はISBNコードです。頭に978-4-480をつけてご利用下さい。
内容紹介の末尾のカッコ内は解説者です。

好評の既刊
＊印は5月の新刊

45歳の教科書
藤原和博 ●モードチェンジのすすめ
「40代半ばの決断」が人生全体の充実度を決める。元気が湧いてくる人生戦略論。「人生の教科書」コレクション第6弾。巻末に為末大氏との対談を附す。
43748-8 880円

現代マンガ選集 恐怖と奇想
川勝徳重 編 戦後マンガ史の〈裏街道〉
43677-1 880円

悪魔が憐れむ歌 ●暗黒映画入門
高橋ヨシキ 世界は、イカサマだ！
43707-5 1045円

現代マンガ選集 少女たちの覚醒
恩田陸 編 炸裂する記憶と衝動
43678-8 880円

神保町「ガロ編集室」界隈
高野慎三 伝説のマンガ雑誌の舞台裏
43716-7 990円

ひと・ヒト・人 ●井上ひさしベスト・エッセイ続
井上ひさし 井上ユリ 編 没後十年。選りすぐりの人物エッセイ
43693-1 990円

おまじない
西加奈子 あなたをそっと支える魔法のことば
43737-2 682円

母のレシピノートから
伊藤まさこ 伊藤家に伝わる幸せの料理。書き下しを加え登場
43701-3 946円

ふしぎな社会
橋爪大三郎 いちから考える社会学の最良の入門書
43728-0 880円

「本をつくる」という仕事
稲泉連 校閲・装幀・書体……。本の舞台裏はこんなに熱い
43699-3 814円

先端で、さすわ さされるわ そらええわ
川上未映子 第14回中原中也賞受賞 伝説的第一詩集
43734-1 660円

本土の人間は知らないが、沖縄の人はみんな知っていること
矢部宏治 「大きな謎」を解くための旅に出よう！
43717-4 990円

理不尽な進化 増補新版 ●遺伝子と運のあいだ
吉川浩満 養老孟司氏、池澤夏樹氏、山形浩生氏、池谷裕二氏、伊藤亜紗氏、絶賛！
43739-6 1210円

B級グルメで世界一周
東海林さだお ショージくん流 食の祭典！
43721-1 968円

＊終わりよければすべてよし ●シェイクスピア全集33
シェイクスピア 松岡和子 訳 全巻ここに完結！
04533-1 1045円

幻の女 ●ミステリ短篇傑作選
田中小実昌 日下三蔵 編 直木賞作家による幻の〝怪作〟
43715-0 924円

＊野に咲く花の生態図鑑【春夏篇】
多田多恵子 野山の植物に学ぶ生存戦略
43740-2 990円

6桁の数字はISBNコードです。頭に978-4-480をつけてご利用下さい。

6月の新刊 ●17日発売

筑摩選書

0213

消費ミニマリズムの倫理と脱資本主義の精神

北海道大学大学院経済学研究科教授
橋本努

行き詰まりを見せる資本主義社会。その変革には「脱資本主義の精神」が必要であり、ミニマリズムにはそこへ通じる回路がある。その原理と展望を示した待望の書!

01731-4 1980円

0214

中国共産党、その百年

京都大学人文科学研究所教授
石川禎浩

創立百周年を迎える中国共産党。いかにして超巨大政権党となったのか、この組織の中核的属性はどのように形作られたのか、多角的に浮き彫りにした最良の通史!

01733-8 1980円

好評の既刊 ＊印は5月の新刊

生まれてこないほうが良かったのか?——生命の哲学へ!
森岡正博 誕生否定の思想を検証し、その超克を図る!
01715-4 1980円

ずばり東京2020
武田徹 東京の"今"を複眼的に描いたノンフィクション
01720-8 1870円

震災と死者——東日本大震災・関東大震災・濃尾地震
北原糸子 行政、寺院、メディアの死者への対応を検証
01721-5 1870円

『往生要集』入門——人間の悲惨と絶望を超える道
阿満利麿 法然と親鸞に受け継がれる浄土仏教の真髄
01712-3 1760円

日本の包茎——男の体の200年史
澁谷知美 多数派でも恥じる理由を探った本邦初の書!
01723-9 1760円

ディズニーと動物——王国の魔法をとく
清水知子 ディズニーは現代社会に何をもたらしたか
01722-2 1870円

紅衛兵とモンゴル人大虐殺——草原の文化大革命
楊海英 文革時の内モンゴル人大虐殺の真相に迫る
01726-0 2090円

「暮《くら》し」のファシズム——戦争は「新しい生活様式」の顔をしてやってきた
大塚英志 コロナとの戦いの銃後に見える日常の起源
01725-3 1980円

乱歩とモダン東京——通俗長編の戦略と方法
藤井淑禎 大衆読者の心を動かした乱歩の戦略とは?
01727-7 1650円

日本回帰と文化人——昭和戦前期の理想と悲劇
長山靖生 彼らは「聖戦」に何を託したのか
01729-1 1870円

ヨーロッパ思想史——理性と信仰のダイナミズム
金子晴勇 理性と信仰からみたヨーロッパ思想全史
01728-4 1980円

＊**「ポスト・アメリカニズム」の世紀**——転換期のキリスト教文明
藤本龍児 アメリカニズムを多角的に検証した渾身作
01730-7 1980円

6桁の数字はISBNコードです。頭に978-4-480をつけてご利用下さい。

ちくまプリマー新書《さいしょのしんしょ》

chikuma primer shinsho

★6月の新刊　●10日発売

376
壊れた脳と生きる
文筆業 鈴木大介・東北大学大学院教授 鈴木匡子

▼高次脳機能障害「名もなき苦しみ」の理解と支援

脳に傷を負った当事者と、高次脳機能障害を専門とする医師が「見えない障害」とともに生きるためのヒントを考え抜く。隣の当事者さんと向き合うすべての人へ。

68402-8　1012円

377
みんな自分らしくいるためのはじめてのLGBT
「にじーず」代表 遠藤まめた

恋愛における変なルール、個性を押さえつける校則、家族は仲が良くないといけない……。性の多様性を考えることで、「当たり前」から自由になれる。

68403-5　902円

好評の既刊　＊印は5月の新刊

- 伊藤若冲【よみがえる天才1】　辻惟雄　ファンタジーと写実が織りなす美の世界へ！　68374-8　1100円
- モーツァルト【よみがえる天才3】　岡田暁生　子どもの無垢と美の残酷――天才の真実とは　68383-0　1012円
- コペルニクス【よみがえる天才5】　高橋憲一　どのように太陽中心説にたどりついたのか　68389-2　946円
- ガウディ【よみがえる天才6】　鳥居徳敏　独自の建築様式はどのように生まれたのか　68396-0　1078円
- 社会を知るためには　筒井淳也　社会がわかりにくいのには理由がある　68382-3　924円
- 紛争解決ってなんだろう　篠田英朗　国際政治の基本がわかる世界水準の講義　68393-9　902円
- 地方を生きる　小松理虔　これからのローカルな生き方を教えます　68392-2　946円
- 値段がわかれば社会がわかる――はじめての経済学　徳田賢二　経済はこんなふうに動いている！　68391-5　902円
- 高校生からの韓国語入門　稲川右樹　ハングル、文法、単語…まずはこの1冊で！　68394-6　880円
- はじめてのニュース・リテラシー　白戸圭一　〈事実〉は、なぜ歪む／偏るのか？　68398-4　924円
- 問う方法・考える方法――「探究型の学習」のために　河野哲也　変わる世界で、変わる学びを身につける　68395-3　924円
- 勉強する気はなぜ起こらないのか　外山美樹　勉強以外にも効果的！　やる気のトリセツ　68397-7　880円
- ＊「自分らしさ」と日本語　中村桃子　ことばと社会とわたしたちの関係をひもとく　68400-4　946円
- ＊16歳からの相対性理論――アインシュタインに挑む夏休み　佐宮圭　松浦壮 監修　「特殊」も「一般」もスッキリ理解！　68399-1　968円

6桁の数字はISBNコードです。頭に978-4-480をつけてご利用下さい。

主義の傾向をもっているとはいえ、以上の諸思想では説明することができない。それがいったいどんな思想をもつのかについては、本格的には次章以下で検討する。

「脱サラ」とミニマリズムの違い

ミニマリズムは、脱資本主義の実践の一つである。しかしいまから約五〇年前の一九七〇年代には、脱資本主義の実践は「脱サラ」という言葉で語られていた。脱サラは、サラリーマン生活を辞めて、独立起業する、資格を取って専門職に就く、創造的な仕事に就く、あるいはすでに貯めたお金を使って趣味に生きるなど、いわゆるサラリーマンとは異なる生き方を求めて会社を辞めることをいう。脱サラは、資本主義の支配的な論理に従わない抵抗を象徴していた。しかし現在では、脱サラにそのような抵抗の意味はない。サラリーマンを辞めて起業することは、以前よりも容易になってきたからである。

五〇年前のサラリーマンの多くは、長時間労働を強いられていた。[12]かれらにとって資本主義とは、「生き方」の問題でもあった。あくせく働いてお金を得るとしても、その富を用いて自分を洗練した趣味人や紳士に仕立てるための時間がない。資本主義経済のもとでは、身を粉にして働く一方で、中身のない人間にならざるをえない。そのような現実において、はたしてお金（富）を稼ぐべきか、それとも自分を洗練させるために会社を辞めて時間を得るべきか。当時のサラリーマンは、ジレンマを抱えていた。自分自身を文化的に洗練させる代わりに、自分の妻に洗練さ

表４－２　さまざまな生活スタイルの分類

	禁欲	遊び	瞑想・無為
現世内職業	資本主義の精神	創造的な活動	？
現世内脱職業	？	脱サラ趣味人	ミニマリスト・禅
現世逃避	修道院	登山家、釣り人	老子・禅

れた趣味を身につけてもらう代行的消費の文化も生まれた。自分の子どもに習い事をさせるという代行的教育も生まれた。

しかし現代のミニマリストたちは、こうした脱サラにも代行的消費にもあまり関心がないだろう。サラリーマンを辞めることに関心がないわけではない。ミニマリストたちはしかし、仏教的な覚り、あるいは禅的な覚りを求めているようにみえる。脱サラとミニマリズムの違いを説明するために、ここで「禁欲生活（サラリーマン生活）」に対比される生活を「遊び」と「瞑想・無為」に区別してみよう。また、現世における職業生活と脱職業生活、あるいはまた現世逃避の生活を区別してみよう。すると表４－２のように生き方のタイプを区別することができる。

資本主義社会のなかで倫理的に生きる道は、これまでウェーバーのいう「資本主義の精神」のように、職業を通じた禁欲生活にあるとみなされてきた。これに対して「脱サラ」は、会社を辞めて遊びに生きる生活を対抗軸として立てた。むろん近年では、ＩＴ産業の勃興とともに、資本主義の発展を担う生活は、創造階級《クリエイティブ・クラス》に代表されるように、遊びの要素を含む創造的な活動へと移ってきた。創造階級の人たちは、遊びを仕事に取り入れて、資本主義の発展を担うようになった。資本主義の倫理は、禁欲から創造へと移ってきた。

ミニマリズムはしかし、いずれの生活にも関心を寄せないだろう。ミニマリストたちは例えば、ヒマな時間をまったり過ごしたり、あくせく働かずにネットでさまざまなコンテンツを享受したり、自然環境に身を置いたり、冷蔵庫を捨てて前近代的な生活に回帰するなど、ゆったりした時間を過ごすことに関心を抱いている。こうした関心は広い意味で、観照的な生活の実践である。日本では禅の文化がこのようなスタイルに近い考え方を提供する。この点については、第6章で明らかにしたい。

脱煩悩と市民精神

ミニマリストたちは、あくせく働かずにゆったりした時間を過ごしたいと思う一方で、煩悩から脱却することにも関心を抱いている。この点でミニマリズムは、仏教や禅の文化と親和的である。ここでは「煩悩からの脱却」という観点から、ミニマリズムを捉えてみたい（次ページの表4－3を参照）。

消費社会が批判されるのは、消費というものが一般に、私たちの煩悩を満たす手段になるからであろう。例えばヴェブレンのいう顕示的消費は、消費財を使って、自分があたかもワンランク上の階級に属するかのように顕示する。そこには他人の羨望を勝ち取ろうとする邪悪な欲求がつきまとう。このような消費は、倫理的には虚栄心から生まれるものとして批判されるが、他方で虚栄心は、文明社会の繁栄原理でもある。顕示的な仕方で消費財を買ったり、あるいは顕示的な

表4－3　煩悩からの脱却としてのミニマリズム

	煩悩	煩悩動員型洗練	脱煩悩精神（禅）	市民精神
向上（上昇志向）	虚栄、顕示的消費、至福・極上の時間	〈文化〉の理想自己投資	卓越主義、超自我の要求、自己投資	市民的自律、生活協同組合運動
現状維持	承認願望の充足物質的満足	有閑階級の生活スローフード	大衆ミニマリズム、非投資	リベラリズム
ダウンシフト志向	低次欲望への耽溺	労働時間を減らして文化的自我を洗練する試み	コア・ミニマリズム	環境市民

仕方で「至福の時間」を過ごすことは、結果として私たちの文明を繁栄に導くので、批判の対象にならないこともしばしばである。

けれども煩悩は、それがもし文明の繁栄を導かない場合には批判の対象になる。例えばアルコール中毒や過食症などの嗜癖は、文明の繁栄原理ではないとみなされる。反対に煩悩は、煩悩それ自体を通じて、文化的に洗練させる方向に向かうことがある。例えば、絵画や音楽の鑑賞、あるいは陶芸や手芸などの制作において、人は「他者の称賛を得たい」という欲求から、自身の煩悩を洗練させていく。こうした煩悩による文化的洗練のための消費は、私たちの精神を陶冶するがゆえに、批判の対象にはならないことが多い。

他方で、すでに煩悩を動員しつつ自らの精神を陶冶した人たちは、その洗練された煩悩を通じて、豊かな生活を送るかもしれない。精神をそれ以上に陶冶することよりも、すでに精神を陶冶した自分の存在を祝福し、豊かな時間を過ごすことに関心をもつかもしれない。例えばスローフード運動は、精神の陶冶とは別の次元で、文化の豊かさを享受する企てであるだろう。

あるいは現在の自分の生活を祝福するのではなく、生活をダウンシフトすることによって、文化的な自我を陶冶するという方向性もある。仕事において自らの能力を文化的に洗練させていくことができなければ、仕事時間を減らして、空いた時間で自己の文化的洗練化を企てることができる。所得を減らしても可能な文化的洗練を志向する人たちは、例えば早期退職を求めるサラリーマンや、大学で留年してでも文化的サークル活動を続ける人たちにみられる。

以上は、煩悩を動員した場合のさまざまな文化的生活のパタンであるが、これらに対してミニマリズムは、むしろ消費を避けることによって、自らの煩悩を削ろうとする。煩悩からの脱却は、仏教（禅）のテーマの一つでもある。煩悩の脱却を通じて高い精神性を目指す場合には、それは修行となる。ミニマリズムはしかし、必ずしも修行僧のような仕方で高い精神性を追い求めるのではない。むしろ高い精神性を求める道の入り口付近で、煩悩から自由であるような日常生活のスタイルを模索している。

それは例えば、「モノを捨てる、譲る、シンプルに生きる」といった実践である。ミニマリストたちは、自分にとって本来の精神を取り戻すために、高い精神性を目指すよりも、日常生活にとどまろうとする。ミニマリストたちは例えば、空を見上げたり、なま暖かい風を感じたり、あるいはなにげない街の風景に美を感じるなど、支配階級の文化スタイルとは無縁の次元で、豊かな時間を送ろうとする。そのような体験は、支配的な価値意識に対抗する美意識を育むこともあるだろう。あるいはまた、自然の価値を再発見する試みでもあるだろう。

これに対してコア（中核的）なミニマリストたちは、生活のラディカルな変革を企てる。例えば、お金をほとんど使わないとか、電気代やガス代を極限にまで節約するなどして、生活全体を極限にまでダウンシフトさせる。そのような試みを通じて、煩悩に満ちた日常生活から逃れようとする。詳しくは次章で検討するが、そこには禅に通じる精神がある。他方で、コアなミニマリストたちに影響された大衆ミニマリストたちは、穏健なミニマリズムを実践する。コアなミニマリストたちは、新しい生活を模索するリーダー的な役割を果たすのに対して、大衆ミニマリストたちは、その実践のいくつかを取り入れて普段の生活を維持するだろう。

従来、消費社会に対する批判は、市民という理念に立脚していた。市民とは、市場に依存せず、自律した経済基盤を持ち、その基盤から市場や資本主義の誘惑をしりぞけて、政治生活と経済生活の両方を理性的にコントロールしようとする人たちである。そのような市民は、これまで近代社会の一つの理想的な生き方であるとみなされてきた。消費社会はこの市民的な生活の理想に照らして批判された。例えば、生活協同組合運動の担い手たちは、自律した経済生活の理想を求めて、自由市場経済に対抗した。

この自律的な市民の理想とは別に、リベラリズムの理想がある。リベラリズムは、必ずしも自律した主体の理想を追い求めるのではない。自律の理想を追い求めない人たちに対しても、互いに寛容に接しあう社会を築くことが大切であると考える。リベラリズムの理想は、どんなに弱い人間でも、尊厳をもって生きることができるような社会である。このリベラリズムの観点からすれば、消費依存症（低次欲望への耽溺）によって人格の尊厳の基盤を奪われることは、ぜひとも避けなければならない課題である。リベラリズムは「依存することの病」という観点から、消費社会を批判するであろう。

こうしたリベラリズムの立場よりも、さらに生活水準をダウンシフトすることに関心をもつ人たちがいる。例えば「環境市民」である。環境市民は、地球規模の環境と社会、あるいは次世代の人々の生活基盤への平等な配慮といった観点から、最も適切な生活を模索する。その実践は、リベラリズムよりも啓蒙的である。環境の価値を優先して、生活全般をダウンシフトするという人間の適応能力を重んじるだろう。

以上、煩悩とその克服という観点から、消費行動のパタンを類型化して説明してきた。消費の活動は、「煩悩」を満たす方向性をもっていたり、「煩悩を洗練させていく」方向性をもっていたり、「煩悩を脱する」方向性をもっていたり、あるいは煩悩に抗して「市民精神」を発揮する方向性をもっていたりする。表４－３を用いてミニマリズムを振り返るならば、ミニマリズムの運動においては、生活を徹底的にダウンシフトする人たちが中核的なリーダーとなって、大衆的なミニマリストたちをけん引している、といえるだろう。大衆的なミニマリストたちは、たんに身の回りを整理するだけかもしれない。部屋をきれいに片づけた結果として、新たな購買欲を刺激されるかもしれない。大衆的なミニマリストたちは、資本主義への対抗を示すとしても、それはアイロニカルにも、資本主義を新たにけん引するかもしれない。

場所と階層と動機

　では、ミニマリズムの実践にはどんなタイプがあるだろうか。住居に即していえば、都会のアパート／共同生活（シェアハウス）／郊外のアパート／田舎の空き家／手作りの小屋／野宿／旅（住所不定）、といったさまざまな空間がありうる。どんな空間に住むかによって、ミニマリズムの思考習慣は大きく異なるにちがいない。

　所得に即していえば、ミニマリストの所得は高いのか低いのか、所得がないのか。これもさまざまである。例えば上流階級のミニマリストは、洋服にせよ家具にせよ、高級品を買って、三〇年、あるいは一〇〇年単位で用いることが望ましいと考える。何がよいものであるのかについて洗練された見識眼を持って、そのセンスにもとづいて、よいものを一つだけ買う。（ヴェブレンは、この階級の人たちは基本的にモノを消費しないと指摘しているが、その意味は、購入したモノの価値を維持して、世代を超えて継承していくということであろう。）あるいは中流階級のミニマリストは、自己変革のためにそれまでの生活をいったん捨てようとする。そのためにミニマリズムを取り入れる。例えば、郊外ではなく都心の小さなアパートで暮らす、小さなオフィスを持つ、都会と田舎を往復する生活をするなどの新しいライフスタイルを求める。これに対して低所得層のミニマリストたちにとって、ミニマリズムは生活の知恵の一部である。低所得でも十分に幸せな人生を送るための実践として、ミニマリズムがある。

表4－4　ミニマリズムの動機

	自己	非自己（大いなるもの）
明示的な文化	自己実現／つながり志向	保守回帰／自然回帰
非明示的な精神（無）	自己肯定感の回復	空白の享受

最後に、動機に即していえば、ミニマリズムは、環境にやさしい生活をしたい、傷ついた自分の心を癒したい、片づけができない自分を変革したい、低所得でもやりがいのある仕事がしたい、モノを買うよりも旅行などを通じて貴重な経験をしたい、等々、さまざまな動機のパタンがある。次章では四つの動機を区別してミニマリズムを詳しく検討するが、ここでは大まかに、表4－4のように捉えたい。

私たちは、自分が生まれ育った既存の文化のなかで、自己実現したいと考える。あるいは既存の文化のなかで、人々とつながり、自己を有意義な存在として実現したいと考える。けれども他方で、私たちは自分を超えた「大いなるもの」に近づきたいとも思う。大いなるものの対象はさまざまでありうるが、ミニマリストたちは、保守的なものへの回帰を望むか、あるいは自分の精神が大いなる自然へ回帰することを願うかもしれない。

他方で私たちは、自己を実現するためには、たんに既存の明示的な文化のなかに居るのではなく、目には見えない次元で、充実した精神的境地を得たいと考える。そのような境地は、自己をとりまく文化的優劣の基準に振り回されず、自己肯定感の回復をもたらすであろう。目に見えない精神は、さらに自己を超えて、大いなる精神の獲得へと向かう。ミニマリズムの文脈においては、それは空白を享受することであるといえる。時間の空白、空間の空白は、自己を滅したところに、大いなる精神を立ち上げる。そのような境地を目指したいという動機が、ミニマリストたちのなかにもあるだろう。

以上、本章では、ミニマリズムが台頭する歴史的な文脈を再構成しつつ、ミニマリズムの思想的意義を他の脱資本主義的な企てと比較し、合わせてミニマリズムの諸類型について論じてきた。以上は、いわばミニマリズムの社会形態の分析である。ミニマリズムの精神的内実については、次章以下で分析したい。

第5章
ミニマリズムの倫理

ミニマリズムにはさまざまな種類があるけれども、モノを捨てるという点では共通している。モノを捨てると、人生に思わぬ変化が起きるかもしれない。やりたいことができるようになるとか、自分で自分を肯定できるとか、さまざまな効果を期待できそうである。だからまずモノを捨ててみる。その後で人生を考えることにする。ミニマリズムはこのように、理念よりも実践から入る点に大きな特徴がある。ミニマリズムの倫理は、ある目的を掲げて自己を律するのではなく、人生の目的が見えていなくても、人生の新しい一歩を踏み出すための倫理であるといえる。

本書ではこれまで、ミニマリズムの社会現象を追い、その社会形式を理論的に分析してきた。以下の第5章から第7章においては、ミニマリズムの倫理と精神を検討する。ここで倫理と精神とはほぼ同じ意味であるが、倫理は、主として他者に勧めうる社会規範であるのに対して、精神は、主として自己の内面的価値を形成するものである。精神は、特定の社会規範に染まらずに自己の魂を養う性質をもっている。本章では、ミニマリズムの倫理について、これを四つの視角から分析する。幸福になるために試みられる倫理（第一節）、保守的な生活への回帰志向をもった倫理（第二節）、脱資本主義的な仕方で自己実現を目指す倫理（第三節）、および、自分が自分自身と和解するための実践倫理（第四節）である。これらの倫理について、順を追って検討していきたい。

5－1　幸福になるための実験

ミニマリズムは、モノを減らして生活するという、ライフスタイルの変革の企てである。ミニマリストたちは、新しいライフスタイルを求めて実験を繰り返す。それは「もっと幸せになろう」という実験的な試みであるといえる。とはいっても、幸せとは人生の漠然とした目的にすぎない。目的が漠然としている場合に、それでも試行錯誤する一つの企てが、ミニマリズムであるといえるかもしれない。

型から入る――断捨離をする効果

ミニマリズムが流行する少し前に、やましたひでこ著『断捨離』[1]がベストセラーになった。やましたによれば、断捨離とは、「モノの片づけを通して自分を知り、心の混沌を整理して人生を快適にする行動技術」であるという。「断」とは、入ってくる要らないモノを断つことである。「捨」とは、家にはびこるガラクタを捨てることである。「離」とは、モノへの執着から離れ、ゆとりある「自在」の空間にいる私を発見することである。この三つのコンセプトからなる断捨離は、それまでの整理術とは異なり、捨てることとの精神的な効果を強調するものであった。

従来の整理術と断捨離のあいだには、次のような違いがあるだろう。従来の整理術は、モノを上手に保管することにエネルギーを注ぐけれども、断捨離は、モノを入れ替えてモノの新陳代謝をすることを勧める。従来の整理術は、「モノが主役」の部屋作りをするけれども、断捨離は、人間が主役になれる部屋作りをする。従来の整理術は、過去・現在・未来のすべての自分が重要であるとみなして「自己とモノの関係」を築こうとするけれども、断捨離は、「いまの自分」の生き方こそが重要であると考えて、真の自己を見出すために試みられる。従来の整理術は、過去の自分を大切にするけれども、断捨離は、モノへの執着を捨てて、過去の自分に対する執着も捨てようとする。

このように断捨離は、たんなる整理術とは違って、新しい自分を発見しようと試みる方法である。大量のモノに囲まれて、「いつか使うかもしれないモノ」を保管していると、「これはあとで使うことにしよう」という具合に、選択を回避しがちになる。けれども、やましたによれば、生きることは選択の連続であり、「選ぶ力」を鍛えていかねばならない。選ぶ力を鍛えた人は、たくさんのモノに囲まれて片づけができない人よりも、生き方においてすぐれているという。

やましたによれば、部屋を片づけられない人には、三つのタイプがある。第一は「現実逃避型」で、忙しくて家に居ない時間が多いために片づけられないタイプである。家のなかが散らかっているので、余計に家に居たくなくなるという悪循環が生じてしまう。第二は「過去執着型」で、アルバムなどの懐かしいものを取っておくタイプである。かつての自分の幸せな時間に価値を置いて、現実の自分と向き合わない人である。第三は「未来不安型」で、ティッシュペーパーなどの日用品を過剰にストックするタイプである。なくなると不安なので、買いだめしてしまう。しかしモノを多くため込むと、「停滞運」や「腐敗運」に陥ってしまう。使っていないモノは、呪縛のヘドロのようなものである。使っているモノでも、大して好きでないモノは混乱というヘドロである。骨董品や人形などの想念の強いモノは、強い「気」を発しているから取り扱いがむずかしい。こうしたモノは、人が自由自在に動くことを妨げている。モノに執着すると、過去や未来ばかりを気にするようになる。現在の自分が何をやりたいのかを見失ってしまう。

そこでやましたが勧めるのは、食器棚にせよ本棚にせよ、収納スペースを三割ほど空けておく、という方法である。このようにすれば、モノを片づけようというインセンティヴが湧いてくる。さらにモノを収納スペースの五割程度に抑えれば、見た目も美しくなる。例えば、激安量販店にはモノが所狭しと置かれているが、高級ブティックの店内には、商品はほんの少ししか置かれていない。高級で美的なものを部屋に飾りたいのであれば、限られた数に絞らなければならない。そのような仕方で装飾すれば、モノに縛られない自由で快適な生活ができるという。

やましたの『断捨離』はこのように、それまでの整理術とは違って、現実から逃避せず、過去に執着せず、未来に不安を抱かないで生活するという、精神面の効用を説いた。断捨離は、私たちの煩悩を断つという効果を含んでいる。煩悩からの離脱を徹底すれば、私たちはやがて、高級ブティックでモノを買う必要もなくなるであろう。例えば無印良品でシンプルな品をそろえればよい、ということになるかもしれない。断捨離を徹底すれば、その意識はシンプル生活へと向かう。ミニマリズムとは、この断捨離の徹底した試みであるということができる。

例えば『無印良品とはじめるミニマリスト生活』の著者、やまぐちせいこは、次のように綴っている。[2]

インテリア好きだった私は、長い間派手でかわいい家具・雑貨が好きだと思い込んでいました。北欧の家具、ナチュラル可愛い雑貨（…）雑誌に載っているお部屋に憧れてせっせとモノを買ううちに、「あれ?私、何が好きなんだっけ?」と分からなくなりました。気づけば私の部屋は、私の人生とそっくりでした。仕事、家事、子育て（…）全部がんばろうと必死に駆け抜けるあまり、「私はこれをやった!」そう思えるものが何もないことに気づいたのです。

お気に入りのインテリアと雑貨に囲まれても、自分が全然幸せではないことに気づいたやまぐちは、多くのモノを捨てて、無印良品に囲まれた生活をするようになった。無印良品の品々は、自己主張しないモノたちである。無印良品にしたことで、モノを取りあう子ども同士のけんかが減った、物欲が減って出費が減った、掃除が楽になった、どの服を着るのかという迷いが減った、自分のための自由時間が増えた、などの効果があった。手に入れた幸せは、本当に些細で小さなものであったけれども、モノを減らすことで、やまぐちは雑念から逃れた生活を手に入れたという。このような報告は、断捨離を経てミニマリズムにいたる一つの道を示しているかもしれない。

むろん断捨離にせよミニマリズムにせよ、多くの人はその発想を生活の一部に取り入れるだけで、いわば入門的な実験を試みているにすぎないかもしれない。多くの人は経済的な損得を考えたうえで、ミニマリズムを部分的に導入しているのではないか。例えば経済評論家の勝間和代は、四七歳のときに、自分の家のなかのモノを八割捨てるという実践をして、その経緯を著書にまとめている。勝間は「私の実感として、今回、断捨離をしたことで、おおむね一〜二割、人生の幸せ度がアップしましたが、収入を上げることで一〜二割幸せになるのはとても大変です。そう考えると、自分や家族の幸せのために、お金を一万円多く稼ぐのと、片付けや家事を一日三〇分多くして快適な家を保つのと、どちらがいいのかという話です」と語っている。[3] さすがに経済評論家というべきか、読者へのメッセージは、幸福と収入の臨界点を指摘するものになっている。稼ぐよりも捨てるほうが、いっそう幸せになれるというのである。

現在の収入のままでも、ミニマリズムを実践すれば、もっと幸せになれるだろう。ミニマリズムはこのように、モノを捨てて幸せを得るという、発想の転換を促すものといえるかもしれない。

モノを使いこなせない現実

従来、私たちが理想とした消費生活のスタイルは、「たくさんのモノに囲まれて、それらを上手に使いこなす生活」というものであった。たくさんのモノを管理し、たくさんのモノを享受する。そうした家庭生活の運営能力を磨くことが、近代消費社会の理想としてあった。しかし現代人は、さまざまな理由でこの管理術に挫折した。例えば、モノを置くスペースがない、モノを使いこなす時間がない、モノを買うお金がない、あるいはモノを使う時間とお金があっても能力的に使いこなせない、といった問題に直面した。ミニマリズムは、こうした問題に対処するための、ライフスタイルの転換を提案するものだといえる。「たくさんのモノに囲まれてそれらを上手に使いこなす生活」は、あきらめたほうがいい。あきらめて生活を転換すれば、人は幸せになれる。そのような主張が、ミニマリズムの中核にある。

例えば『1週間で8割捨てる技術』の著者の筆子《ふでこ》は、カナダで暮らす五〇代（当時）のミニマリストである。彼女は、二〇代のときは雑誌『クロワッサン』などを読んで雑貨に関心をもったり、通販で服を買ったりもしたが、結婚して会社を辞めて時間に余裕ができると、今度は洋服が多くなりすぎて、選ぶのに時間がかかるようになった。すると選ぶ楽しみが迷う苦しさに変わってしまった。また、しだいに齢を重ねると、モノを持ちすぎていることが危険になってきた。七〇歳を過ぎれば、肉体的な衰えから、片づけたくても片づけられなくなるだろう。筆子は、まだミニマリズムや断捨離という言葉が流行る前に、一九八六年の段階でミニマリズムを実践したという。[4]

筆子は、時間もお金もあったにもかかわらず、買ったモノを使いこなせないという危機感からミニマリズムを実践した。これに対して、札幌在住のブロガー、本多めぐは、お金がないという現実からミニマリズムに惹かれていく。「若い頃からお金の使い方が雑で、旅行やファッションはあまりお金を使わなくても、趣味の音楽や勉強にはお金を使いすぎていました。結婚して家計を任されたのですが、数か月で、貯金がもうすぐ底をつくことに気づき真っ青に。[5]」そして「二〇一三年に体調を崩しました。仕事をやめて職業訓練に通っていたのですが、色々なストレスが重なり、緊張するとお腹の調子が悪くなることが増えました。過敏性腸症候群（ＩＢＳ）と言う病気です。精神面が影響する病気で、ちょっとしたことで、お腹が不調になりトイレが近くなってしまいます」[6]。本多はこのように、体調を崩して仕事ができなくなったために、節約する必要が生じたという。

節約してみると、お金が半減しても自由になれることが分かった。例えば、月収一五万円で暮らしていた人が、仕事を辞めてフリーターになり、月収七万円で生活することになったとしよう。それでもシェアハウスに住んで、本当に好きなことに集中すれば、数年後にはなにか結果を出すことができる。収入を減らして時間を得ることにすれば、多くの人が自由になることができる。本多はこのように、モノと収入の両方が少ない生活のメリットを自身のブログに綴った。

一方で、たくさんのモノに囲まれた理想の生活が挫折するのは、モノがしだいにガラクタにしかみえなくなるという、価値意識の変化が生じるからではないか。ガラクタとは、主観的なものである。それは使っていないもの、もはや好きではないもの、整理されていないもの、狭いスペースに無理に押し込められたもの、自分の人生を完成させるうえで中途半端にとどまっていて、これからの人生を妨げているもの、などである。ガラクタが家のなかにあると、それだけで疲弊してしまう。あるいは、無気力になってしまう、気分が鬱になってしまう、自分の人生を過去に縛りつけてしまう、探し物が見つからずに時間を浪費してしまう、体の動きが滞ってしまう、風邪をひきやすくなる、判断力が鈍ってしまう、他者と協力関係を結ぶことが難しくなる、なんでも後回しにするクセがついてしまう、自分を恥じるようになる、家のなかが物理的に狭くなってしまう、新たなインスピレーションが湧かなくなる、等々、さまざまな影響が生じる。

では人はどうしてガラクタを溜め込むのかと言えば、一つには、いざという時のために備えるという本能によって動機づけられているのであろう。あるいは「モノによって自分の価値や地位や威信を表現したい」とか、「これを持っていないと一人前の人間として承認されないのではないか」という不安や、「あの人が持っているものよりも自分はワンランク上のものを持ちたい」という覇権欲、あるいは「まだ元を取るまで使っていないので捨てられない」とか、「広い空間や自由な時間に不安を感じるから」といった、さまざまな心理に基づくであろう。[7]

ガラクタは、ある程度までは、精神を落ちつけることに役立つかもしれない。しかしガラクタが増えると、健康が損なわれたり、エネルギーを吸い取られたり、効率的な仕事ができなくなったりする。英語で「片づけ」はdeclutteringというが、clutterという言葉は「ガラクタ」などと訳される。この言葉の語源はclotterであり、これは凝固した、これ以上詰めることができない状態を意味している。片づけとは要するに、エネルギーが滞った状態から、自分を解放することである。ミニマリズムには、この片づけによる自己のエネルギーの解放という意義があるのだろう。

スモールハウスに精神を入れる

ミニマリズムの背景には、「たくさんのモノに囲まれた理想の生活」に挫折するという、現代人の問題状況がある。ミニマリズムは、モノに囲まれた生活とは正反対の理想を提起する。モノを徹底的に捨てることで、自己を変革する、あるいは新しい自分を発見するというラディカルな試みである。この企てをさらに徹底すると、例えば、自分で小屋を作ってそこに暮らす運動になる。アメリカではミニマリズムと並行して、スモールハウスを作ることが一つの社会現象になった。

スモールハウスの運動は、二〇〇〇年ごろから、複数の人たちが同時多発的にはじめたとされる。スモールハウスの大きさは、だいたい一〇平方メートルくらいである。例えば、ジェイ・シェファーは、一九九九年にスモールハウスに移り住み、雑誌『ナチュラル・ホーム』の年間大賞（二〇〇〇年）を受賞して有名になった。[8] シェファーはその当時、アイオワ大学で美術を教えていた。お金に困っていたわけではない。彼は子どもの頃は、むしろ大きすぎるくらいの家に住んでいた。しかし掃除やペンキ塗りなどの仕事をさせられ、おかげで遊んだり本を読んだりする時間がなかったという。もっと小さい家に住んで自由に暮らしたいと思っていた。アメリカではシェファーのように、お金に困ったわけではない人たちが、スモールハウスに関心を寄せている。

アメリカには、家の広さについての法的最低基準がある。スモールハウスは、その基準よりも狭い。法律上はトレーラーハウスと同じように扱われる。いつでも移動できるように作れば、スモールハウスは法的に認められるというわけである。スモールハウスの流行は、最低限の生活水準に対する抵抗の運動でもある。私たちは法的最低限を下回る家に住んでも、十分に快適に過ごすことができる。『スモールハウス』の著者、高村友也は次のように書いている。

この国は、生きているだけで最低限しなければならないことが多すぎて、普通に生活していこうとすると、移動手段を確保して、情報ツールを携えて、身なりもそれなりに整えなければならないし、何だかんだと手続きやら、契約やら、お金の計算やら、人付き合いやら、そうこうしているうちに一生が過ぎていきそうな勢いだ。その頂点にあるのが、「家」という存在だと思う。／（…）／豪華すぎる巨大な家を各家庭にひとつ与えるために必要だった資源やエネルギーは半減し、経済は回れば回るほど良いと思っていた幻想は何だったのかと疑問に思い始め、これはもしかしたら世界平和に通ずる道なんじゃないだろうか。[9]

スモールハウスで暮らしたほうが、地球環境に負荷をかけないよい生活である。ミニマリズムはこのように、環境にとってよい生活を啓発するという意義をもっている。高村によれば、スモールハウスに入るのは人間の精神である。自分の意識が十分に行き届いた空間を作ることは、ひとつの疑似的な「自分専用の宇宙」を作りあげることである。スモールハウスでは、自分の意識が拡張して、宇宙全体に行き届いているかのように感じられる。その宇宙に没入して暮らすことができる。スモールハウスは、住む人に全能感を与えてくれる。[10]

むろんスモールハウスを窮屈に感じる人もいるだろう。しかしモノをたくさん所有しても、自分の精神が宇宙全体に拡張されていくわけではない。ならばミニマリズムを実践してみるのはどうか。ミニマリズムは、実践を通じて自らの生活態度や生活意識を転換させることに狙いがある。スモールハウスでの暮らしは、その一形態であろう。

苦境からの自己再生

ミニマリズムの担い手は、中核的なリーダーたちと、それに啓発されて部分的にミニマリズムを試みるフォロワーたちから成り立っている。リーダーたちは、徹底的な生活の転換を企てる。それをブログに書いて発信し、人々を啓発する。リーダーたちは、しばしば自分が苦境からいかに脱出したかという人生の物語を語る。自己否定せざるを得ない状況から、自己を肯定する状況へ向かうという自己再生の物語が、ミニマリズムの中心にある。ここではそのようなミニマリストたちの物語を、いくつか紹介したい。

仙台に暮らす「ゆるりまい」は、グラフィックデザインとイラストの仕事を本業とする一方で、趣味の掃除や片づけ作業などを綴った本を著して話題になった。その内容は「ＢＳプレミアム」でドラマ化されたりもしている。[11]

ゆるりまいがミニマリストになったきっかけは、高校生のときに経験した失恋だった。「初めてできた彼　大好きな彼　今では考えられないことだが、当時の私は、彼に関するすべての物を記念に取っておいていた。　しかし別れは突然やってくる。（…）　幸せな日々から一転、絶望の毎日。もうだめ…　死にたい（…）でも痛いのとか怖いから泡になって消えるのとかがいい…←真険《ママ》にこう考えてた。」「さようなら皆さん…　私は　いつ泡になって消えてしまってもいいようにします　そのためにも見られちゃマズいものは捨てよう（…）　17歳にして生前整理を始める。」「すると心に変化が（…）　なんでだろ？悲しいはずなのに　気持ち良い‼　今にして思えば、この時捨て病の第一歩を踏み出していたのだ。（…）　捨ての快感を知った　記念すべき失恋だった。」[12]

しかしその後、彼女の人生にさまざまな変化が訪れた。モノがないと掃除が楽になる。掃除の効果で心が洗われると、「ちゃんと生きたい」という願望が生まれる。心にゆとりが生まれて、自分にだけでなく家族や周りの人にもやさしくなれる。早起きするのが好きになる。シンプルな服を買うようになり、それに合わせて正しい姿勢になり、自分がちゃんとした人間に思えるようになった。自信が持てるようになった。家の中にモノが少ない分だけ、モノを厳選した生活をするようになった。モノの扱い方がていねいになった。無駄遣いが減って、お金がたまるようになった。[13]こうしてゆるりまいは、友人からは「捨て変態」と呼ばれつつも、自尊心を取り戻していく。ゆるく生活することで、自分に自信をとり戻していく。

次に紹介したいのは、『トランクひとつのモノで暮らす』の著者、エリサである。エリサは、バルーンアートイベントを企画する会社の代表取締役社長であり、札幌に暮らしている。ミニマリスト生活を綴ったブログ「魔法使いのシンプルライフ」は、にほんブログ村のミニマリストカテゴリーでランキング一位をとり、月間アクセス数が五〇万回を超えたこともある。一時、ブログは閉鎖し、情報発信の拠点をユーチューブに移していたが、二〇二一年二月からブログでの活動も再開させている。

エリサは、「子どもの頃は極度の心配性で、小・中学生の頃は不登校が続き、部屋も頭の中もおもちゃ箱をひっくり返したようにごちゃごちゃ」であったという。ところが高校に進学すると、なにごとにも積極的になり、卒業するとすぐに結婚する。子どもが生まれ、さまざまな仕事に就くけれども、つらい時期もあった。「仕事もプライベートもうまくいかず、離婚や離職が重なって心も体もボロボロに。どん底でした」。ミニマリストへの道を歩みだしたのは、二〇歳をすぎた頃だった。それから一〇年以上が経ち、一カ月の短期留学で海外を経験した時に、トランク一つの生活道具で暮らせることに気づいたという。

トランク一つのモノで生活するといっても、モノを極限にまで減らすわけではない。エリサによれば、自分は物欲旺盛なミニマリストであり、「自分が心地いいと思えるモノを探す時間も好き」だという。「「ミニマリスト」=「モノを持たない」=「モノを買わない」=「経済が回らない」」という図式でミニマリズムを理解する人もいるが、エリサにとってミニマリズムは、なんとなく買う、妥協して買う、ひとまず買っておく、という買い物ではなく、真剣に買う、吟味して買う、迷ったら買わない、という買い物の仕方を意味するものになった。誰かへのプレゼント、大切な人に会いに行くための旅費、自分の未来のための投資、等々に、お金を使うようになった。

エリサはミニマリズムを通じて、自分のコンプレックスをモノで埋める生活に代えて、自律的な生き方を手にした。「自分自身が変わるよりも、モノを買う方が楽なんですよね。本を買うことで賢くなった気がしたり、かっこいいウェアを買うことで運動をした気になったり。けれど結局は自分自身が変わらなければ、状況は同じ」。エリサは、モノを買うことで自尊心を埋め合わせる方法を批判している。[14]

最後に紹介したいのは、アメリカのミニマリスト、ジョシュア・フィールズ・ミルバーンである。ミルバーンは親友のニコデマスとの共著『minimalism 30歳からはじめるミニマル・ライフ』で、自身の過去を振り返っている。

かつては僕らも、オハイオ州デイトンでハッピーに暮らす若手企業人でした。ただ、それは真の意味でのハッピーとは違うものでした。二〇代後半に親友同士となった当時の僕らは、どちらも年収数十万ドルの高給取りで、高級車を乗り回し、大きな家を持ち、遊び道具にも事欠かず、豊富な品々に囲まれて暮らしていました。そんな風に欲しいものは何でも持っていたくせに、自分の人生に満足できませんでした。ハッピーでもなければ、充たされてもいないと感じていたのです。[15]

二人は週に七〇~八〇時間働いて、ステイタス・シンボルの品々をまるでトロフィーのように見せびらかしていた。しかし空虚な気持ちは少しも埋まらず、負い目や不安や心配や孤独感や罪悪感や苦痛や被害妄想や憂鬱が増すばかりだった。

ミルバーンにとって、負の感情は、二〇〇九年に母親が癌で亡くなったこと、それからまもなくして、自分のせいで離婚したことに起因していた。仕事は空虚に感じられるようになった。精神的にも肉体的にも悪化の一途をたどった。小説の執筆も行きづまり、何も書けなくなった。しかし二〇一〇年にミニマリズムという考え方を知り、インターネット上の情報を読みあさったことが転機となった。その翌年、それまで一二年間働いてきた大手通信会社の仕事を辞めた。「一八歳で外回りの販売員として勤め始めて以来、昇進の階段を駆け上って経営陣の役職をこなすようになった。(…)最終的には一定地域にある販売店の数々をまとめるリージョナル・マネージャー(…)になった。一六店舗の一〇〇人に及ぶ雇用者を率いて管理するようになった」。このような成功したキャリアを捨てて、ミルバーンは小説を書くようになる。執筆こそが、自分のミッションであることに気づいたという。[16]

ミルバーンはそれまで、社内で権威ある役職を得るために働き、稼いだお金であらゆるモノを買った。そうすることで安心を得ることができると考えた。ところが結果として、不満とストレスと憂鬱さで生気を失ってしまった。その理由は、自分が消費生活に囚《とら》われていたからだという。[17]

幸福な人生を送るためには、パッションと自由に満たされた人生、人として成長することのできる人生、意義ある仕方で他者に貢献できる人生を獲得しなければならない。ミルバーンは人生における「ミッション」と「パッション」を強調する。もはや天職というミッションがない現代において、いかにして人は、自分のミッションを見出すことができるのか。神は、どのようなミッションを私に与えているのだろうか。このような問いかけに対して、ミニマリズムは答えを与えるのだという。「ミニマリズムとは、単純に、生活の中から不必要なものをそぎ落として、本当に大切なものだけにフォーカスすることだ。人間生活には大切な分野が四つあると僕たちは考えている。健康、人間関係、使命（ミッション）、そして情熱（パッション）の四分野だ。もちろんこの四分野が重なり合う場合もある（…）」[18]。本当の安心は、心の内部にある。人間として継続的に成長することができれば、それが自尊心の基盤となり、本当の安心を与えてくれる。ところが私たちは、虚偽の安心を求めてしまう。高所得、つかの間の性的関係、新商品などを求めてしまう。そうした欲求を捨てて、自分の内部に焦点を当てれば、ミッションとパッションが見えてくる。このようにミルバーンは、自分の外部にある商品よりも、自分の内部にあるミッションとパッションに関心の焦点を当て、自分の才能を引き出すことに集中するアーティストの生き方を称揚している。

以上に紹介したミニマリストたちは、それぞれタイプが異なるとはいえ、失恋や離婚などの苦境から自己を再生する物語を語っている。ミニマリズムは、幸福になるための一つの実験である。その実験は、モノを捨てるという「型の実践」から入って、そこから精神の内実をつかむ試みであると言えるだろう。

5-2　保守回帰

次に検討したいのは、ミニマリズムと保守主義の関係についてである。消費社会が成熟すると、人々はしだいに「いいモノを長く使う習慣」を身につけるようになる。人々は新しいものよりも、古くて定評のあるものを好むようになる。質のいいモノを大切に長く使う消費者は、モノを捨てるミニマリズムの考え方にも共鳴するであろう。ミニマリズムには、品のある保守的で高貴な生活というイメージがある。ここではミニマリズムが、人々の保守的な関心を引きつける側面について検討したい。

ライフスタイルを売る

消費文化の成熟とともに、人々の関心が「いいモノを長く使う」という方向に向かうと、生産者の側も、できるだけコストを下げて生産するよりも、質がよくて長持ちするものを生産するようになる。いいモノを長く使う生活は、一つのライフスタイルの確立でもある。菅付雅信《すがつけまさのぶ》の『物欲なき世界』[19]は、小売業界の最前線で、モノではなくライフスタイルを売る動きがみられることを報告している。

ライフスタイルという言葉は、実はいったん廃れてから再生したという経緯がある。もともとオーストリアの心理学者アルフレッド・アドラーが用いた専門用語で、「幼年期の子どもの人格を決定づける振る舞い」を意味していたが、一九七〇年代にアメリカで流行語となる。その時は人々の消費行動のパタンが、生活をどのように規定しているかを意味する言葉となった。当時のアメリカ人は、大衆消費社会のなかでしだいに個性を求めるようになり、どんな商品を買ってどんな生活を営むかに関心をもつようになった。ライフスタイルは、各人の個性に合わせた消費生活という意味で用いられた。ところがその後、所得格差が開くにつれて、ライフスタイルという言葉はあまり用いられなくなった。生活のスタイルは、所得階層によって異なってくる。また同じ所得層のなかでのライフスタイルの差異は、些細な差異にすぎないとみなされるようになる。ライフスタイルの差異が所得水準によって大きく規定されるとすれば、ライフスタイル論は所得格差論に回収されるであろう。

　ところが最近、ライフスタイルという言葉は、格差の現実を超えて、語り直されるようになった。おそらくお金を稼ぐことよりも、充実した時間を送ることに関心が集まるようになったからであろう。すると小売業界でも、ライフスタイルを提案する店が増えてきた。菅付によれば、この一〇年間で、アパレル市場は約一兆円縮小したにもかかわらず、売り場の面積は三〇パーセントも増えているという。お店の空間に余裕が生まれてきた。モノがあふれると、一つ一つのモノを所有することの喜びは薄くなる。喜びは、どこから生まれるのか。それは幸せな生活のイメージを描く能力からではないか。そのようなイメージの提案、物語の提案が小売業界でも必要になってきた、と菅付は指摘する。

こうしたライフスタイルへの関心の高まりと並行して、ミニマリズムにも関心が集まっている。ファッション業界では、ミニマリズムは一つの流行となった。二〇一四年のファッション業界の最大の流行語は「ノームコア」である。これをあえて日本語に訳せば「究極の普通」となるだろう。普通であること、差異を否定することが、おしゃれな差異になるというパラドクスが、ファッションの流行となった。スタイリストの地曳《じびき》いく子は、ベストセラーとなった著書『服を買うなら、捨てなさい』のなかで、次のように書いている。

私の仕事場であるファッションの世界でも、最近はみんな、同じ服をよく繰り返し着ています。昔より服の価格が高くなったこともあって、「数を少なくしていいものを選ぶ」という傾向が強まってきたのでしょう。ある意味、これ自体がトレンドです。(…)おしゃれな人といえば、服をたくさん持っているもの。今まで、誰もがずっとそう思わされてきました。けれど、それを覆す新たなムーブメントが、ファッション業界の最先端ではすでに始まっているのです。[20]

それまでのファッションは、ノーム(普通)を否定して、バリエーションを豊富にする方向に発展してきた。しかし地曳によれば、「女子は、毎日違う格好をしなければいけない」というのは、バリエーションの呪いであり、恐ろしく理不尽な思い込みにすぎない。男性であれば、同じスーツを着ていても問題ない。同様に女性の場合も、バリエーションを減らして、普通の格好をすることが流行になっているという。バリエーションを犠牲にして、質のいいものを少し買って長く使う。このようなライフスタイルの提案は、アパレル業界でも流行るようになった。この方向性は、成熟した消費文化の一つであるだろう。

「いいモノを長く使う」というライフスタイルをめぐって、アマゾンの電子書籍版（キンドルストア）で異例のベストセラーになったミニマリズムの本がある。たっく著『必要十分生活』である。リサーチャーの仕事をしているたっくは、本書のなかで、自身の経験を次のように振り返っている。[21]

自分の趣味は、片づけとプログラミングである。片づけについていえば、以前は完ぺきな収納システムを作ることを目指していた。例えば、ＣＤが三〇枚くらい入る透明な収納ケースを一〇〇個近く買って、それがきっちり収納される専用の棚を四つ注文したりした。職場でも大量の収納ケースを用いた。しかししだいに、棚に入りきらなくなったモノたちが、押し入れや机の上を占拠しはじめた。モノが増えることで、収納に限界を感じるようになった。

収納術の限界から、たっくは「質のよいモノを長く使う」というミニマリズムに惹かれていく。

「私はカバン（リュック）やボールペンを一つしか持っていませんが、自分が用意した唯一の品は、一品料理のようだと思います。（…）それさえあれば間違いなし。確実に満足でき、他には何もいらないという品です。／品数が少ないので、当然選択肢はありません。しかし、選択肢がないというデメリットが、ここでは一流品を迷わず選択できるというメリットに代わるのです」「多少お金に余裕があったり、部屋にスペースがあったりしても、最高の品だけを持っているべきです」「私たち消費者がよく吟味して買い物をすることで、いい仕事をしているお店は正当に評価されていくと思います。その点で、買い物は消費だけでなくお店に対する投資の側面も持っていると思います」。このようにたっくは、選択するモノにこだわりを持つことで、モノを減らしていった。

示唆的なのは、ポイントカードを持つべきではないという提案である。例えば「今だとポイント一〇パーセント増し」という広告をみて、ポイントに釣られて買物をするというのは衝動買いの一種である。それまでコツコツとポイントを貯めてきても、軽く吹っ飛んでしまうような無駄遣いをしてしまう。こうした愚かな消費行動を批判して、たっくは、出費を抑えつつ、一点豪華主義の消費をすべきだと提案する。このように「量から質へ」そしてまた「短期間から長期間の使用へ」という消費スタイルの転換は、保守的な価値観を示しているだろう。

異国の上流文化に学ぶ

消費における保守主義と進歩主義の違いは、おそらく次の点にあるだろう。進歩主義者は、人間はさまざまな点で無知であるのだから、新しい商品をいろいろ試してベストなモノを探すべきだ、と発想する。これに対して保守主義者は、人間はさまざまな点で無知であることについては進歩主義者に同意するけれども、失敗を避けて価値あるものを享受するために、これまで多くの人たちが試して評価の定まった商品を選んだほうがいいと発想する。保守主義者は、過去の上流階級の人たちに学び、かれらが使った質のいい定評のあるものを選ぼうとする。

現代のミニマリズムは、この保守主義的な態度と結びついているだろう。いいモノを長く使う場合、どのようにして「質のよさ」を判断するのかといえば、それは過去に多くの上流階級の人たちが試してきたものを知るのが一番確実である。保守的なミニマリストにとって、昔の上流階級の人たちがどんな生活をしていたのかを知ることは、生活のための不可欠な教養となる。

昔の上流階級だけでなく、例えば文化的に成熟した現代フランスの上流階級の人たちがどのような生活をしているのかを知ることも、一つの教養になる。ジェニファー・スコット著『フランス人は10着しか服を持たない』は、カリフォルニアで育った女の子（著者）が、パリの貴族の家にホームステイをしたときの経験が綴られている。本書はアメリカでベストセラーとなり、日本でも六〇万部のベストセラーになった。

著者のスコットは、フランスでホームステイをした際に気づいたことを報告している。[22] 例えば、フランス人はほとんど間食をしないという。ステイ先の家族も同様で、半年間の滞在中に、家族の人たちが決まった時間以外に間食をしているところをみかけなかった。「家族全員がきちんとした食習慣を守り、ちょうどいい体重をキープして、バランスのよい食生活を送っていた」。このような食生活は、「まさに、かの有名な〝フレンチ・パラドクス〟（フランス人は乳脂肪消費量が多いのに心臓病死亡率や肥満度が低いことを指す）を体現していた」。フランス人は、太りやすい成分の乳脂肪をたくさん摂取しているにもかかわらず、太らない。それは間食をしないという生活習慣に起因していた。スコットもこの食生活を実践すると、実際に太らなかったという。

この他にもスコットは、フランスの上流階級の人たちが服をあまり持たず、自分に合った高級な服をいくつかもつだけにしていることを報告している。本書はミニマリズムの本とはいえないが、しかし「一〇着のワードローブで身軽になる」「いちばん良い持ち物をふだん使いにする」「物質主義に踊らされない」などの内容を含んでいる点では、ミニマリスト的である。本書の面白さは、アメリカの中産階級（中の上くらい）からみて、フランスの上流階級の生活はミニマリズムにみえるという点にあるだろう。「（…）この家の人たちには、これくらいの小さな収納［小型のクローゼット］で十分だったのだ。というのも、各自一〇着くらいのワードローブしか持っていなかったから。ムッシュー・シックも、マダム・シックも、息子さんも、持っている服はどれも上質なものばかりだったけれど、彼らは同じ服をしょっちゅう繰り返し着ていた」「アメリカでは、同じ服を一週間に二回着るのはちょっと恥ずかしいし、ましてや三回なんてとんでもないと思っている。でもフランスでは、そんなのは当たり前のことだった」という。

国民文化に回帰する

同じくフランスで、いまから一〇〇年以上前に書かれたミニマリズムの古典的名著がある。シヤルル・ヴァグネル著『簡素な生き方』である。ヴァグネルはその当時の人々が、複雑でめまぐるしい時代のなかで疲れはてる一方、「人として、最高に気高い理想を実現したい」というあこがれを抱いており、そのような気持ちから簡素な生活を求めている、と記している。これまで人間が正義と光を求めて行ってきたことは、簡素な生き方に向かった動きである。古来、芸術や風習や考え方にみられる人々の簡素さは、人間の本質的な感情や、永遠の真理を浮き彫りにしている。私たちはこうした簡素さを愛して保つように努力しなければならない、という。

ヴァグネルは、この簡素な生き方を道徳的な教えであるとする。この場合の道徳とは、ある価値を独断的に押しつけるのではなく、「無益に生きることから自分を守る」ことがその目的であり、人生を浪費しないで実り豊かなものにするための道しるべであるという。ヴァグネルにとって簡素な生活は、自分のなかから最大のものを引き出すための生活である。自分にとって最良のものは、自分のなかに隠されている。自分のなかから最大のものを引き出すためには、社交生活を絶たなければならない。ヴァグネルは、世間体を気にするような社交生活、あるいは家族をおろそかにして酒場に通うような生活を戒めた。当時の文脈においては、これは同時に、家庭生活と家庭の伝統を学び直すことを意味していた。昔ながらの服装や方言や古い歌、先祖の痕跡を大切にすることと結びついていた。[23]

社交生活のなかで名声を得ることよりも、家庭生活のなかで教養となる芸術などを享受して、新しい精神を育んでいく。そして子どもの教育に好ましい環境を整えていく。このような簡素な精神を養えば、やがて社会はその精神によって同朋意識や連帯感、団結心を育むであろう。ヴァグネルはこのように、エゴイズムを排して社会を秩序立てるためには、家族において育まれる価値観を社会に拡張していくことが望ましいと考えた。ヴァグネルは本書の最後に、フランスにおけるナショナリズムの古典的文献の一つとされる、エルネスト・ルナンの講演「国民とは何か」を引いている。[24] ルナンによれば、「国家は精神的家族である」。「国家の本質は、すべての個人がたくさんのものを共有し、全員がたくさんのことを忘れていることにある」。国家が一つの団結あるまとまりとなるためには、自分が例えば耕作者であるとか工場経営者であるといったことを、いったん忘れなければならない。いったん忘れて同朋意識を共有しなければならない。おそらく簡素な生活は、そのための手段になるだろう。簡素な精神は、人々の境遇の違いや偏見の壁を乗り越えて、互いに理解しあい、評価しあい、愛し合うための結合剤となる。その結合剤によって、国民がつくりだされる。このヴァグネルの考え方は、ミニマリズムによる国民統合の理路を示している。もちろん国民統合の原理は、それ自体としては、保守的なものではない。しかしヴァグネルにおいては、簡素な生活を家庭生活の再発見と結びつけるところに、保守的な国民統合への関心が見られる。

過去に学ぶ

保守的なミニマリストは、過去に学ぼうとする。フランス人のミニマリスト、ドミニック・ローホーは著書『シンプルに生きる』のなかで、過去に学ぶことの意義を語っている。彼女はパリのソルボンヌ大学でアメリカ文学の修士号を取得したのちに、イギリス、アメリカ、日本などでフランス語の教師を務めてきた。ニューヨークではヨガを学んだり、日本では一〇年間、墨絵を学んだり、あるいは名古屋にある愛知専門尼《に》僧堂《そうどう》と呼ばれる禅寺に六週間こもって禅を学んだ経験もある。東洋思想に造詣が深く、ローホーはラフカディオ・ハーン（小泉八雲）著『心』を参照して、日本人を次のように評価したりもしている。[25]

> 日本人が長旅を準備するには、五分もあれば充分である。なぜなら、彼らには必需品というものが少ないからだ。束縛されず、家具もなく、最小限の衣類で生きられるという彼らの才能は、日々が戦いである人生において、この国民の優位性を見事に表している。

ローホーはまた、山口素《そ》堂《どう》の俳句、「宿の春　何もなきこそ　何もあれ」を引用してもいる。すべてを拒否すればシンプルな生活を送れるというわけではない。憐れみと謙虚さをもって生きるには、世の中に目を向けて幅広い認識をもち、ある特定の共同体を離れ、この広い世界と一体にならなければならない。より深い思想と、生活のスタイルを追い求めることが、シンプルに生きる理想なのだという。[26]

このようにローホーは、深い教養に支えられたミニマリズムを語っている。彼女が具体的に勧める方法は、大好きなものだけ身の回りに置いて、ほどほどによいものは処分してしまう、というものである。その際のアドバイスは、伝統的な職人技で作られたモノをもつ、というものである。「「ベーシック」で周りを固めましょう。芸術家が競って作るものよりも、むしろ代々引き継がれてきた「職人技」の知恵と経験、そして知識が反映されているものを選ぶようにしたいものです」「欲しくてたまらないけれど、値段が高くて手の届かない憧れのソファーがあるとしたら、間に合わせのソファーを「とりあえず」購入するのではなく、貯金をして、時間をかけてでもそのソファーを手に入れましょう。間に合わせのソファーを手に入れてしまえば、結局は自分がその程度のものになじんでしまうことになるからです。／上質のものは、使うほどに、必ず優雅に、上品に美しく変貌していきます。／上質の革は、使い込んでいくうちにつやが出て、柔らかい輝きを放つようになります」[27]

消費社会が成熟すれば、人々はいっそう質のよいモノを買うようになるだろう。では質のよいモノとは何か。保守主義者にとってそれは、たんに豪華なものではなく、伝統的な職人技に支えられた品でなければならない。その価値は同時に、深い教養によって支えられたものでなければならない。このように成熟した消費は、保守的で教養のあるミニマリズムに向かう可能性がある。

むろん、伝統的な職人技の品を購入するためには、ある程度の所得が必要である。もし所得が足りなければ、保守主義の消費は、少し前の時代の生活スタイルを取り入れて、消費をダウンシフトするという、伝統回帰的なものになるであろう。アズマカナコの諸著作は、昭和の生活に学び、消費水準を下げて、徹底的なミニマリズムを実践する方法を伝えている。例えば、冷蔵庫、エアコン、掃除機、電子レンジ、自動車、洗剤などは使用しない。毎月の電気代は五〇〇円程度に抑える。家にある電化製品は、電球三つ、ステレオ、精米機、アイロン、扇風機、パソコン、固定電話くらいにする。洗濯機を使わなくても、汚れを落とすためには固形石鹸一つで十分である。生ごみは、庭に埋めればよい。卵の殻は、研磨剤に利用することができる。みかんの皮は、蚊取り線香として使用することができる。水洗トイレの水は、雨水をあらかじめタンクに貯めておいて利用する、等々。アズマは、昔ながらの生活の知恵をさまざまに紹介している。[28]

アズマは、自身の祖母から多く学んだという。祖母は、九三歳でも一人で元気に暮らしている。それが可能なのは、長い間、便利なものに頼るのではなく、自分の頭と体を使って何でもやってきたからではないか。祖母は若いころに、戦争の空襲で家を焼け出された経験があった。その時の「モノがなにもない」状態を知っていて、もったいないという言葉を口ぐせのように言っていた。アズマは子どものころ、母に頼まれて祖母のところへ夕飯のおかずを持っていくことがあった。ところが夕方で薄暗い時間に、照明がついていなかった。祖母は、新聞の字が見えなくなるぐらいまで暗くなって、はじめて照明をつけていたという。しかし祖母は、そんな節約生活をイヤイヤやっていたのではなく、心から楽しんでいた。そんな祖母の姿を見て、アズマも節約生活を楽しむようになったという。[29] このように、祖母の生き方に学ぶというスタイルは、過去の道徳を復興する試みでもあるだろう。

【コラム】文豪たちのミニマリズム

わずか二畳程度の空間で豊かに暮らすという実践は、日本の文豪たちにも共有されていた。[30] 例えば夏目漱石（一八六七〜一九一六年）は、大学予備門（すぐ後に第一高等学校へ改称）に通っていた一九歳の頃、友人（中村是公《よしこと》：後に満州鉄道総裁や東京市長を務める）と二人で、二畳の部屋に暮らしていた（三畳という説もある）。その当時、漱石は、自分の家から学費を出してもらう代わりに、私塾（江東義塾）で講師をして月に五円を稼ぎ、塾の寄宿舎に暮らした。部屋は北向きで、窓の高さはわずか六〇センチ程度にすぎなかった。あたりが薄暗くなると、寒くても窓を開けて光を取り込む必要があったという。

内田百閒《ひゃっけん》（一八八九〜一九七一年）は、五六歳のときに、第二次世界大戦の空襲で自宅を失ってしまった。そのときに隣家の隅にある小屋を借りて、夫人といっしょに、そこで三年間暮らすことにした。わずか三畳の小屋であり、モノを置くと、寝たり座ったりできる空間は二畳であった。電気もなく、台所もトイレもなかったが、内田は気に入って安住したという。

彫刻家で詩人の高村光太郎（一八八三〜一九五六年）は、第二次世界大戦の空襲でアトリエが炎上したため、一九四五年の五月に、花巻町の宮沢清六方に身を寄せたが、その宮沢家も戦災を受ける。終戦後は、岩手県花巻市の小屋に移り、そこで高村は七年間、農耕と自炊をしながら、多くの詩や書の作品を残している。広さは七・五坪（約一三・六畳）であった。その小屋は現在、高村光太郎記念館のなかの「高村山荘」として、一般に公開されている。

5-3　脱資本主義的な自己実現

　モノに対する欲求がある程度満たされれば、私たちは、こんどは他者からの承認を求めるようになる。他者から承認されるために、顕示的にモノを消費するようになる。しかし他者からの承認を得るために、私たちは必ずしもモノを媒介にする必要はない。他者から高い評価を得るためには、例えばＳＮＳを通じて、自らの経験を語ることも有効である。ところがモノを媒介にしない承認欲求は、なかなか資本主義の発展と結びつかない。私たちが求める承認欲求は、経済の発展と乖離するようになってきた。ここには脱資本主義の契機がある。本節ではこの脱資本主義的な自己実現欲の問題を検討したい。

資本主義から一歩降りる

　二〇世紀の末になると、社会主義諸国の失速や崩壊とともに、しだいに資本主義に代わる社会システムのビジョンを描くことが難しくなってきた。それでも資本主義のオルタナティブを提案する試みは、人々の関心を捉えている。地域通貨、スローフード、脱成長の思想、モッタイナイ運動、ボランティア、被災地コミューンなどの理念がそれである。

　最近では、ウルグアイの元大統領、ホセ・ムヒカ（一九三五〜）の訴えが話題になった。ウルグアイの貧しい家庭に生まれたムヒカは、親が亡くなるなどの事情があって、幼いころからパン屋や花屋などで働いた。一〇代で政治活動をはじめ、一九六〇年代には独裁政権に対抗して非合法組織のトゥパマロスに加わる。四度の投獄を乗り越えて、一九九四年に下院議員となり、二〇一〇年から二〇一四年までの四年間、大統領を務めた。彼が大統領のときに国連（二〇一二年、ブラジル開催）で行ったスピーチは、人々の心を捉えた。というのも彼は、給料のほとんどを寄付して、質素な生活を送っていると語ったからである。ムヒカは「世界でいちばん貧しい大統領」と呼ばれ、日本でもテレビや書籍を通じて称賛された。

ムヒカは日本でのインタビューで、次のように語っている。

人生は短く、あっという間だ。余計な物を消費するために働いて、そのために時間が逃げていったとしたら、それは幸せなんだろうか？／働くことは必要だ。働かない者は、働く人に負担をかけることになるし、仕事は希望でもある。／でも、いろんな物を買いこんで、支払うために働くことに人生を費やすなんて、どうかしている。物やお金を貯めるかわりに、生きるために時間を使うことだ。／私がシンプルでいるのは、そのほうが自由だから。自由とは、自分のための時間なんだ。[31]

人生は短い。だから、生きることに時間を費やすべきである。このような人生哲学に導かれて、ムヒカはミニマリズムを実践した。もともと貧しい家庭に生まれたという事情もあるだろう。彼の実践は、脱資本主義のメッセージをもっていた。経済的な豊かさを求めず、シンプルに暮らすことの美徳が、人々の関心を集めた。

同時期の日本で話題になった本に、渡邉格《いたる》『田舎のパン屋が見つけた「腐る経済」』がある。[32]著者自身の人生物語であり、会社を辞めて新たにパン屋を開くまでの道のりが語られている。

渡邉が直面したのは、流通業界における偽装の横行だった。大学を卒業した著者は、社員二〇人ほどの有機農産物の卸販売会社で働きはじめるが、そこには理不尽な世界が広がっていた。例えば、卸売業者は農作物ができる前に小売店と契約を交わすことになっているが、天候不順で農作物がそろわないと、小売店との契約は不履行になってしまう。この不履行を避けるために、ある卸販売会社は、別の産地のリンゴを、契約で取り交わした産地に移送して、そこで箱詰めして小売店に送って納品していた。これはしかし、産地偽装ではないか。あるいは別の事件として、有機トマトの買い手が見つからず、三トンも腐らせるということが起きた。ところが社員たちは平然としているではないか。これでは生産者への敬意とか、自然の恵みを大切にする気持ちなど感じられない、というのが渡邉の批判であった。

こうした経験から渡邉は会社を辞めて、独立してパン屋を開こうと志す。そのための準備として、東京郊外の住宅地にあるパン屋で働いた。ところがそのパン屋での仕事が大変きつかった。夜の二時から働きはじめて、夕方の五時ごろまでノンストップで働く。ノンストップというのは文字通りの意味で、食事のための休憩がなかった。社員たちはみんな、おにぎりを持ってきて、お腹がすいたら立ったままサッと食べる習慣を身につけていた。しかも休みは水曜日だけであった。

これは搾取労働ではないか。搾取から逃れるためには、自分で生産手段を所有して、独立して店を開かなければならない。また市場経済の不安定性から逃れるためには、近隣の農家から直接、原料を仕入れなければならない。渡邉はこのような考えに導かれて、独自にコメの酵母でパンを作る技術開発を手がけ、自分の道を切り拓いていった。最終的には岡山県に移住して、独立自営のパン屋を開くことに成功する。

むろん、パン屋でパンを売ること自体は、市場経済を否定するものではない。しかし自分でパン屋を開業すれば、資本主義経済に伴いがちな偽装や搾取を逃れることができる。また資本を増殖させるという資本主義の要請から逃れ、いい素材でおいしいパンを作ることができる。これは市場経済を前提にするとはいえ、さまざまな点で脱資本主義的な企てであるだろう。

この他、脱資本主義的な企てを描いた漫画に、つるけんたろう著『0円で空き家をもらって東京脱出！』がある[33]。熊本出身の三〇歳のマンガ家が、東京での貧乏生活を捨てて、広島県の尾道の空き家をゼロ円で購入。地元の人たちの助けを得ながら、地域に根差した生活を模索していく、という自身の経験を描いた物語である。同じく、東京で貧乏生活をしていた漫画家の市橋俊介は、週刊誌『ＳＰＡ！』でギャグ漫画を連載するも打ち切りとなり、その後、担当編集者の進言で、富士山周辺の田舎に移住する経緯を綴る漫画を連載することになった。するとこれがヒットして、多くの読者の共感を得た。同連載はコミックス『ぼっち村』として刊行されている。[34]
以上の二つの物語はいずれも、漫画家として成功するという夢が破れ、田舎に居を移して小さな成功を得る、というものである。二人とも人生の不成功ゆえにミニマリズムの生活をはじめるのであるが、獲得した小さな成功は脱資本主義の方向性を示している。
むろん田舎に移住しなくても、都会でミニマリズムを実践することもできるだろう。従来、下宿する大学生たちは、貧乏でも楽しい生活を送る方法を模索してきた。下宿生たちの多くは、都会のミニマリストであった。例えば、高野秀行は、著書『ワセダ三畳青春記』[35]で、早稲田大学周辺の三畳のアパートで暮らした生活を綴っている。一九八九年から二〇〇〇年までの一一年間、アパートではさまざまな奇人変人たちとの出会いがあった。むろん三畳一間で暮らす貧乏生活は、それだけではミニマリズムの理想とはいえない。貧乏生活がミニマリズムになるためには、そこに生活の理想がなければならない。以下では、脱資本主義の生活を試みるミニマリストたちについて、具体的に検討してみたい。

消費社会批判と自律

現代のミニマリズムは、一九六〇年代後半以降の新左翼運動の流れを汲んでいる面がある。新左翼運動とは、社会主義国家の形成を目指すのではなく、資本主義の文化を批判して、新しいオルタナティブな文化政治を求める運動である。この運動は、さまざまな形態をとったが、その系譜に、パンク、ヒッピー、イッピー（反ベトナム戦争派）、ビート族、アナーキスト、ダダイスト、シュールレアリスト、オートマティスト（カナダのケベックの反体制芸術家）、フルクサス（社会変革を意識し、ハプニングやイベントを表現形式とする芸術家）、あるいは現状に不満を抱く夢想家たちがいる。カナダの活動家カレ・ラースンは、こうした人たちを「カルチャー・ジャマー」と呼んで称揚する。かれらは「理想主義者《イデアリスト》であり、無政府主義者《アナーキスト》であり、ゲリラ戦術家であり、いたずら者であり、ふざけ屋であり、ネオ・ラダイト（ITなどの新しい技術を拒否したり破壊したりするもの）であり、不満分子であり、ゴロツキでもある」[36]。かれらに共通するのは、反支配の視点から消費社会を批判する点である。ラースンは自らをこの系譜のなかに位置づけて、雑誌『アドバスターズ』を発行し、「無買デー（Buy Nothing Day）」を呼びかけたりしている（かれはそのためのCMを作ったが、圧力を受けて放送されなかった）。

ラースンの消費社会批判は、とりわけ「エミュレーター（模倣者）」に向けられている。エミュレーターとは、あこがれの誰かを模倣して、自分があたかもその人になったかのような感覚を得たいと思う人たちである。エミュレーターはしかし、実際には、他人の生き方を真似るのではなく、その人を表現するグッズを探している。ところがどんなにグッズを買って模倣しても、その人になることはできない。エミュレーターは、あこがれの他者に「なる」という模倣欲求をずらして、その他者を表現するグッズを「持つ」ことに関心を寄せる。ラースンはこのような欲求の代替に問題があると批判する。[37]模倣すべき対象が、あこがれの他者からその所有物へと代替されると、私たちはたくさんのモノを所有したくなる。しかしモノをたくさん所有すると、今度は自己嫌悪の感情が湧いてくる。所有したモノをうまく使用できない自分にいら立ってくる。

ミニマリズムは、そうしたモノを買いすぎて自己嫌悪におちいる人たちの関心を引きつけているのではないか。例えばデーブ・ブルーノ著『100個チャレンジ』は、「一年間に一〇〇個のモノだけで暮らす」という新しいライフスタイルを提案している。二〇〇八年七月に『タイム』誌の記事「一〇〇個のモノだけで暮らす方法」で紹介されたほか、テレビやラジオなどでも紹介されると、全米では類似の運動が、ブログやユーチューブなどで報告されるようになって話題を呼んだ。

ブルーノは大学卒業後、二〇〇四年にクリスチャン・オーディオ社を友人と立ち上げて事業に成功する。かれは決して自身の地位や所得に不満を抱いているわけではない。しかしアメリカに蔓延する消費主義に対しては、大きな懸念を抱いている。「思慮深く、教養のある人ですら、クリスマスには娘や息子のリクエストに応えて大枚をはたく。ワーカホリックの夫は、放ったらかしにしている妻のご機嫌を取るために、ダイヤモンドのイヤリングを買う。何か新しいものを買うと、家庭が丸く収まる。宝石を買うと、妻が満足する――私たちは、自分のせいで起こった不都合な状況を修復する上で、モノの力に絶大な信頼をおいている」[38]。

こうして家のなかにモノがあふれると、慢性的な束縛感が生まれる。人はこの束縛感から逃れるために、ショッピングモールに行く。するとそこで新しいモノを買い、悪循環に陥ってしまう。

他方で、人々には「完璧な商品」を求めるという心理もある。「店で買えるモノはどれも、ほとんど理想的なのに、完全には理想的でないという理由で、人々の心は慢性的に枯渇してしまう。結果として、心を潤すためにまた別の何かを買いに行くという悪循環に陥ってしまう。アメリカに蔓延する消費主義は、「一番いいもの」を買うように仕向けると同時に、私たちの心に疑いの種をまく」[39]。ミニマリストたちはこうした消費主義の心理的メカニズムから逃れるために、消費そのものを拒否するだろう。ミニマリストたちは、たんにモノを捨てて自慢するのではない。モノを捨てて、自律したライフスタイルを確立しようとする。[40]

尾崎友吏子《ゆりこ》は、著書『ミニマリストの持ちもの帖』[41]のなかで、ミニマリズムの利点を、「自律した生活」という観点から四つにまとめている。第一に、管理するモノが少ないので、日々の暮らしが楽になる。家事が能率的になる。第二に、足りないものは別のもので代用するという柔軟な発想が生まれ、情報に振り回されずに工夫するようになる。第三に、モノを捨てる過程で「自分は人生で何を大切にしたいか」について考えるようになり、大切なことに集中できるようになる。すると重要ではない事柄にエネルギーを奪われないようになる。第四に、暮らしの変化、社会の変化に対応しやすくなる。以上の四つの利点は、消費社会に振り回されずに自律するという理想を、うまく整理しているだろう。自律的な生活は、欲望消費をほとんど前提しないで成り立つことが分かる。

創造性と集中

一方でミニマリズムの生活は、二〇世紀の末に台頭した「クリエイティブ・クラス（創造階級）」の生活スタイルと呼応している。アメリカではＩＴ革命とともに、以前のＷＡＳＰ（白人アングロ－サクソン・プロテスタント）に代わって、創造的な仕事で資本主義に貢献する人たちが台頭してきた。かれらは稼いだお金で贅沢するよりも、自らの才能をさらに発揮するための生活環境を手に入れようとする。長い人生のなかで、ずっとクリエイティブなことをして暮らしたい、というのがかれらの願いである。そのためには例えば、高級車を買うのではなく、最高のトレッキングシューズを買ってエクササイズをする。あるいはヨットや自家用ジェット機を買うのではなく、世界の少数民族を訪ねる旅をする。こうした考え方は二一世紀になって、多くの人たちの共感を得るようになった。クリエイティブ・クラスの人たちは、消費のスタイルを「贅沢志向」から「シンプル志向」へと変化させてきた。ミニマリズムは、このシンプル志向を徹底させたものと言えるだろう。

シンプルに生きるためには、モノを買わないだけでなく、なにもしない時間が必要である。カレン・ソルマンソンは、著書『いつも忙しいあなたの人生を変える do-nothing』で、クリエイティブな能力を発揮するためには「なにもしないこと」が有効であると説いている。例えば朝、コーヒーを飲みながら一〇分間いやなことは考えないようにするとか、あるいは、シャワーを浴びる、うれしい時はうれしい言葉でいっぱいにする、などのエクササイズをすれば、不思議とアイディアをブレイクさせることができるという。[42]

なにもしないことは、消費しないことでもある。モノを買わないことでもある。モノを少なくすれば、創造的な時間を確保することができる。土橋《つちはし》正は著書『モノが少ないと快適に働ける』で、戦略的にモノが少ない空間に身を置くことの効用を語っている。土橋は、ステーショナリー（文具）・ディレクターであり、商品企画のコンサルタントを仕事としている（主に商品企画とPRのコンサルティング、売り場のディレクションを行っている）。コンサルタントとして独立した最初の数年は、自宅の書斎を仕事場にしていたが、自宅ではしだいにゆっくりと休むことができなくなってきた。そこで「リージャス」というレンタルオフィスを利用した。ある個室を毎月一〇日間利用するという会員制のシステムである。その際、このレンタルオフィスに持ち込む仕事道具を厳選すると、快適に仕事ができるようになったという。実際に持ち込んだ道具は、ノートパソコン、スケジュール帳、打ち合わせ用のノート、書類を入れたリーガルエンベロープ、ペンケース（万年筆四本は別のペンケース）、PHS（カメラもメール機能もない携帯電話）、名刺入れ、以上であった。厳選した仕事道具で仕事をすると、やるべきことに没頭できる。そしてその仕事道具を紹介するというのが、土橋の本のモチーフになっている。[43]

モノを減らしたほうが、仕事に集中できる。加えて、都会と田舎を往復する生活をすれば、思考は羽ばたき、もっと創造的になれるかもしれない。本田直之著『LESS IS MORE　自由に生きるために、幸せについて考えてみた。[44]』は、都会と田舎を往復するデュアル・ライフを勧めている。タイトルにある「Less is more」は、ドイツの建築家、ミース・ファン・デル・ローエの言葉であり、「より少ないことはより豊かなことである」という意味になる。シンプルな生活は豊かな生活である。シンプルに暮らせば、自分の生活について真剣に考えるようになる。例えば最近の幸福度調査で、物質主義的な社会に生きる私たちは、必ずしも幸福ではないということが明らかにされた。では幸福になるための生き方とはどのようなものか。この問題を考えるためにも、まずモノを減らしたほうがいいという。

本田が勧めるのは、環境の違う二つの場所を選んで、その双方から刺激を受けるデュアル・ライフである。郊外に一軒家を買うよりも、都心のアパートやマンションの一室を購入（賃貸）し、さらに田舎に小さな家を購入（賃貸）する。このようにして都会と田舎を行き来すると、物質的には質素であるとはいえ、精神的に豊かになるという。デュアル・ライフは、もはやお金持ちの特権ではなく、誰もが手に届く時代になった。二つの場所を往来するノマドとなって、自身のクリエイティビティを発揮する生き方が、ミニマリズムの理想であると本田は説いている。

こうしたクリエイティブ・ライフの理想を具体的に示したのが、ＹＡＤＯＫＡＲＩ著『アイム・ミニマリスト』である。一つの場所に固執するのではなく、別の場所に「小屋」を築いて、多拠点居住を実現する。ＹＡＤＯＫＡＲＩとは、ある個人のペンネームではなく、小屋を拠点とするクリエイティブな人たちの集団である。本もホームページも、ミニマルな小屋を建てて生活している人たちへのインタビューを中心としている。ＹＡＤＯＫＡＲＩのホームページを訪れると、次のように書かれている。

これからの「豊かさ」とは。インターネットインフラが整った今、ひとつの場所に固執し暮らしていく必要がなくなりつつあります。YADOKARIは、「ミニマルライフ」「タイニーハウス」「多拠点居住」を通じ、暮らし方の選択肢を増やし、「住」の視点から新たな豊かさを定義し発信していきます。そして、場所・時間・お金に縛られないライフスタイルを実現し、人生の満足度、幸福度を向上させることを目指します。／「自分にとっての最適な場所」はどこですか。たとえば、それは海のそば、潮の香りが漂う場所。森の中、新緑や澄んだ空気に癒される場所。川のせせらぎに心洗われる場所。大切な人たちと大切な場所で、もっともっと自由に暮らしていきたい。だからシンプルに考えよう。もっとミニマルに生活しよう。新しい場所で心が最適化されれば、心は解放され、僕らはさらにクリエイティブに生きられるはず。／YADOKARIは、「これからの豊かさ」を考え実践する為のコミュニティメディアです。[45]

本のなかでは、「生きるための力」というマニュフェストが示される。「人生はクリエイティブだ。僕らは湧き上がる好奇心に従う勇気を持っているだろうか？　もっと人とつながりたい。もっと文化に触れたい。もっと世界中を旅したい。もっと自分を信じたい。僕らは、凝り固まった心と体をぶち壊し、明日をつくっていく力を秘めたアーティストだ。あなたの好奇心はなんですか？　悔いのないいまを、一瞬を」[46]。

むろん創造性の発揮は、しばしば挫折する。大人になるにつれて、自分のなかの創造性が枯渇していくとか、あるいはただの凡人になっていくというのは、誰もが直面する普遍的なテーマであるかもしれない。だれしも二〇代は、自由な人生を謳歌できるだろう。夜遅くまで起きていたり、コンビニでチーズとワインを買って食するだけでも、自由な気分になれたりする。あるいは、将来の人生を夢に描いたり、すてきな恋人との出会いを想像するだけでも、自由ははてしなく自分のものであるかのように感じられる。ところが三〇代にもなると、自由を楽しんだ若者たちの多くは、ただの凡人になっている。結婚しようがしまいが、良識のある大人になっている。新しい出来事は、スマホのなかの情報以外に、ほとんど起きない。立ち止まって考えてみたところで、人生を深くとらえ返すことができるわけでもない。ただ日々の雑事に追われて、非本質的な事柄にかこまれた日常が過ぎていく。

三〇代になると、多くの人は仕事に精を出すべきだと考えるようになる。とにかく働いて、社会人としての生活を送ることが、自分を成長させると思うようになる。仕事に手を抜いたりしたら、上司に怒られて、職場での地位と自尊心の基盤をともに失ってしまうかもしれない。三〇代で自由を求めたとしても、それは例えば、オフロード・バイクで野原を駆け抜けたり、諸国を放浪する旅に出たり、あるいは『釣りバカ日誌』の主人公のように釣りをするといった、いわば

「オフの人生」を送ることにすぎないであろう。そんな人生はあまり羨ましいものではないし、他者からの承認を得られそうにない。

創造的自由を謳歌している二〇代の若者からみれば、仕事に精を出している三〇代の大人は凡庸にみえるにちがいない。大人になるとは、自由な人生を捨てて、他者からできるだけ認められるように生きることである。しかしそのような承認願望は、自己の内面を空虚なものにし、凡庸な大人に仕立てる。創造的自由の理想と、承認願望を優先する仕事人間の理想は、両立しない。ミニマリズムというのはこの場合、凡庸な仕事人間の生活に抗して、創造的自由を取り戻すための企てであるといえるかもしれない。

四《よ》角大輔《すみだいすけ》『自由であり続けるために　20代で捨てるべき50のこと』は、創造的自由を取り戻すための、若者向けのバイブルのような本である。心から満足のいくライフスタイルとはなにか。欲望を増幅しながら満たしていっても、結局のところ、人生の貴重な時間を失うことになるのではないか。欲望充足の競い合いは、人生の充足に結びつくわけではない。「あれも欲しい、これも欲しい」、「あれもしたい、これもしたい」という具合に、欲望を多方面に増幅させても、かえって欲望の奴隷になるだけである。人間は、日常生活のなかで、実際には「無駄・無意味・無価値なもの」を分泌して生きる存在である。この無なるノイズを分解しなければ、人間ははてしなく無駄で無意味で無価値な存在へとなり下がってしまうだろう。

「大好きなモノ以外はすべてノイズだ。視界のノイズはあなたの空間だけでなく、生活も、頭の中も複雑にしていく。多くの人がノイズに対して寛容すぎる。それなのに、今より広い空間で働くことや、暮らすことを求めている。だがそのままでは、家や職場がより広くなっても、ノイズが拡大するだけだ」[47]。このノイズを分解するためには、「熱く語れない物は買わない」、「浪費ではなく、自分に対する投資となるものしか買わない」、「あらゆるジャンルの好きなことリストを作ってから優先順位をつける」といった原則を採用しなければならないと四角はいう。

ノイズがない生活とは、自宅にモノをため込まない生活でもある。例えば、コストコ（Costoco）で、同じ商品を箱ごと買うなら、商品の単価はかなり安くなるかもしれない。自宅にスペースがあれば、それができるだろう。しかし商品を箱買いすると、その商品を消費するライフスタイルに縛られ、自由な思考が奪われてしまう。自由を失わないためには、むしろ都会の狭いアパートに住んで、単価は高いけれどもコンビニで一つずつ購入したほうがいい。在庫はいっさい自宅に抱えない生活をしたほうが身軽であり、思考も自由に羽ばたくであろう。

このようにモノをため込まず、モノを捨てることによって、人は自分が「本当は何がやりたいのか」という問いに向き合うことができる。自分らしさを取り戻し、集中力を高めるために四角が啓蒙するのは、「モノで飾り立てても、心の穴は埋まらない、個性をアピールすることはできない」、「心からやりたいことに直結していない日常生活のToDoリストは、ノイズにすぎない」、「まーまーOKのような仕事は、しないほうがいい」、「やりたいことを先送りするという言い訳をしない」、「世界一好きなことを決めて投資すべきである」、「内なる声に耳を澄ませて、その声に従うような生き方をすべきである」といった事柄である。こうした啓蒙と対比されている生活は、「ついついメールをチェックしてしまい、あるいはネットサーフィンしてしまい、貴重な時間を奪われている生活」、「人生のリスクを引き受けなかった結果、型にはまった定時出勤・定時退社をしている生活」、「深夜になると最高に調子がよくなり、反対に朝は寝坊してしまう生活」、「人脈の広さでもって、自分の存在を誇示したり、あるいは満足してしまうような生活」である。こうした生活は、自分がいったい「何をいちばんやりたいのか」という問いに答えていないと批判される。

四角は読者に対して、「あなたは何をいちばんやりたいのか」と問いかけ、自己の根源的な強い欲求を自覚するように啓発する。仕事と遊びを両立させるとか、楽しい日常生活を送るといった欲求は、「本当にやりたいこと」ではない。それは「普通の幸せ」であり、あなたに固有の、個性的な強い欲求ではない。では強い欲求とは何か。それは「ひとかどの人間」になるための欲求でなければならない。ひとかどの人間になるためには、自己の欲求を徹底的に問い直して、「自己の内なる声」を見出さなければならないという。

この四角と同じような観点からミニマリズムを啓蒙するのは、レオ・バボータである。彼は妻と六人の子どもとともに、サンフランシスコで暮らすカリスマ的なブロガーである。月に一〇〇万人が訪れるブログ「禅習慣（Zen Habits）」は、二〇〇七年に「世界ブログ総合大賞」を受賞、二〇一〇年には、『タイム』誌の「ベストブログ」、二〇一一年には「トップ50ウェブサイト」にそれぞれ選ばれた。著書の『減らす技術』は、氏のブログのエッセンスをまとめたもので、ミニマリズムを通じて「インパクトのある仕事」をするための方法が、さまざまに提案されている。

他のミニマリストと同様に、バボータもまた、自分がミニマリズムを始めたきっかけについて語っている。「つい二、三年前まで、私は大きな借金を抱えていた。しかも仕事、仕事でほとんど家族の顔も見られない。ストレスはピーク状態だった。食事は脂ぎった塩分たっぷりのものばかり。運動はしない。たばこは吸う。体重オーバーで、不健康。仕事は少しも楽しくなくて、将来も見えてこない」。そこで人生をシンプルにして、「一度に一つの目標」を達成することに集中した。すると、いろいろなことが達成できた。ジョギングを習慣にした、ヘルシーな食事をするようになった、計画的・生産的になった、マラソン大会に二回出場した、早起きの習慣を身につけた（毎朝四時に起きている）、菜食主義者になった、などの達成である。[48]

私たちは毎朝、パソコンを立ち上げてメールをチェックすると、受信トレイにメールが山のように届いている。多くの人は、メールをチェックして返信するだけでも、膨大な時間を奪われているのではないか。夜にはまたメールの受信トレイはいっぱいになっている。メールのやりとりをするだけで、一日に二時間半は奪われる。それで仕事をした気分になってしまう。しかし本当になすべきことは、まったく手が付けられていない。バボータのミニマリズムが提案するのは、日々の生活のなかで、雑事から逃れる方法である。

バボータによれば、ミニマリズムの知恵は、できるだけ一つのことに集中して、インパクトのある仕事を成し遂げることである。一つの例として、二人の新聞記者を比較してみよう。[49] ひとりは、毎週大量に何本もの記事を書くタイプで、あらゆる情報にざっと目を通してネタを集め、短時間で原稿を書き上げる。ところがもうひとりの記者は、週に一本しか書かないと決めて、その記事の執筆に集中する。まずなによりも情報収集に時間をかけて、インパクトの強い題材を厳選する。リサーチと原稿作成にもじっくり取り組む。するとその記事は多くの人に愛読され、その週で最高の記事となり、賞まで獲得したりする。その記者の力量は、人々の記憶に残ることになる。

私たちは、一日にできるだけ仕事を詰め込むにはどうすればよいだろう、と考えてしまうが、そのような目標を追求しても、最高の結果が得られるわけではない。何ごとも制限することによって、本質に迫ることができる。インパクトのある仕事をするためには、時間とエネルギーを、一つの事柄に注ぎ込まなければならない。ミニマリズムとはこのように、忙しいわりには成果が小さい人たちに対して、真にインパクトのある成果を出すための知恵を授けるものだといえる。

インパクトのある仕事とは、長期的な視点で自分の力を認めてもらえるもの、長期的な視点で自分の収入にプラスになるもの、社会や人類に貢献するもの、などである。バボータは、私たちが目標を掲げる際に、二つの問い方があるという。一つは、「インパクトのある人間になるためにはどうすればよいのか」であり、もう一つは、「自分は本当は何をしたいのか」という問いである。目標はどちらの問いでもよいし、あるいはこれらの問いを組み合わせてもよい。いずれにしても、これら二つの問いは、私たちをミニマリズムの倫理へと導くであろう。とにかく片っ端からやるという発想を捨てて、自分の人生にとって意味のあることを考える。自身の有能性や生産性を示すよりも、自身の人生のインパクト性や有意義性を示すこと。そのためには、ものごとの優先順位を知ることが大切である。何が優先度の高いタスクなのか。それは人生において意義深い「フロー体験」として想定されるものでなければならない。ところが、いろいろなことを同時にすると、フロー体験の質が下がってしまう。時間を忘れて没頭するためには、ある一つのことに集中する必要がある。

バボータのミニマリズムは、インパクトのある仕事をするための処方であり、人生哲学である。とくに興味深いのは、時間を管理する技術である。近代人は、日々の生活をできるだけ自己管理することによって、生産性を上げる技術を練り上げてきた。一日、一週間、一カ月、一年間といった単位のスケジュール管理のために、近代人は自分の手帳に詳細な計画を書き込んで、短期・長期の目標を達成するための自己管理能力を鍛えてきた。しかしこうした詳細なスケジューリングは、現代においては、かえって生産的な仕事を阻んでいる。近代人はいつのまにか、自分が長期的に達成すべき人生の目的を忘れてしまった。インパクトのある仕事をするためには、誰にも邪魔されない時間が必要である。時間を自己管理するのではなく、時間を忘れて自分の仕事に没頭する。そのようなフロー体験が必要である。

そこでバボータが提案するのは、オープン・スケジュールである。他者との面会（アポイントメント）については、基本的にスケジュールに入れない。誰かから「お会いしたい」との連絡があったら、「自分はアポをとらないことにしている」と伝え、それでも相手が面会したいという場合には、その少し前に電話で確認を入れてほしいと伝える。そしてその時にたまたま時間が許せば、面会することにする。しかし仕事中であれば、時間を割いてまで面会しない。このように面会時間をあらかじめスケジュールに入れないようにすれば、自分の仕事に没頭できる時間を最大限に確保できるという。加えて電話やメール処理などは、あとでまとめて片づけるべき「バッチ・タスク」とみなして、後回しにする。メールの処理、毎日のルーチン業務の処理、電話の時間、進行中のプロジェクトの数、インターネットに費やしている時間、デスクの上にあるものの数などを制限して、朝一番に最も重要な仕事をする、という時間の使い方をバボータは提案している。

最も重要な仕事に集中するためには、インターネットやスマホに費やしている時間を制約しなければならない。このようにモノならぬコト（情報）の接触を最小化しようとする生き方を、「デジタル・ミニマリズム」と呼ぶことがある。ジョージタウン大学でコンピュータ科学を教えるカル・ニューポートは、学業や仕事で生産性を上げて充実した人生を送るためのアドバイスを、自らのブログ「スタディ・ハックス（Study Hacks）」で綴っている。ブログの年間アクセス数は三〇〇万を超えるという。ニューポートによれば、デジタル・ミニマリズムとは、「自分が重きを置いていることがらにプラスになるか否かを基準に厳選した一握りのツールの最適化を図り、オンラインで費やす時間をそれだけに集中して、ほかのものは惜しまず手放すようなテクノロジー利用の哲学」であるという。[50]

「デジタル・ミニマリストたちは、新しいテクノロジーの費用対効果をつねに意識している。マキシマリストであれば、新しいテクノロジーが登場すると、そこにほんのわずかでもメリットがありそうなら、使ってみるだろう。これに対してデジタル・ミニマリストは、慎重である。例えばフェイスブックなどのＳＮＳには、「いいね」ボタンやコメントを書き込む機能がある。自分の書き込みに対してこうした反応があると、ユーザーの脳内にはわずかなドーパミンが分泌される。このドーパミンの効果を用いて、ＳＮＳのアプリケーションは、ユーザーの時間を少しでも多く奪おうとする。しかしこうしたドーパミン効果に依存する状態から逃れなければ、生産性は上がらない、というのがデジタル・ミニマリズムの主張である。

以上にみてきた創造性と集中のためのミニマリズムは、いったん私たちの資本主義社会が要請するライフスタイルから降りてみたところに、実は最も生産的な領野が広がっていることを伝えている。資本主義を新たに駆動するためには、そしてまた人生で最も重要なことを成し遂げるためには、脱資本主義的な迂回路が必要である。ミニマリズムはそのような迂回路が必要であることを示しているだろう。

共同性と地球環境

脱資本主義を企てるミニマリストたちの一部は、人と人のつながりや地球環境との融和を求める方向に向かっている。最後にそのような企てを紹介したい。

タミー・ストローベルは、二〇〇七年からブログを書きはじめ、二〇一〇年に『ニューヨーク・タイムズ』紙のインタビューを受けて有名になったミニマリストである。彼女は二〇〇七年一二月三一日に、ユーチューブに投稿されたスモールハウスに関するわずか数分のビデオを見て、「自分の生活をシンプルにしたい」という思いにとりつかれたという。[51] それまでは夫のローガンとの生活で、三万ドルの借金を抱え、支払いに追われていた。ところがミニマリズムを知ってからは、ローガンといっしょに二台あった車を手放して、これを借金の返済に充てた。家にあったモノは、ほとんど人に譲ってしまった。

ストローベルは、それ以前の二〇〇四年末に、資産運用会社を辞めて、教育学の修士号を取得するために大学院に入学した。お金の仕事で一生過ごすよりも、人と関わることがしたかったからだという。大学院では、ピアカウンセリングのトレーニング・プログラムに参加して、地元のレイプ被害者支援センターでボランティア活動をした。大学院を卒業すると、性的暴力・家庭内暴力の根絶を目指す団体で六年間働いた。しかし最後は燃え尽きてしまい、毎日時計を気にしないで生活したいと思うようになった。

ストローベルは、お金を稼ぐよりも他者に配慮する仕事のほうがいいと思ったけれども、最後は時間に束縛されて燃え尽きた。彼女はそこで自問する。私を幸せにしてくれるものは何？　どんなふうに生活をシンプルにすれば、今よりもっと幸せになれる？　このような問いかけを、読者にも促している。

日記でもメモ帳でも何でもいいから、あなたが思う幸せとはどんなものかを書き出してみよう。そのとき思い出してほしいのは、自分にとってお気に入りの、特に幸せを感じた出来事。場所はどこだったか、誰と一緒にいたか、さらには景色、色、音、においに至るまで書き出していこう。記憶を細部まで思い起こせたら、「では、なぜその瞬間を自分は幸せと感じたのだろう？」と考えてみよう。たとえば私の場合、幸せはいつも深いきずなと一生ものの思い出の中にあるものだ。あなたを幸せにしてくれるのは、いったいどんなものだろう？[52]

ストローベルにとっての幸せは、「深いきずな」と「一生ものの思い出」にあった。しかし彼女はこれまで、この二つのためにお金を使ったわけではない。必要のないモノにお金を費やして、自分の金銭感覚のなさに呆れた。モノに罪はない。許せないのは自分自身である。ストローベルは、自分自身の経験を通じて、消費による幸せの獲得という考え方を批判している。

消費しなくても幸せになれるのなら、私たちはあまり稼ぐ必要はない。賃金労働者やサラリーマン生活から降りて、自分にとって本当に幸せをもたらす事柄と向き合ったほうがいいのではないか。高坂勝《こうさかまさる》『減速して自由に生きる』は、脱サラして自分の人生を取り戻すミニマリストの物語である。

高坂は、三〇歳までは、大手アパレル業の小売店で働いていた。年収は六〇〇万円程度で、朝九時に家を出て夜九時ごろに帰宅するという毎日を送っていた。しかし、「人生はこのままでいいのだろうか」と考えることも多々あった。

> 三〇歳までは、暇になってしまうと世の中に置いていかれるという恐怖感がいつもありました。成長しなければいけない、多くの情報を常に得なければいけない、そんなものに追われていた気がします。そのわりにはスケジュールの空白を無駄に過ごしていました。自己啓発を怠り、楽なほうへと流れて遊んでしまうのです。／しかしどんなに楽しい遊びに貪欲でも、常に虚《むな》しさがついてまわります。焦る自分、不安な自分を誤魔化すために遊んでいるからなのでしょう。夜になれば友を誘って飲みに行き、二次会はカラオケボックスで無理やり盛り上がる。そんな繰り返しに、ますます人生を深く考えすぎ、自分探しという暗闇の谷間に落ちてゆくのでした。[53]

そこで高坂は、三〇歳の誕生日（二〇〇〇年）に退職して一年間の旅に出る。するとあるとき月の美しさに触れて、人生を根本から見直した。それまでは映画をみたり、ディズニーランドに行ったり、なにをするにもお金が必要だった。しかし「月の入り」の美しさは、毎晩起きていることなのに、誰もその価値に気づいていないのではないか。「私は我に返りました。今まで、走り続けてきた社会人生活は何だったのだろうか?感動的に生きるために、随分と遠回りをしていたのではないか[54]」と。

この感動体験をしてから、高坂は自分の稼ぎをダウンシフトさせて生活を楽しむ方法を検討した。二〇〇四年からは、六・六坪ほどの小さな飲食店を営みはじめた。夜六時に開店して、二三時三〇分にラストオーダーをとる。昼は営業せず、週休二日である。料理とお酒は、オーガニックであり、値引きはしないで適正価格で仕入れる。四〇歳(二〇一〇年当時)の時点で、年収は三五〇万円であった。

高坂には、人生の目的が三つあるという。第一に、田んぼを見つけてコメを自給すること。第二に、本を書くこと。第三に、ギター弾き語りのライブをすること。実際、この三つの目的は、すでに実現することができた。高坂は、お金を稼いでモノを買うのではなく、時間や手間暇をかけて「作る人」になることこそ、人生の贅沢であるとしている。高坂は他方で、会社を辞めて自立した人たち(=ダウンシフターズ)の人生のノウハウを紹介している。まとめると、次のようになるだろう[55]。

(1)借金しない。借金を返すために意に反してやらなければならないことが増えるから。開業するための資金は友人から借りるのではなく、開いた店で使える商品券と交換するとよい。設備投資は、できるだけDo it yourselfにするか、中古を買うか、譲ってもらうことにする。

(2)自分で定めた基準額以上に稼がない。上昇志向はきりがないので、あらかじめ儲ける額の水準を決めておく。そうすれば心も暮らしも商売も安定する。稼がないで自由を楽しむことは、「痩せ我慢な江戸っ子」でかっこいい。大量消費型の生活から降りて、消費を最小限に抑えるミニマム主義になる。

(3)友産友消《ともさんともしょう》。持続可能なホンモノ志向の人たちと友達になって、愛と真心と一体になってお金を回していくことは、反権力の運動であり、なによりの安心と感動を生む。幸せが持続するためには、「嫌なことはしない、人や環境に悪いことはしない、道徳に反することはしない、権力の言いなりにならない」、つまり加害者にならないということ。それを実践することが大切。

(4)見知らぬ人との分かち合い。自分のライフスタイルや経営のノウハウは、他の人にもタダでどんどん真似てもらう。また、自分の店が満席だったら、近くの店を紹介してあげる。するとあなたは、「分かち合いの広い心をもった人だ」という評価を得て、信頼されるようになる。同業者が増えることで、社会全体が変革されていく。

(5)マルチプル・インカム。一つのことで生業を立てるのではなく、例えば「半農半X」のように、いくつかの仕事をもつ。自分の好きなことをすべて組み合わせて生業を営むことができれば、趣味は必要がなくなる。自分の生業に使命を感じることができれば、生きることが楽しくなる。

(6)「人をつなぐための場」を作る。楽しく仕事をしていると、必ず人が集まってくる。生業を通じて、人々をつなぎ、みんなを笑顔にすることができる。さらに、都会と農村をつないで行き来すれば、農村や漁村を元気にすることができる。

以上のノウハウは、資本主義の社会から一歩降りて、共同性の文化を築いていくための知恵を示しているだろう。高坂は毎日、居酒屋経営を通じてたくさんの人をみてきた。そのなかで分かったことがある。「しかたない」と言って世の中の大きな問題を片づけてしまう人は、自分の人生も「しかたない」で片づけてしまう、ということである。[56] この「しかたない」という意味づけをやめて、自分の人生を真に肯定できるようになることが、ミニマリズムの目的とされる。

資本主義の社会は、人と人の関係を疎遠にして、「しかたない」という言葉で表されるような、疎外の文化を生み出している。しかも資本主義の社会は、環境破壊的である。この疎外と環境破壊から逃れて、真に共同的で地球にやさしい生活を手に入れる方法はないか。マーク・ボイルは、この問題に答えるための生活に挑戦した。彼は一九七九年にアイルランドで生まれ、オーガニック食品業界での勤務を経たのちに、二〇〇七年にブリストルで、「フリーエコノミー（無銭経済）運動」を開始した。一年間、お金を使わずに生活するという実験である。この実験生活は、世界的な反響を呼んだ。

ボイルがこの実験を試みるきっかけは、二つあった。一つには、彼は環境破壊の問題に心を痛めていた。ドイツ銀行エコノミストのパヴァン・スクデフの報告によれば、森林破壊による自然資本の損失額は、経済の信用が収縮することで生じる経済的損失よりも大きいという。もう一つには、彼は自分の生活が環境破壊に加担することに、耐えられなくなっていた。西洋社会で安価なエネルギーを確保するために中東の家庭や土地がめちゃくちゃになっている。その現実をなんとかしたい。「ほしいのは、対立ではなくコミュニティーだ。争いではなく友情だ。人びとがこの地球と和解し、そこに住む自分自身やほかのすべての生き物と和解する姿を、この目で見たいんだ」[57]。このように、対立からユートピアへと向かう関心が、ボイルをラディカルな実践へ駆り立てた。

ボイルは、自身を「パーマカルチャー」の信奉者であるとしている。パーマカルチャーとは、パーマネント（永続的）とアグリカルチャー（農業）／カルチャー（文化）を組み合わせた言葉で、オーストラリアのビル・モリソンが考案した、持続可能な農業生活の構想である。ボイルはこの思想を実現すべく、トレーラーを無償で手に入れて、そこで自然と融和する生活をはじめた。

資本主義経済に組み込まれた生活においては、例えば、洗濯に要する労働時間は、一〇分程度である。これに対してすべてを手で行えば、二時間一五分かかる。洗濯機で洗う場合に使用する水の量は一〇〇リットルであるが、手洗いの場合の使用水量は一二リットルである。水洗トイレの水の使用量は、一人一日あたり七〇リットル（米国水道協会調べ）であるが、微生物の力で排出物を分解するコンポスト・トイレを使えば、使用する水の量はゼロである。冬季の光熱費の世帯平均は四〇〇ポンドであるが、ボイルの毎月の光熱費はゼロだった。

ボイルは、資本主義の生活から離れて、人々とのつながりのなかで、環境に融和した生活をしたいと考えた。けれども一年間の実験を行ってみて、「気がついてみたら、仕事と社交と私生活のバランスをどうとるかなんていう悩みとは無縁になっていた。あるのはただ、生活だけ」であったという。この実験からボイルは多くを学んだ。「唯一不満だったのは、この生活が体力的にも時間的にもどれほどきついものかを、周囲がなかなか理解してくれなかったことだ」という。[58]ボイルは別の著書で、環境と融和的な脱資本主義の理想について、次の六段階を分けている。[59]

レベル1 （一〇〇％ローカルな贈与経済）：贈与経済にもとづく完全な共同自給
レベル2 全面的なローカル経済圏内で、地域通貨／バーター取引にもとづく共同自給
レベル3 贈与経済＋貨幣経済への最低限の依存
レベル4 LETS（地域通貨）、タイムバンク（労働時間を単位として、貨幣を用いずサービスをバーター取引する仕組み）、地域通貨＋貨幣経済への最低限の依存
レベル5 「環境に配慮した」グローバルな貨幣経済
レベル6 （一〇〇％グローバルな貨幣経済）：グローバルな貨幣経済

ボイルはさらに、「移動手段」に関する理想モデルを六つの段階に分けている。

レベル1 （一〇〇％ローカルな贈与経済）：大地とのつながりを感じながら、はだしで歩く
レベル2 自作の靴または無償で贈与された靴（地元産の素材を使用）をはいて歩く

レベル3　バーターで入手した靴（地元産の素材を使用）をはいて歩く
レベル4　中国の工場で製造されたスニーカーをはいて歩く
レベル5　大量生産の自転車に乗る
レベル6　（一〇〇％グローバルな貨幣経済）：ハイブリッド車に乗る

資本主義の社会を脱して、地球環境にやさしい生活を徹底するためには、いくつかの段階を描くことができる。問題は、私たちはどの段階を目指したいのか、である。ボイルは、「一〇〇％ローカルな贈与経済」を目指した。おそらくそのような生活は、一部の人たちにしか真似できないであろう。もしすべての人が真似しようとしたら、贈与経済も立ち行かなくなるだろう。それでもこの「一〇〇％ローカルな贈与経済」は、環境にやさしい生活の理想であり、この生活を実践できる人こそ、真に人々を導く力をもっているのではないか。ミニマリズムの理想の一つは、こうしたローカルな贈与経済の徹底にある。それは脱資本主義の徹底と言えるだろう。

5－4　自己との和解

前節では、脱資本主義的な生活によって自己実現するミニマリストを紹介してきた。しかし資本主義から降りるミニマリストたちは、必ずしも自己実現を目指しているわけではない。自己を実現するよりも、自己と和解する（それまでストレスを抱えてきた自分をなんとか受け入れるようになる）と表現したほうがよいケースがある。以下ではそのようなミニマリストたちを紹介したい。

脱サラ趣味人の豊かさ

最初に、ミニマリズムとはやや異質の、むしろ「脱サラ系」と呼んだほうがふさわしいケースを紹介したい。山崎寿人《やまさきひさと》著『年収１００万円の豊かな節約生活術』[60]である。山崎は東京大学（経済学部）を卒業後、大手酒造メーカーで広告の仕事を担当した。しかし思うところがあって、三〇歳で退職。その後は短期でさまざまな仕事を引き受けたが、四〇歳ごろからは仕事をせずに、家で料理をすることが楽しみになったという。そして五〇歳のときに自らの半生を振り返る著書を出版した。

山崎は自分の人生を振り返って、次のようにいう。酒造メーカーでの広告の仕事は、とくに不満があったわけでもなく、毎日は充実していた。当時は、バブル経済の絶頂期でもあり、仕事が終わると、銀座や赤坂で連日のように飲み歩いた。その頃の自分は、典型的な「おちゃらけ仕事人間」であった。ところが入社して五年目になると、心のなかにモヤモヤしたものが広がってきた。仕事をこなしても、自分にとってこれが天職だと思えるような実感はない。また組織とはやはり窮屈なもので、自分は管理職には向いていないと思った。それでも当時は、生活に高揚感があった。毎日のスケジュールはびっしり詰まっていて、あっという間に時が過ぎていく。残業時間は一〇〇時間を優に超えた。仕事だけでなく遊びも忙しかった。しかし忙しくしていたのは、自分と真剣に向き合いたくなかったからでもあった。心を空洞にしたまま、それを忙しさで埋め合わせていた。

そんな仕事人間の生活から離脱して、山崎は自由な時間を得る。しかし一年間に自由に使えるお金は一〇〇万円。これは親が遺してくれた築三〇年の古いマンションの一室の賃貸料である。正確に言えば、山崎はこのマンションを売ってしまったので、その収入を掘り崩しながら暮らしている。年金生活までに、なんとか働かずに暮らすとすれば、年間一〇〇万円程度を掘り崩していくことになるだろう。自由な時間を手にした山崎は、いかに少ないお金で心豊かに過ごせるか、つまり「豊かな貧乏生活」の追求が目標になったという。いかにお金をかけずに、生活の質を上げていくか。そしていかに安い食材で、豊かな食生活を送るか。「自分の舌が覚えている名店の味の数々を、幾度もの試行錯誤を経て自分のものにしてゆく過程こそが、僕にとっての料理の醍醐味」になった。山崎はとくに料理について、こだわりをもって書いている。山崎が脱サラして獲得したのは、豊かな趣味人の生活であった。「なにしろ今の僕はといえば——趣味の料理に没頭し、食べたいものをたらふく食べ、好きなことに明け暮れる毎日。自家製のハーブティーを飲みながら、好みの音楽をBGMに、読書やPCでの調べ物にふける午後のひととき」。しかも自宅には、多いときで週に一回は誰かが飲みに来たり、お茶をしに来たりする。また毎月一回のペースで、数人あるいは一〇人以上の大宴会を繰り広げたりもする。友人に恵まれ、大賑わいの生活になった。ただし山崎は、正直な話として、結婚して自分の家庭を築けなかった（あるいは築けそうもない）ことだけは、いささか心残りであると記している。

以上の山崎の生活は、ミニマリズムに近い生活ではあるが、とくにモノを捨てるわけではない。ミニマリストであれば、モノをもっと捨てることで、自分自身と和解する方向を見出そうとするだろう。以下では、そのようなケースをいくつか検討したい。

不適応の適応という魅力

最初に紹介するのは、おふみ著『ミニマリストの部屋づくり』である。一九八八年生まれのおふみは、夫婦で二人暮らしをしている。絵日記で綴るブログ「ミニマリスト日和」は、月間一二〇万回のアクセス数となって話題を呼んだ。ミニマリストになる以前のおふみは、ストレスを抱えていた。「掃除しなくちゃ」「洗濯しなきゃ」「洗濯物干さなきゃ」「片づけしなきゃ」という無数の「〜しなければ」に追われて、手をつけるのが億劫だった。[61]その当時、おふみは仕事も職場の人間関係もうまくいかず、何に対してもやる気が出なかった。休日は家で横になって過ごしていたが、人生の貴重な時間が消耗されているという感覚があった。何かを変えなければならない。そう思ってミニマリズムを実践すると、「幸せだな」と思える時間が増えてきた。第一に、家にいる時間が好きになった。それまで家のなかにはモノがたくさんあり、掃除しなければならないと思いつつも、他にやりたいことがあるという負の感情にさいなまれていた。けれども家にモノがないと快適に過ごせるようになった。第二に、自分の身体に興味がわいてきた。気持ちを整えるためのヨガや、冷え性対策のためのストレッチをすることが日課となった。第三に、夫婦の仲がよくなった。それまでは家事の負担をめぐって喧嘩をしたけれども、モノが減ると家事そのものが減った[62]。おふみはこのように、ミニマリズムを通じて自尊心を取り戻していく。

おふみはしかし、ミニマリズムによって、なにかやりたかったことを実現したわけではない。ミニマリズムによって、気持ちに余裕が生まれ、ほっこりした気分になったという。これはつまり、自己との和解が成立したということではないか。ふだんの生活に求められる要求を減らしていけば、自分に課すべき規範的要請が減って、自分を肯定できるようになる。社会に十分適応していないかもしれないが、自分で自分を受け入れるようになる。このように、不適応を通じた適応というメカニズムは、ミニマリズムの一つの特徴であるだろう。

この他、『脱力系ミニマリスト生活』の著者である森秋子は、一児の母であるが、子どもを通じてできる「ママ友」を制限して、社交的な人間関係から降りるようにしているという。例えば、カフェやレストランに集まって語り合う機会があったとしても、「そのレストランに行くお金が出せない」「ピアノの練習がしたい」といって断ることにしているという[63]。このように、日常生活における他者との関係性から撤退すると、人は自分自身と折り合いをつけることができるかもしれない。不適応を通じた適応という関心が、ここにもあるだろう。

およそ私たちの社会には、社会に過剰に適応する人もいれば、あまり適応しない人もいる。適応することに人一倍苦労する人、あるいは適応することにそもそも関心がない人は、ミニマリズムに適性があるかもしれない。例えばミニマリストの大原扁理《へんり》は、自分の半生を次のように振り返っている。

貧しい家庭に育った自分は、幼少期にはお金に対して否定的な感情があった。クラスメイトたちは、ピアノや最新のゲームを買ってもらったり、学校帰りにファミレスに行ったり、家族で海外旅行に行ったりしている。ところが自分の家には、そのためのお金がない。なぜ自分はあきらめなければならないのか。あまりに怒りがたまって、一時は万引きをしていた。しかし万引きがばれると、親に殴られた。そのとき親に対して「こんな家に生まれたくなかった」と言ったら、お小遣いが六〇〇〇円に跳ね上がったという。しかしこんなにお小遣いをもらったら、家がつぶれてしまうのではないか。そう思って中学校を卒業すると、翌日からアルバイトをはじめた。

一方で、母親は大酒飲みで、朝からアルコールに依存していた。あるとき帰宅すると、母親が飲酒運転で、となりの家に車で突っ込んでいた。ところが酔った母親は、自分から「警察呼ぶわよ!」と怒鳴っていた。大原はこうした母親を反面教師にして、ストイックな生活法を身につけるようになったという。[64]

高校を卒業すると、派遣社員となって、週に五〜六日間、工場で働いた。労働環境は悪かった。休憩する時間を返上して、機械の管理を任された。忙しいときは、残業を含めて毎日一二時間以上、働いた。[65]結局、一年ちょっと働いて、仕事を辞めた。その後は海外での生活経験を経て、東京のコンビニで働くことにした。ところがコンビニの仕事も忙しい。例えば、従業員には昼ごはんを食べる時間がない。昼のピークを過ぎたころに、店長に休憩を取っていいかと聞いてみると、「空気読めよ」的な視線で睨《にら》まれてしまう。それで仕方なく、客がいないときに事務室に行って、自分で作ったサンドイッチを超高速で食べると、店長に「誰が休憩取れと言った?」と怒られてしまう。どうやらコンビニのバイトでは、昼飯もろくに食べることができないようである。食べずにがんばっている人が評価される。「がんばる」と「無理をする」という言葉が、コンビニのバイトでは同義語になっていた。

　結局、大原はコンビニの仕事を辞め、介護の仕事についた。週二日働くだけの仕事であり、月収は一〇万円以下である。しかしそれでもなんとかなる。大原は、最低限必要なお金を稼ぐことができれば、自分は満足できるタイプであるという。毎月必要なお金は、おおまかに計算すると、家賃が二万八〇〇〇円（シェアハウス）、共益費が一五〇〇円、ネットを含む固定費が一万五〇〇〇円、食費が一万円、携帯電話は持たない、テレビも必要ない、とすると、だいたい六万円台になる。だから毎月七万〜八万円稼げば、満足に生きていけることになる。[66] もちろんこうした最低限の生活を快適と思えるかどうかは、人によって異なるだろう。第一に、ヒマをヒマと思わずに、遊んでいられるかという問題がある。ヒマに対する耐性が必要になる。第二に、老後に対して楽観していられるかという問題がある。楽観的でなければ続かない。第三に、世間体を気にするかどうかという問題がある。気にしなければ快適に過ごすことができる。ヒマ耐性、老後楽観性、世間体無頓着性。これら三つの心理を身につければ、悠々自適に生活することができるという。

次に紹介したいのは、ｐｈａ（ファ）である。一九七八年生まれのｐｈａは、二四歳で京都大学を卒業したのち、二五歳で、ある安定した会社に就職した。けれども毎日決まった時間に起きるのはつらく、満員電車に乗って通勤して、職場で人と顔を合わせるだけでエネルギーを消耗してしまった。家に帰ると、本を読んだり料理を作ったりする元気もなかった[67]。結局、二八歳のときに会社を辞める。

会社を辞めても、インターネットがあれば、ある程度の収入を得られるにちがいない。暇つぶしにも困らないいし、ネット上の知り合いを通じてコミュニケーションすれば、孤独にもならないだろう。そのように考えて、まず関西から東京に上京した。東京では、何か欲しいものがあれば、ネットに「だれか自転車余っていませんか」などと書き込むと、誰かが無料で譲ってくれたりする。ネットでつながった人たちのイベントも多い。自分のサイトに広告を貼ると、ある程度の収入にもなった。年収は一〇〇万円前後であり、家賃は二万五〇〇〇円（友人とのシェアハウス、熊野にシェア別荘があり、その家賃（二五〇〇円）も含む）、光熱費・通信費は一万五〇〇〇円、食費・娯楽費は四万～五万円程度である。これだけの収入と支出で、十分に楽しく生きていけることが分かった。

ｐｈａは幼少のころから、毎朝起きて学校に行くことが嫌だったという。スケジュールなど決めずに、とにかく家でゴロゴロして、気が向いたらどこかに出かけるという生活にあこがれていた。ネットサーフィンをしたり、図書館で借りてきた本を読んだり、猫と遊んだり、庭の植物や虫を観察したりして、いつのまにか一日が終わっていく。そういうゆっくりした生活が、一生つづけばいいなと思っていた。[68]けれども小さいころは、自分は他の生徒たちと違ってダメ人間ではないか、と自己嫌悪に陥ることもしばしばあった。とにかく怠けもので、すぐに「疲れた」と言うような子どもだったからである。

私たちの社会には、さまざまなプレッシャーがある。「大学を出て新卒で正社員にならないと、一生苦労するぞ」とか、「仕事も家庭も子育ても、大人なら完ぺきにこなせるのが当然だ」とか、「病気になるのは自己管理ができていないからだ、社会人として失格だ」などと言われる。こうしたプレッシャーに答えるために、私たちには「しなきゃいけないこと」がたくさんある。なぜ社会はプレッシャーに満ちているのかと言えば、それは一つには、情報が多すぎるからである。もう一つには、しなきゃいけないことをたくさんすれば儲かるからである。人間は、現状に満足してしまえば、それ以上は働かないだろうし、消費もしないだろう。経済システムを発展させるという観点からすれば、社会は人々をたえず「このままではまずい」という不安な状況に追い込んで、たくさん働いてたくさん消費するように仕向けなければならない。しかしｐｈａによれば、「しなきゃいけないこと」の九九パーセントは「本当は別にしなくてもいいこと」である。あまり社会とかかわらずに、のんびりと毎日寝て暮らすことができるのだという。[69]

例えば、会社に勤めること、家庭を持つこと、近所づき合いをすること、同じ家に何年も住みつづけること、同じ時間に寝て起きること、等々。こうした普通の暮らしに適応できない人たちがいる。ｐｈａによれば、「平穏や安定や協調というものが向いていない僕らのような人間は、常に落ち着きなくいろんな場所を移動し続けたり、定期的に仕事を変えたり家を変えたり、人間関係をシャッフルしたりリセットしたりと、とにかく全力でふらふらし続けることが必要」であるという。[70] ミニマリズムはこのように、社会に適応できない人が不適応のまま自分と和解する、あるいは不適応のまま自分を肯定できる生活を手に入れる、そのための手段を提供しているだろう。

定職を持たずに、雑収入でなんとか生きていく。そのようなｐｈａの生き方は、日本経済の成熟とともに可能になった生活スタイルであるかもしれない。日本は、食べ物はおいしいし、治安もいいし、道路や水道や電気などのインフラも安定している。モノもありあまるほどある。低所得でも十分に楽しく生きていくことができる。しかし日本の若者が生きづらさと閉塞感を感じているのは、経済成長期の価値観が、いまだに人々を支配しているためではないか。実際には、大卒で正社員になり、家庭を築いて健康に暮らしているような人は、人口の半分にも満たないかもしれない。多くの人は、理想と現実のギャップに苦しめられているのかもしれない。[71] ｐｈａのミニマリズムは、モノを持たないだけでなく、しなければいけないことをしないという「行為のミニマリズム」を示している。

不適応の適応を示す例として、第三に、漫画家の中崎《なかざき》タツヤを紹介したい。一九五五年生まれの中崎は、一九九二年に『問題サラリーＭＡＮ』で文藝春秋漫画賞を受賞。また雑誌『ビッグコミックス・スピリッツ』で「じみへん」を二六年間にわたって長期連載（一九八九〜二〇一五年）すると、二〇一六年に第二〇回手塚治虫文化賞・短編賞を受賞した。中崎の著作『もたない男』は、ミニマリストとしての自分の日常を描いたエッセイである。「モテない男」ならぬ「もたない男」とは、モノを徹底的に持たない生活をする男であり、それは中崎本人である。例えば中崎の漫画道具は、ケント紙、定規（長いものと短いもの）、0・5ミリのシャーペン（下書き用）、消しゴム、0・5ミリのデスクペンと0・1ミリのデスクペン（ステッドラー社）、筆ペン、製図ペン、修正ホワイト、老眼鏡、辞典（『国語はや引き実用辞典』）、以上であるという。使っている机は、小学校の生徒たちが使うものと似たサイズの、しかも引き出しがないタイプであり、椅子は背もたれがない丸椅子である。これだけの仕事道具で、あとは何も持たず、マンションの一室で朝九時から夕方の五時半くらいまで仕事をするという。

中崎がモノを持たない理由は、仕事に集中できるからだという。パソコンをインターネットにつなげると、余計なところに目がいってしまう。携帯電話を持つと、やはりネットを利用してしまう。だからパソコンも携帯電話も持たない。岡山に住んでいたときは、パソコンで原稿を描いて、それをメールで送っていた。しかしこのようにラクをすると、その分だけやる気がなくなる。だから漫画は、ペンで直接紙に描くスタイルに戻したという。

中崎は、育った家が貧乏で、モノが少なかった。しかも強迫神経症で、例えば小学生のとき、ハンカチとちり紙を持って登校する際に、ハンカチはうまく畳めてもちり紙がうまく畳めない。

四隅をきちんと揃えて畳めないことで気持ち悪くなり、そんなことで癇癪《かんしゃく》を起こすような子どもだったという。[72] こうした完ぺき主義の性格から、中崎はモノを徹底して捨てることに達成感を得るようになった。中崎は、自分は決して物欲がないわけではないという。物欲は旺盛であるという。しかしモノを手に入れたいという欲求は強くても、モノを取っておきたいという所有欲は普通の人よりも弱いという。いわば物欲と捨て欲が混在している。例えば中崎は、本を読んでいると、読んだページを破って捨てたくなる。あるいはボールペンのキャップについているクリップを、わざわざ外して捨てたくなる。またボールペンのインクが減ってくると、減った分だけボールペンの本体も削りたくなる。こうした作業は面倒だけれども、そのようにすることで精神的に落ち着くのだという。[73]

なぜこれほどまでに捨てたいのかといえば、鬱陶《うっとう》しいとか、煩《わずら》わしい、という気持ちをなくしたいからだという。中崎は、マザー・テレサの生活スタイルにあこがれる。マザー・テレサは、「二枚のサリーと、それを洗うバケツがあればよい」と言っていた。実際、彼女が残したものは、二枚のサリー、カーディガン、手提げ袋、そしてサンダルだけだった。マザー・テレサは、極限までモノを持たない生活をした。それはおそらく、彼女が煩悩や物欲から解放されていたことを示しているだろう。中崎は、マザー・テレサが信仰したカトリック教にはまったく関心がないが、彼女はモノを持たないことで解脱できたのではないか、とみている。[74]

モノを捨てれば、モノに縛られず、魂を解脱させることができる。これに対してお気に入りのモノたちに囲まれて暮らすと、安心を手に入れる一方で、モノに縛られた不自由な生活になる。強迫神経症的にモノを捨てる中崎の生活は、自由と解脱がともに可能となる生活スタイルを示している。

第四に紹介したいのは、すでに一度触れた高村友也《たかむらともや》である。一九八二年生まれの高村は、東京大学の哲学科を卒業後、慶応大学の博士課程に進学した。大学院は単位取得ののち退学したが、これまで高村は、スモールハウスの運動を日本に紹介する本を書いたりもした。自分でも山梨県の雑木林を約七〇万円で購入して、そこに一〇万円で小屋を建て、一人暮らしをしている。電気はソーラーパネルで供給する。水は近くの湧き水をくむことができる。毎月の支出は約二万円程度。一年間に一～二カ月のアルバイトをすれば、残りの一〇カ月は自由に暮らすことができる。高村はそのような自由な生活を実現して、三三歳のときに自叙伝的な著書『僕はなぜ小屋で暮らすようになったか』を刊行した。

この本のなかで高村は、自分がミニマリストになったきっかけを語っている。なぜ小屋を建てようと思ったのか。それは数々の抑圧があったからだという。そもそも高村は、他人と同調して生きていくことが好きではなかった。同調すると疲れてしまい、自分がピエロになったような気がしてしまう。抑圧の根底には、生と死の乖離があった。人間はいずれ死ぬ。無に帰する。そのことを知っている自分と、ふつうに日常生活を送っている自分が乖離しているように感じられる。この乖離の感覚があるために、日常生活に全人格を投じて生きるようなことはできなかった。するとしだいに、自分には心から好きなものがなくなった。自分はそもそも、世界に対する愛や好奇心を失ってしまったようである。この愛と好奇心を失った結果として、自分には何をやっても「ホンモノではない」という劣等感がついてまわるようになった。しかし、この劣等感を他人に知られたくなかった。それは恥ずかしい秘密だった。世界に対する愛や好奇心を失っていることがバレたら、どうすればよいのか。そのようにおびえて、ますます自閉的になっていった。[75]

世界に対する愛がなくなれば、人は他者に対する信頼も抱けなくなるだろう。むしろ他者に対する圧倒的な不信が生まれるのではないか。高村は、他者を信頼しなくなった。すると自分の学習能力が停止して、知識が崩壊していくのを感じた。他人を信頼できなくなると、自分が正しいと思っていた知識は、たんなるガラクタになってしまった。[76] 世界への愛を失った孤独な人間は、このようにして衰えていくのであろうと感じた。もし世界への愛があれば、他人を信頼して、自分の学習能力も伸びていくにちがいない。高村はしかし、そのような人たちが憎かった。人生に夢中になっている人たちが憎かった。

日常生活を謳歌している他人を憎悪すると、今度は自分に対しても嫌悪感が湧き上がってきた。自分はつまり、社会のメインストリームを歩む人が嫌いである。密な人間関係を築くことが嫌いである。しかし自分で自給自足の生活ができるわけではないので、とにかく質素に生きることにする。このような考えに導かれて、高村は独自のミニマリズムを実践した。[77]

高村は、死と向き合いたいと思った。他人と心を響かせ合っていると、死について正面から考えることはできない。死と向き合うためには、一人孤独にならなければならない。もう一つには、高村は他人との関係を築く際の「不純さ」を嫌悪した。日常生活における人間関係には、なにか相手を自分のための手段にするといった不純な動機が伴わざるを得ない。そのような不純さから逃れるためには、孤独に生きなければならないと考えた。[78] この高村のミニマリズムにも、社会に不適応でありながら自分の人生と和解するというモチーフがみられるだろう。

以上、不適応の適応というテーマで四人のミニマリストを紹介してきた。最後に、社会に不適応ながら適応する「準ミニマリスト」と呼べるような人を二人紹介したい。

一人は、野宿生活を趣味とする二九歳の女性、かとうちあきである。かとうは著書『野宿入門 ちょっと自由になる生き方』で、野宿の仕方を紹介しつつ、自分の生き方について語っている。かとうは大学を卒業後、週三回の夜勤の仕事を続けているが、収入はあまりない。だからお風呂のないアパートに住んでいる。アパートでどのように身体を洗うのかというと、台所でお湯を沸かして、流しでシャンプーをする。春になれば、水で髪の毛を洗うことができる。貧しい生活ではあるが、しかし自分が「それでもいいじゃないか」と思えるのは、野宿生活という愉《たの》しい趣味があるからだという。もちろん野宿する場所にお風呂はない。それでもなんとかすることが愉しいという。

野宿をすると、自分は「よくやった」という万能感を得ることができる。もちろん、たんに野宿しただけにすぎないのであるが、そのような万能感を得ることができれば、しめたものである。

というのも、大人になると誰しも自分の身の程が分かるようになり、それでだんだんストレスを抱えてしまう。新しい物事に挑戦することが少なくなり、万能感など、なかなか得られるものではない。けれども野宿をすると、たとえ錯覚であれ、「自分もなかなかやるじゃないか」という気持ちになれる。

野宿生活によって、現実の日常生活を拒否するわけではないが、しかし野宿すると、自分の潜勢的可能性に気づくことができる。かとうは、例えば家から徒歩三分の公園で、野宿をしてみた。するとこれが「常識からの解放」をもたらした。それまでは常識に縛られたツマラナイ人間だったが、野宿を通じて、少しだけつまらなくない人間になれた。いつも見慣れている場所が、まったく見たことがない風景として現れた。野宿はそのような発見の快楽をもたらしてくれるという。[79]

野宿とは、ミニマルな旅であるといえるかもしれない。家から徒歩三分の公園で野宿するとなれば、ミニマルの極限に近い。ある意味で野宿とは、モノを捨てる代わりに、自分を家から捨てるような試みであるかもしれない。モノに囚われないだけでなく、煩悩に満ちた自我にも囚われない生き方が、野宿によって可能になるのかもしれない。

準ミニマリストのもう一つの例は、ブルーシートハウスに暮らす人たちである。坂口恭平『TOKYO0円ハウス0円生活』は、著者の坂口が、隅田川沿いのブルーシートハウスに暮らす人たちへのインタビューを通じて、そこで体験したことを綴ったエッセイである。[80]

ブルーシートハウスは、川沿いの路上に建てる家であり、すべて拾い物で作られるという。ブルーシートは、毎年一回、隅田川で行われる花火大会の後に捨てられたものを調達することができる。釘は拾うことができる。発電機はガソリンスタンドで譲ってもらえるので、家のなかでは電化製品を使うこともできる。しかし食事は拾うわけにはいかないので、例えばアルミ缶を集めて売って、それでお金を稼ぐ必要がある。ちなみにアルミ缶は一キロ当たり一二六円で買い取ってもらえる。毎週アルミ缶を一〇〇キロくらい拾って、これを換金すれば、月収五万円を超える。家賃も水道代も電気代もかからないので、稼いだお金はすべて食費と雑費に費やすことができる。むろん、毎週アルミ缶を一〇〇キロ拾うのは重労働である。朝の七時から一一時、夜の八時から一時半までの、合計九・五時間を休日なしで働く必要がある。もし時給九〇〇円の仕事に就いたとすれば、毎日九時間の労働時間で、一カ月で二四万三〇〇〇円の月収になる。年間で三〇〇万円弱の収入になる。これに対しておそらく、アルミ缶を拾う仕事は、時給にして約一五〇円程度にしかならないだろう。それでも個人的な問題を抱えるために、うまく仕事に就けない人たちがアルミ缶を拾う仕事に就くことになる。

ブルーシートハウスには、毎月、受難がやってくる。隅田川の路上は国有地であるから、その土地を占拠するのは違法である。毎月、ある期日がやってくると、国交省と清掃会社の人たちが十数人で一斉に掃除をしてまわる。そのときに撤去されていなかった家は、すべてゴミとして処分されてしまう。だからブルーシートの住民たちは、毎月一時的に家を撤去して、掃除が終わると立て直さなければならない。これは重労働である。

ブルーシートハウスは、ミニマルな暮らしの一つの極限を示している。いつでも家を解体できるように家を作るというのは、家というモノに対する執着心を捨てる点で、究極のミニマリズムといえるかもしれない。

反適応という企て

ここまで私たちは、社会に適応することにストレスを感じる人たちが、不適応の状態で自分自身と和解するという、和解型のミニマリストたちの事例を検討してきた。このタイプのミニマリストたちは、社会にあまり適応しないで生きる方法を見つけることで、自分自身の生き方を肯定し、自分自身を受け入れている。この不適応の適応というスタイルをさらに拡張すると、「社会に適応できるにもかかわらず、あえて社会に適応しないほうが、いっそう自分と和解できる」という考え方にいたる。社会に適応することが容易でも、あえて社会に抵抗するという「反適応」の態度である。

例えば稲垣えみ子は、それまでのキャリアを捨てて、社会から離脱する道を選んだ。一九六五年生まれの稲垣えみ子は、一橋大学の社会学部を卒業後、朝日新聞社に入社した[81]。それまでは「いい学校」「いい会社」「いい人生」という方程式を疑わずに生きてきたが、いつのまにか次のような考え方に陥っていた。

「金満」：お金で何でも手に入れようとする生活態度。
「優越感追求」：人よりも「上」でなければ満足できない精神。
「欲望全開」：十二分に恵まれているのに満足できず絶えず手に入らないものに目を向け不満を募らせる。

金満、優越感追求、欲望全開。なかでも欲望は、努力するためのモチベーションであった。ところが、どれだけお金があっても満たされない、まだ足りない、という悪循環に陥ってしまう。例えば、お気に入りの洋服屋さんで、気の合う店員さんと相談して、次々と試着して洋服を買う。けれども欲望が満たされるのは、大金を支払って洋服を買う瞬間だけである。その服を持って家に着く頃には、袋の中から服を取り出すことが面倒くさくなっている。自分はすでにすばらしい洋服を十分に持っている。しかしそれでも、季節の変わり目になると洋服を買ってしまう。なぜ余計な服を買うのかといえば、それ以外の方法で自分を楽しませる方法を知らないからである。稲垣はしだいに、これは相当ヤバイことではないか、と気づくようになった。このまま人生を過ごしていいのか。

（…）惨めな思いに囚われ、情けない気持ちの持って行き場がなく、国が悪いとか、社会が悪いとか、今の若い奴らはどうしようもないとか被害者意識いっぱいになり、歳を重ねるほどに人相の悪いばあさんになって嫌われ孤立し誰にも看取られることなく死んでいくに違いありません[82]！

こうした危機感を抱いた稲垣は、五〇歳で退社することを決意した（二〇一六年一月）。背景には、二〇一一年の原発事故もあった。稲垣は個人的に、原発に頼らない生活を実践しようと考えた。脱原発計画を個人で遂行するためには、電気に頼らない生活をしなければならない。そのように考えて、ミニマリズムの生活に関心を寄せた。

退社した稲垣は、ミニマリズムを徹底した。例えば、電気代を抑えるために、夜に帰宅したとき、玄関の灯りをつけないことにした。玄関でしばらくじっとしていれば、暗闇に目が慣れてくる。時間が経てば、暗くても室内が見えるようになる。[83]稲垣はさらに電気代を抑えるために、ついに冷蔵庫を捨てた。これは一線を超える決断だった。それまではいろいろなモノを冷蔵庫に詰め込んでいた。モノを腐らせたこともある。けれども冷蔵庫を捨てると、ちっぽけな自分、取るに足らない自分が残ったという。ひょっとして、これは「悟り」というものではないか、と思うようになった。「人が生きる苦しみをとことん考え抜いたブッダは「今、ここを生きよ」と言った。それこそが、人が苦しみから救われる道なのだという。／で、冷蔵庫をやめた私って……。／まさに「今、ここ」を生きてるじゃないの[84]！」

稲垣は冷蔵庫を捨てることで、電気代を毎月一五〇〇円に抑えることに成功した。それだけではない。稲垣は、ガス契約それ自体をやめた。ガスの代わりにカセットコンロを使って料理することにした。この他、服は一〇着程度しか持たないことにした。暑さや寒さは甘んじて受け入れることにして、二日に一度、銭湯に行くことにした。このようにミニマルな生活を始めてみると、その現実は、小さな寂しい生活であった。周りの人たちが世話を焼いてくれるので、孤独になるわけではない。しかしそれでも寂しい。寂しさのなかで、稲垣は自由を理解した。「本当の自由とは、その思い込みを脱すること、すなわち「なくてもやっていける」自分を発見すること。もう何も追いかけなくていいんだと知ること。それこそが自由だったんじゃないか[85]」と。稲垣が手にした自由とは、執着からの自由であったといえるかもしれない。稲垣はミニマリズムによって、この世俗社会から一歩降りた。寂しさとともに、モノへの執着から自由となり、自分と和解することができたのかもしれない。

以上、本章では、ミニマリズムの倫理について検討してきた。人はなぜミニマリストになるのかといえば、それは幸福になるためであり、保守的なものへ回帰するためであり、脱資本主義的な仕方で自己実現するためであり、自己と和解するためである。いずれも私たちの資本主義社会において、たんに普通の生活をするだけでは、倫理的に満たされないというストレスを克服するものであろう。ミニマリズムにおけるこうした倫理への志向は、そこから私たちをさらに高次の精神へと導くかもしれない。次章ではミニマリズムにおける禅の要素について、検討してみたい。

第6章

ミニマリズムと禅

ミニマリズムは、その精神において禅に通じている。最近では、禅の考えを取り入れたミニマリストたち、あるいは、ミニマリズムに禅の思想を吹き込む宗教指導者たちも現れた。ミニマリズムには、禅を通じて精神を陶冶する方向性がある。その鍵となるのは、人間の欲望に対する根本的な洞察であろう。禅は、人間の愚かな欲望について深く洞察する。私たちがいかに欲望に囚われた存在であるかを明らかにする。ミニマリズムとは、禅の入門的な実践といえるかもしれない。けれども禅は、このミニマリズムの実践を引き受けて、私たちの精神をどこへ導くのだろうか。本章では、欲望の考察からはじめて、ミニマリズムが導く禅の文化、すなわち一方における坐禅文化と、他方におけるわびさびの文化という、禅の二つの方向性を明らかにしたい。

6－1　欲望の愚かさについて

愚者の道

小説家でエッセイストの中村うさぎ（一九五八年〜）は、シリーズ「ショッピングの女王」（全五冊）などで、自らの破天荒な消費体験を綴っている。例えば、ブランド品の爆買い、整形手術、ホストクラブ通いなど、自分の人生を破滅寸前に追い込むその体験談は、これまでセンセーショナルな話題を呼んできた。中村は自身の行動を「病」であると自覚しているものの、自分の行動を分析するその鋭い考察力は、読み物としての魅力の一つになっている。例えば著書『愚者の道』[1]で、中村は「愚者」と「賢者」がどのように異なるのかについて深く考察している。その分析は、独自の消費哲学といえるだろう。

中村にはもともと、人生を成功させたいという野心があった。自分の才能と努力によって、高い収入を得て人々に認められたい、という願望があった。ところが気づいてみると、自分は物欲をコントロールできない「大バカ女」になりはてていた。例えば、ホストクラブに通い、自分が愛した男を一流に育てたいと思ったが、結局のところ、自分はたんなるホスト狂いの女になっていた。あるいは若くて美しい姿を手に入れるために、なんども整形手術をしたけれども、結果として自分は「サイボーグ怪物女」になりはてていたという。

愚者は、なぜ愚者なのか。中村は自らの愚かさを冷静に分析する。愚者は、自由でありたいと願う。誰にもしばられずに、飄々《ひょうひょう》と生きていきたいと思う。例えば他者の愛を無条件に受け入れると、その愛に束縛されてしまうだろう。愚者は、愛の束縛を逃れたいと考える。愛にしばられるよりも、誰にも理解されずに、ひとりぼっちで生きるほうが自由でいいと考える。

また愚者は、モノに束縛されたくないと思う。モノに価値を見出すと、そのモノに束縛されてしまう。そこで愚者は、手に入れたモノ（それが男であれ）を、価値のないものに変換する。例えば、収入、社会的地位、あるいは整形で手に入れた肉体までも、愚者は無価値なものにしてしまう。中村によれば「そもそも自分は、価値あるものをゴミと変じる天才である。貴金属を卑金属に変える資質なら、じゅうぶん過ぎるほど備わっている」という。[2]ブランド品であれ、収入であれ、男であれ、なんであれ、価値を認めることができるのは、買う瞬間までである。愚者は、買ったモノを無価値にすることによって、モノに束縛されない自由の価値を得ようとする。

しかしいったい、愚者はなぜ、すぐにゴミになるようなモノを買ってしまうのだろうか。モノにしばられたくないのであれば、モノを買わなければよいではないか。ところが愚者は、モノを買う瞬間に味わうことのできる快感と恍惚《エクスタシー》を求めている。中村によれば、自分の家には、ブランドの服が山のように積み重なっている。すでに一〇〇〇万円の借金をしているが、それでも懲りずにシャネルやエルメスのブティックでブランド品を買ってしまう。とても支払えない額のモノを買うと、「その瞬間、頭の中は真っ白になり、「もう終わりだ。これでとうとう破産する」という恐怖とともに、「えーい、どうにでもなれ」というヤケクソの解放感が、激しい快感の奔流となって、どっと脳内に押し寄せる」。そこには「破滅の恐怖と背中合わせになった背徳の快感」があるという。このように、破滅寸前までモノを買うことの快楽を、中村は「破滅へのリビドー」と呼んでいる。[3]

愚者は、この破滅へのリビドーをつかさどる暗黒神によって操られているのかもしれない。暗黒神は、愚者に壮絶な浪費を促して、経済的破滅、肉体的破滅、人生の破滅へと追いやる。愚者はなぜそのような欲望をもつのかといえば、凡庸な生き方には満足できないからである。凡庸な生き方は、神に選ばれなかったことの証しである。神に選ばれた証しを得るには、自分が凡俗の人間とは異なることを示さなければならない。ところが愚者は、神に選ばれた者の孤独を味わいたくない。そこで愚者は、お金で得られる快楽こそ、凡俗の人間とは異なる優越の証しであると考える。

　ありあまるお金があれば、人は凡俗の人間が味わうことのできない快楽を得るだろう。しかしそこに、借金による経済的破滅や、整形手術による肉体的破滅、あるいは社会的な評価の破滅がともなうとすれば、凡俗に対する優越は、その反対の劣等へと反転してしまう。凡庸さを脱して優越を味わいたい、神に選ばれたい、という欲望は、結果として、人間を凡愚の極みへ導く。すると愚者は、今度は自分の凡愚さを神に救済してもらいたいと願うようになる。中村によれば、愚者が本当に欲しているのは、神による救済である。幸福は、自分が自分であることに満足できる状態であるから望ましくない。それは、ナルシシズムの状態にすぎない。愚者は、そのようなまどろみから自由でありたいと願う。幸福を断念し、ナルシシズムから解放されることで、はじめて得られる自由がある。愚者はこのような発想に導かれて、浪費によってこそ、神による救済が得られるのだと考える。

　むろん賢者であれば、消費をできるだけ控えるだろう。自分の欲望を削る過程で、自分の内面に神的なものを発見するであろう。賢者は、禁欲を通じて、神に救済されることを願う。ところが愚者は、発想を逆転させる。自らの欲望を満たせば、その欲望は、満たされるそばから欲望ではなくなるだろう。「欲望を断念しても「欲望」自体は生き残るが、欲望を満たしてしまえば「欲望」は消え去る」[4]。それゆえ愚者は、欲望を片っ端から満たそうとする。ほしい物を手に入れれば、それは欲望の対象ではなくなり、無価値になる。愚者にとって価値あるものとは、まだ手に入れていないものである。だからとにかく、モノを次々に手に入れて、飽きるまで欲望をかなえることが、自分の欲望を捨てることにつながると考える。

しかし他方で、欲望を満たしつづけると、そこには同時に、自分が破綻するかもしれないという「タナトス（死の衝動）の快楽」が生まれる。愚者はなぜタナトスへと引き寄せられるのかといえば、その破滅の恐怖が、恍惚を生み出すからであろう。ところが中村によれば、そこには自己嫌悪の感情が作用しているという。人は自分を嫌悪するがゆえに、自己を破滅させたいという衝動をもつ。愚者は、実は、美人であったり、努力家であったり、優等生であったりする。しかし自分はもっと高みにのぼれるはずなのに、そこに到達しえない自分に自己嫌悪感を抱いてしまう。この自己嫌悪の感情が、浪費へと駆り立てるのだという。

満足感という餌

愚者は、破滅寸前まで浪費する。そのような行動の背景には、自分が優越しているという意識の背後に、完ぺきには到達しえない自己への嫌悪の感情がある、というのが中村の自己分析である。自分に対する嫌悪感は、人々をタナトスの快楽へと導くであろう。むろん多くの人は、そこまで破滅的な行動に駆られるわけではない。借金で破滅するとか、整形手術で肉体がボロボロになるといった状態にまで陥るわけではない。それでも私たちは、自身の欲望を満たすために、大量のモノを消費している。私たちの日々の消費行動は、欲望を満たすことで欲望を無にするという、中村のいう「愚者の道」と無縁ではないだろう。

元浄土真宗僧侶の小池龍之介は著書『貧乏入門』で、この人間の欲望の愚かさについて、次のように考察している。人は、モノを所有することによって、自分のアイデンティティを形成しようとする。しかし持ちモノが増えると、人はかえって不安になる。人間は、実はモノを持っても満足しない。別のあるモノを持っていないことが、不安の源泉になるからである。その不安は苦になる。人はこの苦しみを解消するために、さらにモノを手に入れたいと思う。手に入れれば、苦しみは消えて、快楽が訪れる。しかしその快楽は一瞬にすぎない。やがてモノを持っていることが負担になり、苦しみがやってくる。別のモノを手に入れたいという欲求が芽生えてくる。苦しみはいっそう増大するだろう。

例えば、「最初は、一万円のバッグでよかったものが、十万円のバッグになり、次は、五十万円になり、百万円になり、やがて、「一千万円のものもあるんだって？　それ欲しい」となる」。最初は必要だから欲しいと思うけれども、そのうちに、自分のアイデンティティを着飾ってくれるモノが欲しいと思うようになり、大きな苦痛が訪れる。欲望を満たさなければならないという苦しみと、欲望を満たしたときの快楽が、交互に訪れるようになる。すると私たちは、そのような快と苦の両義的欲望のために、モノを欲するようになる。この欲望が発展すると、今度は完全に「苦」によって支配されるようになる。衝動を抑えられない嗜癖が生まれ、中毒になる。[6]

人間はおそらく、究極的には、自分の欲求が満たされることを望んでいないのかもしれない。自分の欲望がかなうことよりも、その実現のプロセスに、いつまでも関わっていたいと思うのかもしれない。そのプロセスは苦しいけれども、だからといって人間は、この苦しみから逃れようとはしない。苦があれば、そこからの落差で快を感じることができる。人間が求めているのは、実は、モノを買うことによって生じる「苦と快の落差」である。反対に、自分の欲望が実現しそうにないときには、「自分はそのような欲望を抱いていなかった」という具合に、欲望を否定するであろう。これは欺瞞であり、かえって自己を抑圧してしまうことになるが、しかし私たち凡俗の人間にとって、満たすべき最終目標があるわけではない。このような欲望の性質を理解することは、欲望の愚かさから逃れるための、一つの洞察であるだろう。[7]

とはいっても、人間はやはり愚かな存在である。ポール・ロバーツは、欲望消費は人間を軟弱にしてしまう、と指摘している。[8] 現代の消費市場は、個人のアイデンティティ形成と切り離せない。人々は自分のアイデンティティを形成したり表現したりするために、モノを購入する。しかしその購入の仕方は、しばしば近視眼的である。例えば私たちは、長い時間、ユーチューブの動画を見続けたり、ネットサーフィンをしたりしてしまう。自分の長期的な利益を満たすためには、本当は勉強をしたり読書をしたりすべきなのかもしれないが、現代のネット社会は、人々が即座に満足感を得る方向に発展している。例えばインターネットは、人々の満足感を餌にして、できるだけ長い時間、ネット上の画面を見るように促している。ビッグデータに基づいて提案される

「おすすめの商品」は、各人の近視眼的な効用を満たすように促している。けれども私たちは、ネット上でその場その場の満足感を追求すると、やがて生き方そのものが軟弱になってしまう。結果として禁欲的な生活を失い、社会全体の繁栄が損なわれることにもなるだろう。

ニコラス・カーは、著書『ネット・バカ』で、次のように指摘している。[9] 現代のデジタル環境は、私たちを実験室のネズミに変えてしまった。私たちは、知的な栄養が詰まった小さな餌を得るために、つねにレバーを押し続けている。ネット上では、新しい情報を得ることが大きな価値をもつ。人間は、ネットでの情報サーチに時間をとられて、深く思考する時間を失っている。人は欲望を即座に満たそうとするので、精神が軟弱になっている。しかしネット上ですぐに満たすことができるような愚かな欲望は、端的に言って、満たす必要がないのではないか。おそらくミニマリズムの実践は、精神の軟化を避けるための一つの方法であるだろう。ミニマリストたちは、短期的な欲望を満たさないことで、禅の生活へと通じている。以下では、その可能性について検討したい。

6－2　禅に向けて

モノを捨てて世界を受け入れる

その場その場の満足の追求は、結果として人間を軟弱にし、社会全体の繁栄を損なってしまう。

そのような欲望消費社会を克服するために、これまで批判の基点になった理想的人間像は、「欲望をコントロールする自律主体」というものであった。「禁欲的人間」や「近代主体」という言葉で表すこともできる。近代的で禁欲的な自律主体は、自身の欲望をコントロールして、長期的に望ましい自己と社会の理想を実現する。そのような合理的で理性的な主体になることは、これまで「自律主体」という言葉で語られてきた。そしてこの理想は、私たちの消費社会を批判する際の理念でもあった。ところが現代において、欲望消費社会を批判する観点は、別の理念へと移っている。ミニマリズムにおいて提起されているのは、自律主体ではなく、禅的な生活の理想である。

例えば、大学院で美術史を専攻したエッセイストのフランシーヌ・ジェイは、著書『捨てる　残す　譲る　好きなものだけに囲まれて生きる』のなかで、ある男が禅の師匠を訪れたときの話を紹介している[10]。男は、師匠の前で自分の話を長々と話し続けると、師匠は湯呑み茶碗をその男の前に置いて、お茶がこぼれても注ぎつづけたという。男は驚いて「お茶があふれていますよ」と指摘すると、師匠は次のように答えた。「あなたの頭のなかは、この茶碗のように邪念でいっぱいです。だからそれをいったん空っぽにしないと、新しいことを学べません」と。例えばもし、家のなかにモノがあふれているとすれば、それはこの男の頭のなかと同じ状況が起きているだろう。モノを捨てるというミニマリズムの実践は、邪念を捨てる実践でもある。ミニマリズムはこのように、禅の実践と重ねて称揚されることがある。

枡野俊明《ますのしゅんみょう》の『禅、シンプル生活のすすめ』は、禅の立場からミニマリズムの効用を説く[11]。著者は、禅寺の住職を務めるかたわら、庭園デザイナーとして、これまで寺やホテルや大使館の庭園を手がけてきた。本書は、シンプルに考えるくせや習慣を身につけると生きることが楽になる、あるいは悩みが消える、という観点から、さまざまな生活の知恵を伝えている。例えば、ボーッとする時間をもつ、一五分早起きしてみる、朝の空気をしっかり味わう、脱いだ靴を揃える、いらないものを捨てる、デスクの上を整える、一杯のコーヒーをていねいに淹《い》れる、字をていねいに書く、大きな声を出してみる、食事をおろそかにしない、人とのコミュニケーションを大切にする、坐禅を組む、などの提案が示されている。

日常の生活を見直して、ていねいな生活をすると、生きていることに感謝の気持ちが生まれてくる。生活を受け入れることができるようになる。モノを減らすプロセスは、自分の煩悩から解放されるプロセスでもある。このようにモノを捨てるミニマリズムの実践は、自律的な主体となって自分の欲望を制御する理想とは別に、煩悩から自由になった生活、言い換えれば、邪念のないていねいな生活という禅的な理想に通じている。

煩悩や邪念からの解放としてのミニマリズムは、韓国でも話題になった。一九七六年に韓国で刊行された法頂の『無所有』は、異例のロングセラーを続け、韓国におけるミニマリズムの古典とされる。法頂は、ハングル大蔵経の訳経委員、仏教新聞主筆、松広寺修練院長を歴任したのちに、一九七〇年代後半から、松廣寺の裏山の電気も引かれていない小さな村で、火田民《かでんみん》（朝鮮半島で焼畑耕作を行う農民の一種）が住んでいた空き家を借りて、一人暮らしをはじめる。以来、薪を拾い、畑を耕しながら、清貧の道を求めて暮らしてきた。法頂は宗教家として、社会浄化に対する責任を感じ、「清く美しく生きる運動」を繰り広げてきた。例えば、すべての市民のための精神の修養の道場として、ソウルにある吉祥寺を建て直し、しばしばそこで講話をしたりしている。

法頂によれば、人々は必要に迫られていろいろなモノを買うけれども、かえってモノに心を煩わすようになる。何かを持つことは、何かに囚われることである。私たちはモノを所有することで、逆にそのモノに所有されてしまう。たくさん所有していることは、一般には自慢すべきこととされるけれども、同時に、多くのモノにしばられることを意味する。反対に、たくさん捨てる人は、たくさん得ることができる。逆説的ではあるが、すべてを得るためには、すべてを捨てなければならない。「無所有」とならねばならない。[12] 法頂にしたがえば、ミニマリズムとは、この世界をすべて獲得するための生き方であり、清く正しく生きる仏教の思想に通じている。

モノを捨てて、世界を我がものとする。そのための一つの方法は、例えば、夕焼けの風景を見てたたずみ、その風景と一体化することであるかもしれない。沼畑直樹《ぬまはたなおき》の『最小限主義。』によれば、人間にとって幸福とは、一日の終わりに夕陽を見ることであり、夕日という崇高な自然の価値に比して、何の価値もない自分を発見することであるという。[13] 多くの人は、自分の好きなものに囲まれて暮らすことで、そこに自分の居場所を作り、自分のアイデンティティを形成するだろう。しかしミニマリストたちは、モノを捨て、「何者でもない自分」を発見しようとする。夕陽を前にして感動する自分とは、何者でもない自分であり、夕陽を享受する美的感受性においてすぐれているにすぎない。しかしこの感動は、何者でもない自分になってはじめて体験される。こうした美的感受性こそが、世界のすべてを手にするための能力であるとすれば、私たちはこの能力を研ぎ澄ますために、生活の全体を見直す必要があるだろう。自分のアイデンティティを飾るための消費を避けて、何者でもない自分に気づく時間と空間がなければならない。

沼畑によれば、自己の内面に凛とした心をもたらしてくれるのは、次のような生活であるという。音を立てない、部屋にモノを置かない、静かに動く、キッチンをきれいにする、塵《ちり》や埃《ほこり》をすべて掃除する、質素な和食に価値を見出す、一杯のコーヒーをていねいに入れる、等々である。これらはすべて、禅的な生活に通じている。モノのない生活空間にたたずみ、自らの美的感受性を研ぎ澄ますことによって、世界のすべてを受容する。このような実践には、欲望を浄化して精神を修練するための禅のエッセンスが、如実に現れているように思われる。

スティーブ・ジョブズ

モノを捨てることで、世界を享受する。これと類似した禅的な発想は、アップル社の創業者、スティーブ・ジョブズにもみられる。モノのデザインを最小限《ミニマル》に抑えて、世界中の人々から受容されるモノを生み出すという発想から生まれたアップル社のコンピュータ関連商品（とりわけ

iPod）は、これまで世界的に称賛されてきた。ジョブズとは大学時代からの友人であるダン・コトケは、ジョブズと禅の関係について、次のように記している。「スティーブは禅と深くかかわり、大きな影響を受けていました。ぎりぎりまでそぎ落としてミニマリスト的な美を追求するのも、厳しく絞り込んでゆく集中力も、みな、禅からくるものなのです[14]」。

ジョブズは若いときに、禅の修行に励んだ。大学生のときから一九七六年にアップル社を創業するまで、ジョブズは、カリフォルニア州ロスアルトスのハイク禅堂、サンフランシスコ禅センター、タサハラ禅マウンテンセンターなどに、足しげく通っている。ジョブズは当時、僧侶の知《ち》野《の》弘文《こうぶん》を師と仰ぎ、親密な関係を築いた。例えば、一九九一年にジョブズがローレン・パウエルと挙げた結婚式を司ったのは、知野であった。ある晩、ジョブズは「悟りを得た」と言って、知野の自宅に押しかけたこともある。その証拠を見せろと知野に言われると、ジョブズはその一週間後に、彼が最初に開発したパソコンのマザーボードを見せたという[15]。

禅に影響を受ける前のジョブズは、インドのヨガ導師パラマハンサ・ヨガナンダの『あるヨギの自叙伝』や、チベット仏教の高僧チョギャム・トゥルンパの『タントラへの道』などを精読していた。ジョブズはかつて、ゲーム・メーカーのアタリ社の夜勤エンジニアとして働きはじめたころ、出張の名目でインドに行く機会があった。ジョブズはそこで、髪を剃って、七カ月間の放浪生活をした。ところがインドでは、真の導師を見つけることができなかった。インドに幻滅したジョブズは、帰国後に禅に関心をもつようになる。ジョブズは日本に渡って出家したいとも願った。しかし知野に押しとどめられて、ビジネスに専心した。彼は、亡くなる数カ月前にも永平寺に行きたいと願い、サンフランシスコ禅センターに電話をかけてきたという。ジョブズの生涯は、禅とともにあったと言える。ジョブズは、子どもたちを連れて何度も京都を訪れた。京都では最古の旅館の一つ、俵屋旅館に泊まり、地元の小さな寿司屋で食事をとり、苔寺などを訪れるのが定番であったという。[16]

禅とともに人生を歩んだジョブズは、ミニマリストでもあった。ジョブズは一九八三年に、ペプシコーラ社の社長、ジョン・スカリーをアップル社のCEOにスカウトしたが、そのスカリーは、カリフォルニア州のジョブズの家に招かれたとき、「人が住んでいるという気配はまるで感じられなかった」と述懐している。ジョブズの生活は、大金持ちのイメージとは程遠いもので、家には家具すらほとんどなかった。その前年に撮られた有名な写真がある。ジョブズが自宅で瞑想する姿である。室内は、禅寺の僧堂のように簡素で静寂に満ちている。ジョブズによれば、「お金で買いたいものなんて、すぐ尽きてしまう」という。[17] これは禅の考え方であると同時に、ミニマリズムの思想を表してもいるだろう。

6-3 禅の思想

ミニマリズムは禅に通じる

禅は、修行僧たちにすべてを捨てろと求める。唐の時代の末に、厳陽善信《ごんようぜんしん》という修行僧がいた。彼はあるとき、禅僧の趙州従諗《じょうしゅうじゅうしん》(七七八年~八九七年)にこう尋ねた。「私はすべてを手放しました。さらにどんな修行をすればよろしいでしょうか」と。すると趙州従諗は、「放下著《ほうげじゃく》」と答えた。さとりを求める心(欲求)も捨ててしまえ、というのである。[18]

禅の教えによれば、悟りを求める心もまた、それ自体が一つの執着心であるとみなされる。修行では、悟りを求める心を手放さなければならない。自分の価値観のみならず、自分のなかの「求める心」を捨てる。そしていまこの瞬間に、ただある自分という現実を味わうことが求められる。そのような仕方で自分を観察することもまた、修行であるとみなされる。

こうした禅の修行は、スタイルとしては、ミニマリズムの延長にあるだろう。ミニマリズムに導かれてモノを捨てる実践は、禅の精神を鍛える道に通じている。まずモノを捨てる。モノを捨てるときには「もったいないから捨てられない」という執着心も、同時に捨てる。この段階からさらに修行を通じて、悟りを求める心すらも捨てる、持たない、という境地にいたるならば、人は禅を習得したことになるのであろう。

むろん禅の生活において、実際には、すべてを捨てることが求められているわけではない。求められているのは、所有するモノを最小限にすることである。この点は、ミニマリズムの倫理と同じである。禅僧の金嶽宗信《かねたけそうしん》は、自らの修行の経験が、ミニマリズムの意義を精神的に支えることについて語っている。[19]

金嶽は、若い頃に禅門をくぐって雲水修行をした。雲水修行とは、道場によって多少の違いはあるけれども、およそ次のような修行である。朝は三時半に起床して、本堂で読経をし、禅堂で坐禅をする。坐禅の途中にお師匠さんの部屋に行って禅問答をする。その後に朝食をとる。朝食後は堂内の掃除をする。その後、午前中は托鉢に出かけたり、お師匠さんの講義を聴いたりする。午前一一時には、一汁一菜の食事をとって、一時間ほど休憩する。その後は、畑仕事や薪割りなどの仕事をする。夕方になると、本堂で読経をする。そして薬石《やくせき》といわれる夕食をとる。夕食後は坐禅をして、お師匠さんの指導を受ける。消灯は夜九時であるが、消灯後も各人で坐禅をする。そしてようやく夜の一一時過ぎに寝る。朝の三時半には起床するため、睡眠時間は四時間半しかとれない。この他、年に六回ほど、一週間にわたって、一日中坐禅をする期間がある。とくに一二月一日からの八日間の修行（臘八大摂心《ろうはつおおぜっしん》）では、ほとんど寝ることが許されない。以上のような生活を一〇年間続けるのが雲水修行である。

雲水修行を修めた禅僧たちは、その後、ミニマリズムの生活をたやすく受け入れることができるという。「禅」という文字は、しめすへんに単と書く。単とは、生活する空間《スペース》のことである。

「座って半畳、寝て一畳」という表現がある。禅は、一畳というミニマムな空間を修行の場とし、また生活の場とする。禅僧たちは、狭い空間で営まれる自らの生活が、人間として理想的な生活となりうることを示さなければならない。理想の生活において、モノは所有する必要がない。金嶽の経験によれば、雲水修行中に、自分に割り当てられたこの一畳の空間に置くことができたモノは、持鉢《じはつ》（自分の食器）と湯飲みだけであったという。このほか、別の場所に一人一段分の棚があった。三〇センチ×一二〇センチ程度のスペースである。この棚に置くものを含めて、持ち物は衣服のほかに、「柳行李《やなぎごうり》」一箱に入る分だけと決まっていた。柳行李とは、柳や竹で編んだ箱状の入れ物であり、その中に食器、ティッシュペーパー、歯ブラシ、そしてタオルを一枚だけ入れるという。

このように、最小限のモノで営む禅の修行生活は、究極のミニマリズム生活といえるだろう。金嶽によれば、身の回りのモノに対して、本当に自分にとって必要なのかどうかを突き詰めていくことは、禅そのものである。例えば、「知足」という言葉がある。『法句経《ほっくきょう》』に「足るを知ることは第一の富」と書かれているが、知足はこの考え方に由来する。禅を含む仏教一般においては、知足することが生活の理想とされる。禅はさらに、「本来無一物《ほんらいむいちぶつ》」という考え方を重んじている。もともと人間は所有するモノが一つもない、という意味である。モノを所有すると、そこに執着心が生まれ、心が乱れる原因となる。ミニマルな生活を通じて禅が推奨するのは、モノを所有しないことで、自らの心を研ぎ澄ますことである。

例えば日本人は、お茶を飲む習慣がある。この習慣はもともと、禅の風習から生まれたものであった。日本茶は、禅宗の僧侶が中国茶の実を日本で植えて作ったものであり、坐禅をする僧侶たちが眠くならないようにするための薬として服用された。お茶を飲むことを「一服する」と表現するのは、薬として用いられたことの証しであろう。ミニマルな空間でお茶を飲むという営みは、すでに禅に通じている。ミニマリズムは、それ自体としては精神を鍛える方法をもたないけれども、そこには禅の生活に入るための入門的な条件が備わっている。

坐禅とわびさび

ではミニマリズムの先にある禅的な生き方とは、どのようなものであろうか。

禅は、禅堂での修行を中心とした実践とその教義である。導き手となる禅師が、修行僧たちに公案《こうあん》を示し、修行僧たちはこれに答えるかたちで、修行がすすんでいく。その一方で、禅は、日常生活に密着したプラグマティックな傾向をもっている。禅は、仏教の一派でありながら、仏教の経典を高度に解釈する営みを重んじない。禅は、経典を含めて、上から権威的な仕方で教えることを拒否する。禅僧たちは、教えとなる真理が、自分の心のなかから出てくることを経験しなければならない。禅は、もっぱら精神の鍛錬を通じて、自らの霊性の眼を開こうとする。鈴木大拙によれば、禅の根本原理は、人間の内奥にある働きに触れることである。その目指すところは、生きているというそのままの生の根本事実を、生き生きと捉えることである。それはいわば、太陽が輝き、花が咲くといった隠喩で語られるような、神秘的なものである。禅は、世俗を生きる普通の人が、ごく普通の生活をしているときに、そしてまた、自分の人生をあるがままに把握するときに、経験されるであろう。それは実際的かつ日常的であり、同時に最も生き生きしたものであるとされる。[20]

禅はこのように、生の根本事実をつかもうとする。活発な精神活動を続けるなかで、そこに静寂と空《くう》のすべてを得ようとする。禅は、あらゆる縁に触れて心を空にし、清浄を得ようとする。そのためには、あたかも水を得た魚のように生きなければならないという。水を得た魚は、反省的な意識をもたず、超越的な視点から人為的に生を制御することがない。もしそのような人為的な生の営みが入ると、人は自由（自在）に生きることができない。禅における理想の人生とは、流れるままの生を得ることである。禅は、そのような生き方をする自分を肯定する。そのような生き方こそが、絶対的な自由であるとされる。人間が自由であるためには、人生は絶対的な肯定でなければならない。自由な行動の妨げとなるあらゆる条件や限界や対立が超越されなければならない。あらゆる権威から自由でなければならない。神や仏からも自由でなければならない。究極の自由の経験は、人為的・図式的な思惟法則や認識論に拘束されない。そのような自由な生き方は、しかし日常生活を離れるものではない。禅の真理は、日常生活のなかに具体的なものとしてある。禅の精神は、日常生活の簡明さ、直截さ、実際性のなかに宿っている。それゆえ禅の生活においては、人々に最も嫌われる仕事（炊飯係）を最善の作務《さむ》とみなすのであり、そのような日常の作務において、理想の生活が可能であるとされる。

むろん、日常生活における日々の仕事が理想の生活となるためには、その第一歩として、悟りを得なければならない。悟りの覚醒を通じて、気づきもしなかった新しい世界が見えてくるのでなければならない。この場合の悟りとは、禅においては思念の集中によって生まれるのではなく、物事を見る新しい観点を得ることであるとされる。それまで夢想もしたことのない新しい真理がとつぜん意識にひらめき、そこに精神のカタストロフィが生じる。自分の内なる感応力が覚醒する。禅の修行においては、そのような経験を得るために、修行する者たちを、進退両難の極みにまで追いやる。そして、そこからなんとかして高次の精神作用を発揮して抜けるようにさせるのだという。偉大な禅師たちはさらに、たんに修行を積むだけでなく、一定期間、隠遁生活を送って、世間に降りてくる。日常生活を覚醒した精神でもって送るためには、自分で自分の霊性を開くためのプロセスが必要である。そのプロセスには、さまざまなレベルがあるであろう。

いずれにせよ、禅の修行において強調されるのは、坐禅である。坐禅は、その身体の型を通じて、精神を覚醒する作用をもっている。その覚醒作用について、藤田一照《いっしょう》は著書『現代坐禅講義』のなかで、次のように説明している。

坐禅は一般に、自分の力で悟りを啓くための行い（自力行）のように見なされているけれども、実はそうではない。坐禅をすると、無限なる何かが自分のところにやってきて、その何かが、自分を現場として、活き活きと働くようになる。だから坐禅においては、向こうからやってくる活《はた》らきに、身をまかせなければならない。坐禅においては、絶対的な受け身の状態にならなければならない。坐禅において、私たちは自分の内面的世界を能動的に探求するのではない。内的な心の世界へ沈潜するのでもない。反対に、個人の意識という限られた小世界から、自己を外へ向かって開いていく。坐禅を通じて、自分という存在は、無限に豊かな世界とつながっていく。そのような経験を通じて、目覚めなければならないという。[21]

藤田は加えて、この覚醒について、解剖学の観点から、次のように説明している。解剖学の知見によれば、人間の身体は、体壁系と内臓系の二つの部位に分けられる。体壁系は、外皮系、神経系、筋肉系からなり、感覚や伝達や運動をつかさどっている。これに対して内臓系は、腸管系、血管系、腎管系からなり、呼吸や循環や排出をつかさどっている。体壁系は動物機能と呼ばれ、内臓系は植物機能と呼ばれることがある。この区別を用いて説明すると、坐禅は、身体の内臓系を優先する営みである。[22]坐禅をすると、皮膚や筋肉の余分な緊張やこわばりが解きほぐされて、体壁系が休まる一方、内臓系が機能する。そのような状態になると、生命の営みが活性化するのだという。

また、まだあまり知られていないけれども、人間の身体には、呼吸のリズムや拍動のリズムのほかに、第三のリズムとして「頭蓋仙骨律動」(Craniosacral rhythm)があるという。このリズムは微妙な動きであり、これを体感するためには、かなり鋭敏な感受性が必要とされるようである。しかしこの動きは、身体の芯とでもいうべき「脳‐脊髄系」から発して、身体の表層部へ伝わってくる。生理学的に言えば、この頭蓋仙骨律動は、脳脊髄液の流れである。脳の深部のある器官から分泌されて、脊髄の後ろ側を通って仙骨まで下り、そこから脊髄の前側を通って還流すると考えられている。もし脳脊髄液の流れやリズム（幅、強度、速度、対称性など）に滞りがあると、知覚や運動や知的活動などに悪影響がおよぶだろう。そのような場合には、頭蓋仙骨のリズムを整える必要がある。あるいは脳脊髄液の流れをよくする必要がある。そのような治療は、実は坐禅の効能と似ている。藤田によれば、坐禅をうまく導くためには、この脳脊髄液の流れが滞らないようにしなければならない。坐禅は、それがうまくいくと、脳脊髄液の流れが向上する。そのような効果があるのではないか、と藤田は指摘している。[23]

このように禅的な生き方は、生理学の言葉で捉えると、坐禅を通じて脳脊髄液の流れをよくする生き方であると考えられる。禅師たちはしばしば「生き生きと生きる」という表現を用いるが、その背後にあるのはこのように、脳脊髄液の流れによって、身体の内臓系が整えられ、頭蓋仙骨のリズムが生まれることであるだろう。このリズムは体壁系の動きを抑えた静寂のなかで活性化する。禅的な生き方には、こうした身体の特殊な活性技術の獲得が含まれているのであろう。

もちろん読者は、このような身体の動きには関心をもたないかもしれない。しかし禅は、他方では日本における「わびさび」の文化を発達させてきた。日本人はこれまで、わびさびの文化とその感受性を養ってきた点で、すでに禅的な生き方をしてきたといえる。そして現代のミニマリズムは、この禅的な生活の入り口にあって、わびさびの文化を継承するものといえるかもしれない。ここでミニマリズムとわびさびの関係について検討してみよう。

わびさびとは、「わび（侘び）」と「さび（寂び）」を一体にした言葉である。わびさびという一体表現は、実は最近になって使われるようになった。それとともに、日本人は近年になって、わびとさびの区別がつかなくなってきたようである。わびもさびも、陰性を基調とした美意識である。わびには、貧困、悲観、不足、脱俗といったものを、より哲学的に昇華した趣がある。これに対してさびは、人気《ひとけ》のなさ、粗末さ、みすぼらしさ、みじめさ、苦悩、諦めといった心情を、美的に表現する。[24] わびという表現には、悲哀や諦めの感情が伴うのに対して、さびという表現には、その感情が押し殺されて、俗的なものから超越する意識の働きがある。あるいはまた、さびという表現には、俗的なものが年月を経て、古くて味わい深くなったという美意識がある。例えば骨董品がもつ渋みは、さびとみなされることがある。

わびとさびは、このような違いがあるとはいえ、この二つを十分に区別して用いることは難しい。レナード・コーレンは著書『わびさびを読み解く』で、わびを「生きざま、求道、内向的、主観的、哲学的概念、空間的広がりのある出来事」の特徴であるとし、さびを「物、芸術・文学、外向的、客観的、美的理念、一時的な出来事」の特徴であると整理しているが、わびとさびは、日常生活においては一体となっていることもある。[25] いずれにせよ、わびとさびの美意識が日本で広く流通するようになったのは、明治以降である。その当時、流入する近代の欧米文化に対するアンチ・テーゼとして、日本人はわびとさびを再発見した。西洋的な文化は力強く、覇権的である。これに対して東洋的・日本的な文化は、力強さはないけれども、深い精神性を備えている。西洋文明に触れた明治以降の日本人たちは、西洋との対比で、わびさびの文化を自分たちの誇りとするようになった。わびとさびの美意識は、富や社会的地位といった支配的な価値に対するアンチ・テーゼである。支配的な価値から逃れたところに美を発見する日本人の心を表してもいる。

例えば、千利休の茶道においては、茶室に入る際に、だれもが間口の小さい入口《にじりぐち》を這うようにくぐらなければならないとされた。これは茶道において、参加者たちが平等な身分として参加することを象徴している。茶道の空間は、外界の支配権力関係を持ち込まないところに成立する。また、茶道の道具類は、その由来や製作者と関係なく、価値のないものに価値を見出すという、わびとさびの文化を表現している。もちろん歴史的にみれば、茶道は時の支配権力と拮抗する力を持つまでに発展した。しかしそこに通底している精神文化は、支配権力に対抗する美意識であるだろう。茶道には、現代のミニマリズムに通じる発想がある。狭い空間に最小限のモノを置いて、そこに理想の人生の営みを表現するという企てである。そしてこのミニマムな生活空間の理想は、茶道がよって立つ禅の精神に由来している。

茶道に代表されるわびとさびの文化は、禅堂における修行生活とは異なるが、禅の考え方を生活において表現している。茶道は、私たちの日常生活のなかで、支配的・覇権的な価値に抗しつつ、日本人の心情を豊かに育んできた。茶道はやがて、庶民の文化となる。歴史的にみると、わびとさびの文化は、一方では支配権力をそがれたエリートたちのあいだで、他方では田舎に暮らす百姓や職人たちのあいだで、それぞれ発達してきた経緯がある。現在、私たちがわびさびの文化として評価するものの多くは、前者のエリート型である。わびさびの美意識は、能力のあるエリートたちが、世俗の権力関係のなかで挫折を味わう経験を背景に発達してきた。わびさびの表現は、エリートたちの知性の証明となり、支配権力に抗しつつ、独自の文化を発達させてきた。そこに通底しているのは、挫折と、支配権力への抵抗である。このような経験は、現代のミニマリストたちにおいても、多かれ少なかれ共有されているのではないだろうか。

ミニマリズムはしかし、禅的な暮らしや文化の入門的な方法を提供するにすぎない。禅的な生活は、ミニマリズムをキッカケとしつつも、一方には修行の道、他方にはわびさび文化の道へと、それぞれ通じている。ミニマリズムの倫理は、こうした禅文化の観点から、積極的に位置づけることができるように思われる。

第7章

資本主義の超克

みてきたようにミニマリズムは、文化的・宗教的な次元では、禅的な生き方に通じている。ミニマリズムは禅の入門的な実践を通じて、日常倫理から精神を養う方向に発展する可能性がある。では社会的・経済的な次元においては、ミニマリズムはどんな意義をもっているのだろうか。最後に本章では、ミニマリズムの意義を現代資本主義システムのなかに位置づけたい。ミニマリストたちは、資本主義に対抗する精神をもっているようにみえるが、資本主義を変革するビジョンを示しているわけではない。結論から言えば、ミニマリズムは「脱資本主義の精神」と親和的である。本章では、その道筋を明らかにしたい。

もっとも「脱資本主義」という言葉に、一般的な定義があるわけではない。以下の立論では、まずこの言葉の意味を検討しなければならない。これに対して「資本主義」という言葉には、一般的な定義がある。すなわち、資本主義とは、第一に、財とサービスの価格が、自由な取引を通じて決定される市場経済を前提とした社会である。第二に、財とサービスの生産・流通が、私的な資本投資を通じて成立する社会である。そして第三に、資本主義は、資本をもった人（資本家）たちが支配的な地位を占める社会である。私たちはこうした三つの特徴をもつ資本主義の社会を生きている。

では私たちは、この資本主義の社会を超えて、もっとよい社会を作ることができるだろうか。脱資本主義の社会を考えるとき、根本的に考えるべきはこの問題である。従来、資本主義に対するオルタナティブの典型は、社会主義の計画経済システムであった。しかし私たちは、二〇世紀の経験を通じて、社会主義経済を運営することの難しさを知った。社会主義計画経済がうまくいかないとすれば、私たちは、いかにしてこの資本主義システムを乗り超えることができるのだろうか。この問いは依然として、私たち人類に突きつけられた大きな課題であるように思われる。資本主義の社会は、最善の社会とはいえない。資本主義を超えるオルタナティブ社会の探究は、経済思想の根本問題の一つである。しかしそのオルタナティブは、どのように描くことができるのか。

以下ではまず、資本主義システムに対する最近の批判が、オルタナティブのない諦観を示していることを指摘したい。その上で、それでもなお有望な、二つのオルタナティブがあることを検討する。第三に、最近の電脳技術の発達が、資本の支配力を弱める可能性があることを指摘し、最後に「脱資本主義の精神」とは何であるかについて、総合的に検討したい。

7－1　オルタナティブなき批判

危機を説く言説

私たちの資本主義社会に代わるオルタナティブな社会を、総合的に描くことは難しい。最近の資本主義批判において基調をなしているのは、資本主義の社会は危機を迎えているものの、代替案はない、という諦観である。例えば、水野和夫は一連の著作において、現代の資本主義がすでに停滞期に入っており、資本が利潤を生まない点では、資本主義はすでに終焉を迎えたと論じている。[1] 水野によれば、近代の資本主義は、石油危機とベトナム戦争を経験した一九七〇年代の半ばに、すでにピークを迎えていた。当時は資本の利潤率が最高水準となっていた。しかしその後、利潤率は一貫して下がっている。

ホーマーとシラの『金利の歴史』[2] によると、紀元前三〇〇〇年以降の人類の歴史のなかで、利子率には、二回ほど革命的といえる超低金利の時代があった。その一つは一六世紀であり、当時は中世から近世への転換が生じた。もう一つは二〇世紀から現代にかけてであり、近代からポスト近代への移行が生じた。二〇世紀の後半に起きたことは、実物投資の利回りが、信用リスクなどを考慮した場合に、ゼロないしマイナスになる事態であった。二〇世紀後半の投資家たちはこうした超低金利の事態を受けて、低い利回りを補って余りあるほどのキャピタル・ゲインを得るために、金融市場に目をつけた。とりわけアメリカは、電子・金融空間を作って金融市場を発展させることで、富を捻出した。しかしこの新しい金融市場の開拓は、結果としてバブル経済を周期的に生み出すことになった。[3]

むろん、アメリカの電子・金融空間が生み出すバブルは、日本が一九八〇年代から九〇年代にかけて経験した土地バブルよりも、少ない資産価額で多額の借り入れを可能にする点では、効率的であったといえるかもしれない。米国はこの効率的な金融技術を駆使して、世界の金融市場を組織化していった。二〇世紀後半から二一世紀初頭にかけて生じたことは、資本主義のグローバルな金融化である。もはや実物投資は儲からず、グローバルな金融市場を通じて富を築くほうが得策となった。しかし水野によれば、このグローバルな金融資本の帝国を解体しなければ、日本社会は今後、政治的・社会的に安定しないであろう。金融市場を中核とするグローバル資本主義は、きわめて不安定なシステムだからである。ただし、このグローバル資本主義の帝国が解体しようとしまいと、日本経済はゼロ成長が続くにちがいない。世界経済の中心はしだいに、EU、ロシア、中国、あるいはインドへ移っていく。実物投資は今後、これらの国々で興隆するであろう。その一方で、今後はエネルギー価格の高騰が予想されるため、二一世紀の実物投資は、地球全体に豊かさをもたらすことはないだろう、と水野は予測する。[4]

二一世紀のグローバル資本主義は、地球環境問題や資源上の臨界点に直面している。私たちは、このグローバルな資本主義を解体しようとしまいと、日本経済の停滞を避けられない。これは環境や資源上の制約であるとともに、歴史の趨勢であるから仕方ない。そのような諦観が、水野の議論には示されているようにみえる。

これに対して、ヴォルフガング・シュトレークは、いっそう深刻な分析を展開している。シュトレークによれば、「二〇世紀末の三〇年間は、グローバルな資本主義が鎖を解かれて「狂奔」した時代」[5]であった。この時期に資本主義が活性化したのは、一般には、新自由主義的な規制緩和政策のおかげであるとみなされているが、そうではない。むしろ国家が中心となって、資本主義のシステムを維持するために「金で時間を買う」ような諸政策を実施したためだという。

第一に、政府は貨幣量のインフレーションを通じて、銀行に信用を供与してきた。第二に、政府は債務の増大を通じて、公共セクターの経済領域を拡大してきた。第三に、政府は銀行を通じて家計部門に住宅ローン支援などの信用を与え、消費の拡大を支えてきた。このように、現代の資本主義システムは、貨幣量の人為的な操作や財政赤字の拡大や家計の赤字促進といった政策によって、かろうじて活性化してきた。もし政府がこれらの政策をやめれば、資本主義の経済は、停滞してしまうであろう。これらの政策は、資本主義経済を活性化することに貢献してきたとはいえ、しかし見方を変えれば、システム全体の危機を先送りしてきたにすぎない。貨幣のインフレーションは、やがて貨幣価値の下落をもたらすであろう。財政赤字と家計の赤字は、いつまでも続けることはできないであろう。

シュトレークによれば、現代の資本主義は、三つの危機に直面している。第一は銀行危機であり、これは、銀行があまりにも多くの信用を供与するために生じる「信用の不良債権化」のリスクである。第二は財政の危機であり、これは、金融機関を救済するための資本注入によって、かえって政府が破産してしまうというデフォルトのリスクである。第三は実体経済の危機であり、これは、高い失業率、経済活動の停滞、多額の借金を抱えた消費者の増大がもたらす市場経済の不安定化である。ところがやっかいなことに、こうしたリスクを回避するために政府が介入すると、今度は政府が破産するリスクを抱えてしまう。[6] 資本主義の危機は、政府によって阻止することができそうにない。シュトレークはこうした危機の先送りを、「金で時間を買うこと＝時間稼ぎ（buying time, gekaufte Zeit）」と呼んでいる。私たちの資本主義社会は、すでに危機を免れないのであるが、その危機を先送りしているのが現状であるという。

むろん私たちは、シュトレークのいう資本主義の危機を、それほど深刻には受けとめないかもしれない。確かに政府の財政は赤字であるが、私たちはそれほど心配していない。貨幣量の増大についても、それが穏やかなものであれば容認できると考えている。私たちの危機意識のなさは、すでに私たちの判断力が、国家の政策によって侵されているからであろうか。シュトレークの表現を用いれば、私たちはマネードーピングによって、成長ドラッグに酔い続けているからであろうか。

現代の資本主義システムは、危機的であるにもかかわらず、人々は危機意識をもたずに酔いつづけている。私たちはしかし、このような末期的な状況に陥る前に、資本主義とは別の経済システムを築くことができたかもしれない。例えばフランクフルト学派の人たちは、次のように考えた。人間の市場化（労働力商品）や、連帯を押しのける市場競争（疎外）は、ある程度まで生産力が向上すれば、時代遅れとなるだろう。人々は、ある程度まで欲求が満たされれば、資本主義の経済を民主化することを求めるだろう。実際、一九七〇年代には、労働者たちのストライキによって、労使対立が熾烈化した。労働者たちは、企業の経営に参加することを求めた。企業組織を民主化するように求めた。そしてそのような労働運動の先に、経済民主主義のシステムを展望した。経済民主主義とは、「政治的に保証された完全雇用、労働組合との交渉による一律的な賃金合意、職場における労働者の共同決定権、基幹産業に対する国の監督、民間企業の模範としての幅広い公共セクターでの安定雇用、競争から保護された普遍的な社会的市民権、所得政策や税制によって狭い範囲に限定された社会的格差、成長危機を回避するための国家による景気政策や産業政策など」[7]を備えたシステムである。このような理想の社会が目指された。

ところがこうした経済民主主義の方向に政策の舵を切ると、どうも経済活動が全般的に停滞してしまう。一九八〇年代になると、多くの先進諸国は、経済民主主義の理想を捨てて、市場原理主義や新自由主義と呼ばれる政策を取り入れた。例えば「解雇規制と職場確保権の撤廃、保護権に落差をつけた中核労働と縁辺労働への労働市場の分割、低賃金労働の認可と促進、高い構造的失業率の容認、公的セクターの民営化と公務員の削減、賃金合意における脱中央化と、可能であれば労働組合の排除など」の政策である。[8]これらの政策は、実際、資本主義の活性化に寄与した。しかし現時点で振り返ると、資本主義のシステムは結局のところ、長期的な停滞を免れていないようにみえる。資本主義のシステムは、市場原理主義や新自由主義の政策を取り入れても、経済の長期的な停滞を克服できない可能性がある。もしそうだとすれば、私たちは、市場原理主義や新自由主義に代わるどんな経済政策を求めるべきなのだろうか。

シュトレークによれば、現代の資本主義システムは、もはやどんな政策を行っても、危機を免れることができない。新自由主義的な諸政策を克服しようとすると、今度は政府の危機を招いてしまう。反対に、政府の危機を回避しようとすると、市場の危機を招いてしまう。

資本主義が終焉に向かうためには、資本主義にたいする革命的な対抗策は必要なく、よりよい社会のマスタープランもおそらく必要ない。現代の資本主義が崩壊しつつあるのはそれ自体によって、つまりその内的な矛盾によって崩壊しつつあるのであって、敵によって征服されたからではない。(…)資本主義の敵は、しばしば資本主義に新しい形態を引き受けるよう迫り、結果的に資本主義を資本主義自体から救い出してきた。現在進行中の最終的危機を経て資本主義に代わるのは、社会主義やその他の明確な社会秩序ではなく、長い空白期間であろう。そこにはウォーラーステイン流の新しい世界システムの均衡は存在せず、社会的混乱と無秩序が支配する時代となる[9](まさに不安と不確実性の時代である)。

私たちはつまり、現代の資本主義に代わる進歩的な未来図を描くことができない。私たちは、資本主義を衰退から守る方法を知らず、資本主義を乗り超えるビジョンも持っていない。長期的にはおそらく、なんのビジョンもないまま、これから歴史の長い空白期間が訪れるだろう、というのがシュトレークの時代診断である。

シュトレークの解釈にしたがえば、資本主義はこれまで、勤労倫理と欲望消費という二つの駆動因によって発展してきた。ところがこれら二つの駆動因はしだいに失われ、人々は勤勉ではなくなり、欲望消費も強いものではなくなってきた。そこで政府は、この資本主義社会を延命・活性化させるために、財政赤字、貨幣インフレーション、家計赤字の推奨といった政策を行ってきた。これらの政策は、勤労意欲と快楽消費という資本主義の二つの精神がしだいに枯渇するなかで、資本主義を延命させるための新たな政策であったといえる。

　こうした延命策という視点に照らして言えば、資本主義を脱するという「脱資本主義」の理念は、まずもって資本主義を延命させるための諸政策を拒む理念だと言えるだろう。脱資本主義は、その精神において、まず資本主義を駆動する精神である「勤労倫理」と「欲望消費」の両方を拒むものであるといえる。そしてまた、脱資本主義の精神は、資本主義のシステムを延命させるために政府が行う施策に反対する精神であるといえる。延命策に反対するこの精神は、第一に、政府の財政赤字削減を求める精神であり[10]、第二に、人為的なインフレ政策や脱デフレ（リフレ）政策による経済の活性化に反対する精神であり、第三に、借金を通じた経済の活性化に反対する精神（例えばローンを組まない意志など）であるだろう。

　このように特徴づけられる脱資本主義の精神は、しかし逆説的にも、市場の原理を正統なものとして受け入れる余地がある。脱資本主義の精神は、資本主義の延命策に反対する精神であり、政府介入を否定する市場原理主義のほうが、かえって資本主義システムを衰退させると考えるからである。「脱資本主義」の視点に立てば、資本主義のシステムを早く衰退させたほうが、都合がよいであろう。

　このように脱資本主義の精神は、資本主義をはやく滅亡させたいという関心から、イデオロギーとしては自壊的な市場原理主義の称揚に結びつく可能性がある。しかし脱資本主義の精神には、他にもさまざまな含意があるので、考察をつづけよう。その全体像については、本章の最後にまとめたい。

贈与論の失効

資本主義を批判するためのもう一つの視角は、贈与論である。これまでしばしば、贈与経済のシステムは、資本主義システムに代わる理想の一つとみなされてきた。贈与経済において、私たちは利潤動機に駆られて経済活動をするのではなく、利他的な贈与を通じて社会を形成する。そのような利他的な社会のシステムは、資本主義の対極にある理想と言えるだろう。しかし贈与経済のシステムは、残念ながら、資本主義のオルタナティブではありえない。例えば岩野卓司の『贈与論』は、サブタイトルに「資本主義を突き抜けるための哲学」とあるものの、著者によれば「現代の資本主義が経済のみならず政治・社会・文化などに張りめぐらしている網状のシステムは想像以上に複雑であり、そう簡単に打破できるものではない」という。「打破しようとしても、よほど周到に準備しないと簡単にからめとられてしまう。だから、やみくもに資本主義の交換様式に贈与交換や返礼なき贈与を対抗させて取って代わらせようとしても、いたずらに混乱を引き起こすだけだろう」と指摘している。[11]

私たちはこの複雑な資本主義社会を、すべて贈与の営みに転換することはできない。贈与は部分的に営まれるが、贈与もまた、資本主義の発展に貢献する。例えばゴールドマン・サックスのような資本主義を代表する投資会社であっても、社員たちは互いに「返礼なき贈与」をすることで、チームワークの仕事を円滑に進めている。資本主義のシステムは皮肉にも、「返礼なき贈与」をその潤滑油としている。[12]グレーバーは贈与の経済を「コミュニズム」と呼んでいるが、それは同時に、資本主義経済の中核をなしているともいえる。贈与は、それ自体としてみれば、資本主義を変革するための理念とは言えないだろう。

むろん贈与は、資本主義経済を円滑にするものばかりではない。資本主義を超える贈与もある。岩野はそれが、高価で大切なものを糞のような無価値なものへ変換する「スカトロジーの効果」をもつものだという。[13]例えば部族社会どうしのポトラッチにおいては、ある部族の首長が自分の奴隷を数人殺すと、これを見た他の首長は、今度は自分の奴隷をさらに多く殺すというかたちで、贈与＝殺戮が行われることがある。贈与とはこの場合、人間の破壊欲を部分的に体現している。たんに経済システムの観点から過剰な富を破壊して定常状態を取り戻すのではなく、そこには人間による、徹底的な破壊による無意味化への欲望を認めることができる。この「富を無に帰する贈与のスカトロジー効果」は、資本主義経済における富の蓄積を否定するものであろう。

では、こうしたスカトロジー効果をもつ贈与によって、資本主義に代わる新しいシステムを描くことができるのかといえば、難しい。それでも、この「無に帰する快楽」というものを積極的に解釈するなら、そこには「脱資本主義の精神」を認めることができるかもしれない。首長が自分の奴隷を殺す際の快楽は、富を無に帰する快楽である。現代であれば、例えば自分の大切な所有物を捨てるというミニマリズムの企てにも、このような快楽の一端を認めることができるだろう。ミニマリズムは、市場システムそれ自体を否定するわけではない。それでも富の蓄積を否定することに快楽を見出す実践の一つであるだろう。

7-2 代替システム

資本主義に代替するシステムを総合的に描くことは難しい。それでも、知恵を絞ったビジョンは存在する。一つは、現代のマルクス主義者、ハーヴェイの議論である。ハーヴェイのビジョンは、脱資本主義というよりも、古典的な計画経済の要素を多く含んだ共産主義の理念にふさわしいものである。もう一つは、ラトゥーシュの「脱成長」論である。ハーヴェイとは反対に、ラトゥーシュのビジョンは脱資本主義の要素を多く含んでいる。以下では二人のビジョンを検討しつつ、「脱資本主義の精神」の他の特徴を明らかにしたい。

共産主義のビジョン

ハーヴェイは『経済的理性の狂気』その他の著作で、マルクス主義の観点から現代資本主義の病理を分析している。ハーヴェイによれば、私たちは資本主義の社会のなかで、できるだけ理性的・合理的に行為しているけれども、そこに貨幣が介在するために、私たちの理性はその正反対の「狂気」に変容している。人間の「富」はさまざまでありうるが、しかし資本主義社会においては、私たちは貨幣の力こそが富の唯一の基準だとみなし、この思い込みによって、さまざまな点で判断を誤ることになる。貨幣は、価値あるものの代理表象にすぎない。しかし私たちは、貨幣の表象を、価値の実体だと思い込んでしまう。また、国家が貨幣を発行するようになると、ほとんどは支配者（政府）が貨幣の供給量を操作する可能性が生まれる。貨幣が金《きん》であればそのような可能性は生まれにくいが、金との兌換を保証されないドルや円などの通貨は、その発行権によって、政府が権力を維持するための手段となる。

むろん政府は、たんに権力を維持したいのではない。私たちの資本主義社会においては、政府は、国富を増大させる（剰余価値の生産を拡大する）ために、資本主義システムの要請に導かれて、貨幣を操作するように迫られる。政府は例えば、国債を発行して大規模な公共事業を企てたり、中央銀行を通じて量的緩和政策（リフレーション政策）をしたり、あるいは家計のローン（負債）を推奨したりする。こうした政策は、資本主義の発展のために必要なものだとみなされる。しかしハーヴェイは、これらの政策を「反価値」という言葉で批判的に捉えている。

反価値とは、価値の生産以外の場面で、貨幣的な利益を上げるものである。例えば、無駄な公共事業、貨幣供給量の増加による貨幣価値の操作、家計のローンの奨励による消費促進策は、反価値を生み出しているといえる。この他にも、企業が労働節約型の技術を導入して労働者を解雇したり、企業が価値のない消費財を消費者に購入するように仕向けたりすることも、反価値の生産といえるだろう。

ハーヴェイによれば、私たちの資本主義社会は、価値のないもの＝反価値をあくせくと生み出している。価値のないものの生産のために、人々を動員して、支配者の権力を維持している。しかし反価値を生み出す社会は、長続きしないであろう。すでに政府は、大規模な財政赤字を抱えているが、やがて持ちこたえることができなくなるであろう。ハーヴェイはシュトレークと同様に、資本主義のシステムが危機に陥っていると指摘する。しかしそれでも資本主義が延命してきたのは、一つには中国経済が発展を遂げたからであり、中国政府が多額の負債を負いつつも、大規模な建設事業を行ったからであるという。[14]

では政府の負債拡大による資本主義の延命策は、いつまで続くのか。正確には分からないが、一つだけ指摘できることがある。すなわち、資本主義は負債の拡大を通じて、私たちの未来をすでに差し押さえてしまったということである。ハーヴェイによれば、資本主義の社会は、私たちの生活を自由にしたのではなく、消費者や生産者や商人や土地所有者、あるいは金融業者自身にまで、債務懲役状態を強いている。[15] 言い換えれば、私たちの資本主義社会は、政府のせいで、借金で首が回らない状況に陥っている。

加えて私たちは、この資本主義社会のなかで、価値のないもの＝反価値を生産して消費するように強いられている。ハーヴェイによれば、現代の労働者階級のあいだでは、顕示的な消費が隆盛しているが、これは端的に「疎外」を表している。顕示的消費は、生産活動において疎外された労働者たちが、その疎外を代償的に埋め合わせるために生み出された生活のスタイルである。人はそもそも労働において疎外されていなければ、顕示的な消費をする必要がないであろう。顕示的消費は、疎外から生まれる偽りの欲求であって、決して人間的な要求を充足させるものではない。顕示的消費は、資本主義の発展に貢献するとしても、決して満たされることのない欲求を、際限なく満たしつづけるにすぎない。[16] ハーヴェイによれば、資本主義社会において人々は、労働における疎外を補完するために、誤った仕方で消費しているという。

その一方でハーヴェイは、資本主義の社会においても、疎外なき生活が可能であるという。私たちの世界には「異他なる空間《ヘテロトピック》」が点在しており、人々はそのような空間で、疎外のない生活を試みている。[17] ハーヴェイは指摘していないが、資本主義的な疎外から免れた消費生活があるとすれば、それは顕示的消費とは対極にあるミニマリズムの消費生活ではないだろうか。ハーヴェイ流の資本主義批判は、資本主義的な消費様式を批判して、脱資本主義的なミニマリズムを称揚する可能性がある。

しかしハーヴェイの資本主義批判とその対案は、このような脱資本主義のビジョンに収まるものではない。彼はもっと野心的に、資本主義を総体として克服するための共産主義のビジョンを描いている。ハーヴェイは『資本主義の終焉』で、一七項目の改革ビジョンを示している。[18] 提案の多くは、古典的なマルクス主義の考え方を継承するものである。例えばハーヴェイは、住宅や教育や食料の安全保障などは、市場を媒介しないで、政府が直接供給することがふさわしいとしている。また私的所有権は、これを可能なかぎり共同権のレジームに置き換えて、その管理と運営は人民会議や人民連合体に委ねるべきだとしている。労働者と資本家の対立を解消するためには、彼らが連合した生産者組織となって、他の連合体と協力しつつ、何をいつ生産するのかを決めるべきだとしている。ハーヴェイが描くオルタナティブのビジョンは、共産主義と言ってよいだろう。

むろん人々は、この共産主義の社会のなかで、必ずしも計画的に消費する必要はない。ハーヴェイにしたがえば、人々は必要な消費財（教育・医療・住宅・食料安全保障・生活必需品・運輸交通の利用）を、必要なときに自由に利用できるであろう。人々は欠乏から自由になる一方で、必要な財に自由にアクセスできるようになる。ただし、物質的な財については、各人の能力と必要に応じて支給されるべきで、不平等は廃絶されるべきであるとしている。物質的な財の供給は平等に、しかしアクセスは自由に、というのがハーヴェイのビジョンである。さらにハーヴェイは、古典的なマルクス主義者にふさわしく、技術革新を通じた新しい経済システムの可能性を展望している。

このハーヴェイのビジョンは、現時点において実現可能な共産主義の社会を、たくましく描くものである。確かにハーヴェイのビジョンにも、脱資本主義的な要素がある。例えば、経済はゼロ成長に収斂し、永続的な複利的成長への熱狂は駆逐されるだろうとか、日常生活は速度を落として、移動はのんびりしたものになるだろう、といった展望である。しかし彼のビジョンは、全体としてみれば、脱資本主義を超えて共産主義のユートピアへ向かっている。ハーヴェイの共産主義は、ある代替的なシステムに向けた革命を喚起する。そこにはシュトレークの諦観と異なり、資本主義的な生産様式を変革しようとする積極的な意志と精神を認めることができよう。

ではハーヴェイの共産主義は、どこまで魅力的であろうか。このビジョンは確かに、個々の点ではクリエイティブな提案を含んでいる。例えば、高齢者向け住宅のコモンズ化や、食料に兌換できるベーシック・インカム（基本所得）などの政策である。これらがもしうまくいけば、それは新たな共産社会の創造に向けての意義深い変革であるにちがいない。しかしこうした変革は、どれくらい実効的なのか。冷静に考えると、私たちの凡庸な知性で実践すれば、失敗する可能性が高いようにみえる。ハーヴェイの共産主義は、ビジョンとして魅力的であるが、しかしそれを実行に移す側の人間の能力に、私たちはなかなか信頼を置くことができないのかもしれない。

脱成長という成長

資本主義に代替するビジョンを描く思想家として、注目すべきもう一人の人物は、独自の「脱成長論」を展開するセルジュ・ラトゥーシュである。ラトューシュによれば、地球温暖化問題に直面した各国政府は、環境問題と経済問題を両立させるために、しばしば「持続可能な成長」を目標に掲げるけれども、かりにこの政策目標をすべて達成したとしても、地球環境の悪化は避けられないという。例えば、エコロジカル・フットプリントの基準[19]に基づいて、地球の生態系が耐えられるところまで二酸化炭素の排出量を削減したとしよう。しかしそれでも、今世紀の末までには気温が二度上昇すると予測されている。[20]

ラトゥーシュの思想的貢献は、「持続可能な成長」という理念の欺瞞を批判したところにあるだろう。持続可能な成長の理念は、ある人にとっては自然を保護する希望となっているが、しかし他の人にとっては、現在の経済開発体制の維持を意味しているにすぎない。この言葉は、互いに対立する陣営の人たちが、合意しえないことにあたかも合意したかのような目標《アジェンダ》になっている。すでに一九八九年の段階で、この言葉には三七の異なる意味があった。[21] 多様な意味をもつこの言葉を使って、私たちが何か合意に達したとしても、その内容はあいまいであり、結局のところ、開発イデオロギーによって大衆が操作される可能性がある、というのがラトューシュの批判である。

「持続可能な成長」という理念は、あまりにも多様な意味をもつために、危機に瀕している。私たちは別の社会発展の目標を掲げる必要がある。ラトゥーシュはその目標を「脱成長（décroissance）」という言葉で表している。

（…）〈脱成長《デクロワサンス》〉を試みることは、経済想念、つまり「より多いことがより良いことだ」という信仰を放棄することを意味する。豊かさと幸福は支出を縮小することで達成可能である。物質的消費において、質素で、節度ある、ある意味簡素な生活を、端的に言えば、一部の人がガンジーやトルストイの「シンプル・リヴィング」というスローガンの下で奨励するものを実践することで、平和で落ち着いた心を保ちながら、健全で安全な世界の内側で共に生きる歓び《コンヴィヴィアル》を分かち合う社会関係を成熟させながら本当の豊かさを再発見することが可能である。[22]

ラトューシュはこのような関心から、「穏やかな〈脱成長《デクロワサンス》〉の好循環」のために、以下の八つの再生プログラムを提案している。[23]

①再評価する：エゴイズムよりも愛他主義、競争よりも協力、労働への執着よりも余暇の快楽と遊びのエートス、際限のない消費よりも社会生活、グローバルなものよりもローカルなもの、他律性よりも自律性、生産主義的な効率性よりもすばらしい手作りの作品、科学合理性よりも思慮深さ、物質的なものよりも人間関係、を重視すること。

②概念を再構築する：依存的な欲求を人工的に作り出すことで生じる「稀少性」の観念などからの解放。

③社会構造を組み立て直す：エコロジカル・フットプリント指標に基づく浪費の削減、公害の輸送コストへの編入、労働時間短縮による雇用創出（失業がある場合）など。

④再分配を行う：階級間、世代間、諸個人間、北側南側の間、における富と自然資産へのア

クセスの分配。

⑤再ローカリゼーションを行う：地域内で集められた預金の融資を受ける地元企業を通じて、住民のニーズを満たす生産物を域内で生産すること。

⑥削減する：生産様式、消費様式、ツーリズムが生物圏に与える影響を縮小すること。

⑦再利用する：リサイクル全般。

⑧リサイクルを行う：リサイクル全般。

これらの目標を一言で言えば、「脱資本主義」の企てであるだろう。社会主義的な計画経済によって資本主義を乗り超えるのではなく、あくまでも市場経済をベースとしながら、そこに巨大な資本が支配しない仕組みを作っていくものだからである。そこには、倫理的提案と政策的提案がそれぞれある。倫理的な次元では、愛他主義、協力、余暇の快楽と遊び、社会生活、ローカル志向、自律性、手作り志向、思慮深さ、反物質主義、稀少性の観念からの解放、などの実践が推奨されている。これらは、資本主義のメカニズムにできるだけ依存せず、あるいはこのシステムから逃れて幸せになるための、脱資本主義の精神を表しているだろう。[24] これに対して、政府の政策の次元では、多様な次元での再分配や、地元企業への融資システム、あるいは環境政策のための指針が示されている。こうした政策を求める人たちの心性にも、脱資本主義の精神を認めることができよう。例えば環境政策は、それによって資本主義のシステムを延命させる（持続可能な経済発展を遂げる）こともできるが、ラトゥーシュにおいては、私たちが資本主義システムから脱するための実践理念が語られている。

7-3 電脳《コンピュータ》技術の可能性

これまで資本主義の代替ビジョンについて検討してきたが、最近の資本主義論のなかには、資本主義のシステムを危機とみるのではなく、また資本主義のオルタナティブを出すわけでもなく、私たちの資本主義社会がしだいに「資本の支配」から解放されていく可能性について語る議論がある。とりわけ電脳技術の発展は、資本主義を「資本の支配なき市場経済システム」へ進化させる契機を秘めているのではないか、と論じられる。この種の議論は、脱資本主義の精神と呼応している。最近の議論をいくつか検討してみたい。

人工知能が示すオルタナティブ

ポール・メイソンは、電脳技術によって高度化した資本主義を「ポスト資本主義」と呼び、新しい可能性を描いている。ポスト資本主義という言葉には、二つのニュアンスがある。一つは、政府介入によって市場を制御するという共産主義の考え方である。もう一つは、市場の機能を進化させることで、資本が支配しない市場システムを築くという考え方である。彼のビジョンの中核にあるのは、以下の四つのプロジェクトである。[25]

1　二〇五〇年までに、世界の気温上昇を産業革命以前から二度までに抑えるために炭素排出量を早急に削減し、エネルギー危機を回避し、気候事象による災害を軽減させる。

2　高齢化する人口、気候変動、過剰債務が、新たな景気の過熱と崩壊と、世界経済の破壊を同時に引き起こすことがないよう、金融システムを国有化し、今から二〇五〇年までに安定化させる。

3　健康障害や福祉依存、性的搾取、不十分な教育などの大きな社会問題の解決に向けて、すぐれた情報技術を導入することで、多数の人々に高い水準の物質的繁栄と幸福をもたらす（具体的には、公共部門の新自由主義的な民営化・アウトソーシングをやめて国営とする。しかし国家はウィキペディアのスタッフのように有機的な連関のなかで働き、新しい事業を促進することができるとされる）。

4　自動化経済に向けた迅速な移行を進めるために、必要労働の削減につながるテクノロジーを連動させる。最終的に、仕事は自由意思となり、基本的物資や公共サービスは無料で利用できるようになる。経済的な管理は資本と労働ではなく、主にエネルギーと資源が論点となる。（具体策としてベーシックインカムを導入する）。

以上のビジョンのなかで興味深いのは、最後の二つである。一つは、金融部門を含めてさまざまな部門を国有化する一方で、国家業務に携わる人たちは、ウィキペディアのスタッフのように働く、というものである。ただしこの国家の理想については、あまり明確に語られていないので、これをどのように受けとめるかは難しい問題である。もう一つは、ベーシックインカムを導入する一方で、必要労働の削減につながるテクノロジーを発達させて、仕事はすべて自由意思で行うことができるようにする、というものである。ベーシックインカムの導入については、これまでさまざまな論客によって語られてきた。メイソンはさらに加えて、必要労働の量そのものを削減するために、人工知能を駆使して成果を上げることができると指摘している。彼はこの理想のために、「資本主義を超える長期的移行をシミュレートするための国際研究所や国際ネットワークを設立すること」を目標に掲げている。[26] これは興味深い提案である。

例えば、もしナイキのスニーカーの価格を現在の一九〇ドルから生産価格（おそらく二〇ドル未満）まで下げるとすると、どんなことが起きるだろうか。私たちはこのような問いを、人工知能を搭載したスパコンに質問することができる。人工知能は、さまざまなシミュレーション結果を示してくれるだろう。はたしてナイキのスニーカーの価格を現在の水準に維持することは、良いことなのか悪いことなのか。最終的には私たちが民主的に判断することになるが、「もし…ならば、こうなるだろう」という予測は、人工知能の発達によって、かなりの精度で計算可能になると期待できる。人工知能がオープンソースとなり、誰もが自分の疑問を無料で問うことができるようになれば、私たちは多様なオルタナティブとその帰結を可視化できるだろう。私たちはそのようなオルタナティブのなかから、最善のものを実行することで、資本の支配力に左右されない民主的な社会を築くことができるかもしれない。

このように人工知能を用いれば、私たちは巨大資本に支配されないための、最善の政策を得ることができるかもしれない。この希望は、資本主義の脱資本主義化（資本の支配からの脱却）を展望するものであろう。

データリッチ市場

以上のような、人工知能に期待を寄せるメイソンの議論は、技術進歩の可能性について、やや楽観的にすぎるかもしれない。これに対してマイヤー゠ショーンベルガーとランジは、ネット上に広がる豊富な商品データが、すでに資本の支配力を削ぐ方向に作用している、と指摘する。[27]

市場経済は、もしそこに資本が支配していなければ、すぐれたシステムであるといえる。人々は資本の力に操られることなく、自分の意思と選好に従って、自由に交換し、自由に生活することができるからである。マイヤー゠ショーンベルガーとランジが関心を寄せるのは、市場経済システムが、資本の支配力をもたらさないための条件である。彼らによれば、もし人々が商品に関するさまざまな情報を容易に得ることができるなら、市場経済は簡単には壊れない強靭さをもつと同時に、資本に支配されない力をもつという。

従来の市場経済は、商品に関するさまざまな情報が容易に入手できない状況で営まれてきた。

充実した情報を流したり入手したりするためには、相応のコストがかかった。従来の市場は次善の策として、さまざまな情報を「価格情報」に圧縮して流してきた。価格情報は、少ないコストで有益な情報を伝達する。しかし価格情報は、さまざまな情報を圧縮したものなので、この情報だけでは、人々は最適な取引を実現することができない。実際には、商品を売る側も買う側も、市場に出回っている関連情報を、すべて把握しているわけではない。関連するすべての情報を把握するには膨大なコストがかかるので、私たちはこれまで、価格情報を頼りに取引することが慣行となってきた。

ところが電脳技術の発達とともに、私たちは商品に関するさまざまな情報を、低コストですばやく得ることができるようになった。近い将来、供給者と需要者のマッチングのアルゴリズムが発達すれば、私たちは最良の取引相手を探すことが容易になるだろう。例えば欧州には、車の相乗りをマッチングするための「ブラブラカー（Bla Bla Car）」というアプリがある。このアプリを利用する人は、自身の詳しいデータを提供する必要がある一方、利用者は自分の好みに合ったドライバーを見つけることができる。ブラブラカーでは、ドライバーが設定する価格は一定の範囲内に制限されているので、価格の情報はあまり重視されない。むしろ「話好きのドライバー」といった情報がランキング形式で表示されるため、利用者はそのような価格以外の情報を、取引の判断材料にするという。このようなマッチングの技術は、他の市場にも応用可能であろう。

マイヤー＝ショーンベルガーとランジは、豊富なデータを原動力に動く市場を「データリッチ市場」と呼んでいる。データリッチ市場においては、さまざまな情報が溢れているため、価格の情報は、それほど重要ではない。情報の伝達手段としてみた場合、商品の貨幣価格は、それほど役立たない。このように貨幣価格が重視されない市場においては、資本の役割は低下するだろう。資本は、貨幣と同様に、情報を伝達する機能をもっている。ある著名な投資家がある企業に投資すれば、そこから発生する情報は、資本の流入それ自体よりもしばしば価値がある。しかし豊富なデータを低コストで利用できるデータリッチ市場においては、資本がもつ情報の機能は、資本の価値と分離されるだろう。資本は価値をもつとはいえ、しかしその情報機能は低下するであろう。[28] 加えて近年、資本市場においては、資本供給の超過傾向が続いている。私たちの資本主義社会には、すでに資本が豊富にあり、外部からの資本を必要としている企業は減ってきた。こうした状況を踏まえて、マイヤー゠ショーンベルガーとランジは、現代の資本主義が、もはや貨幣や金融資本の情報によって駆動されるのではなく、豊かなデータによって駆動されるとみる。市場経済はしだいに、貨幣中心の市場から、豊かなデータを用いる市場へとシフトしてきた。それに伴って、たとえ経済が繁栄しても、金融資本は繁栄できないであろう、資本の支配力は弱まるであろう、と彼らは論じている。

　マイヤー゠ショーンベルガーとランジのこうした洞察が正しいとすれば、私たちの市場経済は、貨幣や資本への依存から脱却した脱資本主義へと向かっていることになる。豊富なデータを用いて現実の市場経済を把握するならば、私たちは貨幣や資本に頼らずに、取引を調整する能力を向上させることができる。[29] データリッチ市場は、資本の支配力を削ぐという意味で、脱資本主義的な市場経済をもたらすであろう。もし私たちが、できるだけ豊富にデータを集めて個々の商品を判断するならば、その営みは資本の支配力を削ぎ、脱資本主義の経済をもたらすことになる。この場合、できるだけ商品を吟味して購入するという消費者の営みは、それ自体として、脱資本主義の企てであり、その精神を示しているといえるかもしれない。

無形資産

この他、電脳技術と直接的・間接的に関係する議論として、「無形資産」論がある。例えば、特許、著作権、人的資産、企業文化、経営管理プロセスなどは、必ずしも企業のバランスシートには現れず、また現れたとしても、投資とみなされないことが多い。にもかかわらず、現代の資本主義においては、無形資産は多くの富を生み出している。現代の資本主義はいまや、会計上は投資とみなされない資本、すなわち無形資産によって駆動されている、という見方がある。

例えば二〇〇六年の段階で、世界で最も時価総額が高かった企業は、マイクロソフト社であった。その当時のマイクロソフト社の市場価値は二五〇〇億ドルであり、総資産は七〇〇億ドルであった。この市場価値は同社の総資産をはるかに上回っていた。さらに驚くべきは、総資産のうち六〇〇億ドルは、現預金や金融資産であり、工場や設備といった伝統的な資産は、三〇億ドル（資産全体の四%）にすぎなかった。従来、資本とは、工場や設備などの生産財を意味していた。

しかしこのような意味で「資本」というものを理解するなら、マイクロソフト社は、ほとんど資本をもたずに市場の覇者になった、と言うことができる。ハスケルとウェストレイクはこのような状況を捉えて、「資本なき資本主義」と呼んでいる。[30]

従来型の資本を用いない資本主義は、これを脱資本主義と言い換えることができるかもしれない。しかし実際、無形資産が富を生む社会は、資本主義が高度化した形態であると解釈したほうがよいだろう。例えば、データベース開発の費用、デザイン費、研修費、市場調査費、ブランディングの費用、あるいは経営プロセスを分析して最適するＢＰＲ（ビジネスプロセス・リエンジニアリング）などは、現行のバランスシートでは投資とみなされないことが多いとしても、バランスシートのルールを変更すれば、投資とみなされうる。私たちは、現在の無形資産を、投資として計上する余地があるだろう。これは会計上の解釈の問題になるが、資本主義の無形資産化をもって脱資本主義的な傾向を語ることには、慎重でなければならない。何を資本とみなし、何を資本投資とみなすべきかについては、さまざまな解釈が成り立つだけでなく、会計システムには変更の余地があるからである。

加えて言えば、無形資産に対する非公式の投資を拡大している企業が成長しているとはいえ、全体としてみれば、無形資産への投資は、それほど伸びているわけではない。こうした状況から判断すると、個々の企業が無形資産への投資を増やしても、資本主義が全体として低成長を脱却できる可能性は少ないように思われる。

以上、本節では電脳技術が拓く「脱資本主義」の可能性について検討してきた。楽観的にみれば、私たちの資本主義社会は、電脳技術の発展とともに、資本が支配しない純粋な市場システムへと発展する可能性がある。その一方で、何を資本とみなすべきかという問題は、解釈に開かれている。解釈の仕方に応じて、脱資本主義の意味も変わってくるであろう。

7-4　精神の拠点

これまでの立論で、私たちは、資本主義のオルタナティブを提起する諸説を検討し、資本主義の駆動因たる勤労倫理や快楽消費、あるいは諸々の資本主義の延命策との対比によって、脱資本主義とその精神の特徴を捉えてきた。最後に本節では、脱資本主義の特徴を「資本主義の精神」との対比で捉えたい。

かつてマックス・ウェーバーは『プロテスタンティズムの倫理と資本主義の精神』で、私たちの社会はすでに資本主義の精神を失っており、現代人は精神的に「無」であるにすぎない、と論じたことがある。[31] 私たちは資本主義の社会を生きているとはいえ、すでにその精神を失っている。では精神的に「無」である現代人は、いかにして新たな精神を獲得することができるのか。ウェーバーは同書のなかで、このような問題を投げかけた。私たちは、ウェーバーのこの問いに、どのように答えることができるだろうか。私たちは資本主義社会のなかで、いかにして精神的なものを取り戻すことができるのだろうか。

一つの方向性は、資本主義の精神を復活させて、再び資本主義を発展させるという復古主義の理念を掲げることである。もう一つの方向性は、現代の資本主義社会を発展させるための、資本主義の「新たな精神」を探り当てることである。あるいは第三の方向性は、脱資本主義の精神によって、この資本主義社会を変革する可能性である。この他にもさまざまな精神を構想できるであろうが、ここではウェーバーの問いに対して、資本主義の精神と脱資本主義の精神を対比しつつ、これらの精神の特徴を検討したい。まず、以上に論じてきた脱資本主義の特徴から、その背後にある精神を特定する。その後に、脱資本主義の精神を資本主義の精神と対比したい。

脱資本主義の精神

多くの論者たちは、現代の資本主義が危機であると指摘する。もし本当に現代の資本主義が危機であるとすれば、私たちはできるだけ、このシステムに依存しない生活を送ったほうがよいのではないか。資本主義のシステムが崩壊しても、被害を最小限にとどめるような生活を送ったほうが、来るべき未来に適応できるからである。現代の資本主義が危機であるならば、脱資本主義の企ては、進化論の観点からみて適合的であるだろう。

しかしここで素朴に考えてみると、私たちは、現代の資本主義社会を批判するときに、自給自足の狩猟生活や農耕生活に戻りたいのだろうか。多くの人はそのように考えないであろう。私たちが資本主義の社会を批判して、脱資本主義のビジョンを語るとき、そこで展望するのは、資本の支配力や資本主義の支配的な価値観に依存しない生活である。それは自給自足の生活ではなく、やはり何らかの市場システムを前提としたものではないだろうか。もちろん市場取引以外の人間関係も大切であるが、もし私たちが自給自足の生活に戻りたくないとすれば、私たちは市場を通じてつながりながらも、そこに資本の支配力が生まれないシステムを展望することになるのではないか。資本が支配しない市場経済のつながりを通じて、幸せの新しいかたちを築いていく方向性を、展望することになるのではないか。脱資本主義の理想は、社会の基本構造としては、資本の支配力から解放された市場経済のシステムを前提としているのではないか。そしてそのなかに、さまざまなコモンズや中間集団の理想を描くのではないだろうか。

もしそうだとすれば、脱資本主義の企てに必要な精神とは、どのようなものだろうか。ここで検討すべきは、そもそも資本の支配力というものが、何によって生み出されるのかである。それは一般に、資本家たちの策略から生まれるとみなされるが、しかしより根本的な次元では、資本の支配力は、私たちが自分自身の生（生き方）を疎外して、賃金を得るために働くことから生じていると言える。あるいは資本の支配力は、私たちが自分自身の生（生き方）を疎外して、大企業によって生産される商品を欲望し、それを消費することから生じていると言える。私たちが貨幣賃金を求めて勤勉に働き、そして貨幣を通じて欲望を満たそうとする日々の営みが、資本の支配力を生み出している。そうであるとすれば、脱資本主義を企てる精神にとって必要なのは、まずもって、賃金のために勤勉に働き、貨幣で買える商品を欲望するという私たちの生活スタイルを拒むことであるだろう。本章第一節で指摘したように、「脱資本主義の精神」とは、その中心において、貨幣的な次元での勤労倫理と快楽消費を拒む精神でなければならない。

第二に、脱資本主義の精神は、派生的には、シュトレークのいう「資本主義の延命策」に反対するものでなければならない。ここで延命策とは、財政赤字の拡大や、貨幣量を増大させるインフレ（脱デフレ）政策、あるいは家計のローンを推進する政策などである。このような政策はすべて、資本主義のシステムを延命することに役立っているが、同時に政府が崩壊するリスクを高めている。こうした資本主義の延命策は、資本の支配力が延命するための策でもある。脱資本主義の精神は、これらを支持しないであろう。脱資本主義の精神は、資本主義を延命させるべきではないと考えるであろう。

第三に、脱資本主義の精神は、高価で大切なものを無価値なものへ変換するという、前述した「贈与のスカトロジー効果」と親和的であるかもしれない。例えばミニマリストたちは、自分の大切な所有物を、次から次へと捨てていく。その徹底した試みは、すべてを無化するという、スカトロジー的な快楽を伴っているかもしれない。ミニマリストたちは、モノを誰かに贈与するのではなく、たんに捨てるだけではあるが、そこには似た快楽がともなう。モノを無化することから生じるスカトロジー的快楽は、欲望消費とは異なる快楽である。それは同時に、資本主義を無化する快楽であると言えるかもしれない。

第四に、脱資本主義の精神は、本章第二節で示したように、ラトゥーシュの脱成長論と親和的である。脱資本主義の精神は、倫理的な次元においては、愛他主義、協力、余暇の快楽と遊び、社会生活、ローカル志向、自律性、手作り志向、思慮深さ、反物質主義、稀少性の観念からの解放、価値の制作、土着的価値の発見、などと結びつく。こうした倫理は、資本の支配力を削ぐことに資するであろう。また政策の次元では、脱資本主義の精神は、多様な局面での再分配や、地元企業への融資システム、あるいは、環境政策のための指針を求める心性と親和的であるだろう。そのような政策を求める心性は、資本の支配力を削ぐと考えられるからである。もっともこれらの政策は、資本主義を延命するために資するかもしれないので、脱資本主義の立場であれば慎重に検討するであろう。

第五に、脱資本主義の精神は、電脳技術を用いて資本主義を変容させることに関心を示すかもしれない。この精神は例えば、人工知能を用いたシミュレーションによって、巨大資本に取り込まれない代替的な制度をデザインすることに関心を示すかもしれない。あるいは、価格情報をそれほど重視せずに、他の豊富な商品情報を入手して商品を選択することに関心を寄せるかもしれない。こうした関心は、市場社会から、資本の支配力を削ぐことに貢献するであろう。

以上をまとめると、脱資本主義の精神は、その中核において、勤労倫理と快楽消費の二つを拒否する精神であり、またその派生形態において、資本主義の延命策や資本の支配力を削ぐための、さまざまな方法に関心を示す精神であるだろう。むろんこうした脱資本主義の精神が「精神《スピリット》」と呼べるためには、そこにはなにか、倫理的な矜持がなければならない。資本主義の延命策を拒否するとか、資本の支配力を削ぐといったたんなる否定を超えて、人々の精神を養うような要素がなければならない。それはしかし、いったいどのようなものか。最後にこの問題を、「資本主義の精神」との比較でとらえたい。

「資本主義の精神」との比較

資本主義の精神という言葉は、ウェーバーと同時代に活躍したW・ゾンバルトが最初に用いたとされる。[32] ゾンバルトによれば、近代の資本主義社会は、「ファウスト的な精神」から成長してきたという。ファウスト的な精神とは、自分の魂（精神）を悪魔《デーモン》に売って、それと引き換えに、自分のなかの悪魔的な野心を実現しようする魂である。ドイツにおける伝説的な人物として知られるファウストは、学者として成功する一方で、自分の人生には満足しなかった。そこでファウストは、悪魔に自分の魂を売って、その代わりに無限の知識と幸福を得るという契約をした。資本主義の社会とは、人々がこのようなファウスト的な契約を真似て、自らの魂を悪魔に売って経済利益を無際限に追求するように駆り立てられた社会であるといえる。私たちはゾンバルトとともに、近代の資本主義が、このような悪魔的な契約によって駆動されてきたとみることができる。

ここで悪魔とは、悪しき魂、悪しき精神である。資本主義の精神は、悪魔的な精神である、というのがゾンバルトの理解である。むろん正確に言えば、ゾンバルトは「資本主義の精神」を二つの面から捉えた。一つはこの悪魔的な精神（企業家精神）である。もう一つは、経済の営みを全般的に合理化していくという市民的な精神である。この二つの精神の組み合わせによって、資本主義の発展が生まれると考えた。

このゾンバルトのいう「資本主義の精神」と比較すると、「脱」資本主義の精神は、まずもって、悪魔に自分の魂を売るという契約を拒否するであろう。自分の魂を売ってまで、経済的な利益を追求するような生き方には、反対するであろう。脱資本主義の精神は、経済的な利益を追求する前に、自分は、本当は何をしたいのか、本当は何が欲しいのか、と自問するであろう。

むろんウェーバーのみるところ、ゾンバルトのいう「資本主義の精神」は、そもそも理解が間違っている。ウェーバーによれば、近代の資本主義は、金儲けのための貪欲な精神から生まれたわけではない。人間の貪欲さや金儲けの精神は、いつの時代にも存在したのであって、近代の資本主義に特有なものではない。近代の資本主義を特徴づけているのは、むしろゾンバルトのいう「市民精神」の一部の特徴であるという。それはすなわち、営利の追求、資本の増殖、身分から解放された職業倫理、救済への関心（欲望充足への無関心）、などの特徴をもった精神である。ウェーバーはこのように、資本主義の精神というものを、経済の営みを徹底して禁欲的に合理化する精神であると捉えた。

ウェーバーがそこで注目したのは、経済の営みを徹底的に合理化する際に、人々の魂に非合理的な要素が入り込むことであった。資本主義の精神を担う人たちは、自分の人生の効用を最大化しようとしているのかといえば、そうではない。資本主義の精神の担い手たちは、貨幣的な利益を徹底的に最大化しようとする。これはしかし、非合理的である。私たちはおよそ人生において貨幣的な利益を最大化しようとすれば、消費する時間を惜しんで働かなければならない。貨幣獲得が人生の究極目的であれば、休みなく働いて、得た所得を消費せずに死んでいくことが理想的となる。合理的な経済人の観点からすれば、これは非合理的な生き方であろう。消費を通じて得られるはずの人生の効用を、原理的に拒否しているからである。

けれども資本主義の精神の担い手たちは、休みなく働く人生こそがすばらしいと考えた。もっぱら働いて死んでいく人生は、追求するに値すると考えた。そのような人生は、自分の仕事に持続的な情念を傾けることで、人生を成功させるであろう。その生き方は、快楽主義や幸福主義とは異質であるが、一つの倫理的な生き方であるだろう。

では資本主義の精神を担う人たちは、なぜ働いてばかりで消費しないのか。そのように問われれば、資本主義の精神の担い手たちはおそらく、「このように絶え間なく働くことは、すでに日常生活に不可欠の要素になってしまったのです」と答えるであろう。働いて所得を得ることは、ある目的のための手段ではない。働くことは、自分の人生において、あたかも倫理的な義務のように感じられる。自分はその義務を内面化してしまったので、もうこれ以外の生き方を「よい人生」とみなすことはできない、というのが率直な答えであろう。

現代の資本主義を生きる私たちは、しかし、もはやこうした資本主義の精神を失ってしまった。私たち現代人は、自分の快楽や幸福が最大になるように、適度に稼いで、適度に消費することが望ましいと思っている。現代の資本主義社会を生きるうえで、私たちはもはや、「資本主義の精神」をもつ必要はない。ウェーバーのいう資本主義の精神がなくても、私たちは現代の資本主義社会において、このシステムの発展を十分に担うことができる。

とすれば、私たちは次のように問題を立てなければならない。現代の資本主義システムから逃れようとする「脱資本主義の精神」は、この資本主義社会のなかですでに失われた「資本主義の精神」を、どのように評価するだろうか、と。というのも、ウェーバーのいう資本主義の精神は、それ自体としては、ミニマリズムの生活と親和的であるようにみえるからである。資本主義の精神の担い手たちは、もっぱら仕事に打ち込んで、消費には関心がない。すると資本主義の精神の担い手たちは、仕事以外の生活で、余計なモノを買わないであろう。モノを消費することに、ほとんど関心を寄せないであろう。実際、資本主義の精神の持ち主たちは、これまで消費については、禁欲的なミニマリストであったように思われる。

しかしこの資本主義の精神の持ち主たちは、ミニマリズムの生活に共鳴するとはいえ、結果として「資本の支配」を許してしまう点では、脱資本主義の考え方とは異なる。脱資本主義の精神は、たんにミニマリズムの生活をするだけでなく、自分が稼いだお金が「資本の支配力」をもたらさない方向に、言い換えれば「資本の支配力」を削ぐ方向に、社会を方向づけるような精神でなければならない。脱資本主義の精神は、たとえ勤勉に働く倫理と両立するとしても、自分で稼いだお金を銀行に預けて、大企業の資本形成に役立てるというのではよろしくない。脱資本主義の精神は、勤勉に働いて得たお金が資本の支配をもたらさないように、それを慈善団体に寄付するとか、あるいは子や孫の世代の人たちの教育のために寄付するとか、何らかの考えがなければならないであろう。脱資本主義の精神は、それ自体としては勤労倫理を要求するわけではないが、もしミニマリズムの生活が勤労倫理と両立する場合には、脱資本主義の精神は、大企業の資本形成に貢献しない方向に、自分の所得の使い道を考えなければならない。

その場合、所得の使い道としてふさわしい考え方の一つは、弱者の救済である。慈善団体への寄付などである。もう一つの考え方は、子や孫の世代の人たちの人的資本形成のためにお金を投資して、資本が一部の富者に集中しないようにすることである。この後者の考え方は、人的資本に投資する点で、やはり資本主義の発展を導くかもしれない。しかし人的資本投資によって、各人がひとしく資本を形成するのであれば、それは「資本の支配力」を削ぐ方向に社会を変革するかもしれない。各人が自律分散的な仕方で人的資本を高めるならば、資本家に集中した支配力は弱まるであろう。このように考えると、脱資本主義の精神は、必ずしも資本や市場に反対しているわけではない、ということになる。脱資本主義の精神は、資本が一部の人間に集中することを批判する態度と親和的であるだろう。

以上の考察から、脱資本主義の精神は、ウェーバーのいう資本主義の精神に対して、両義的な態度をとるように思われる。脱資本主義の精神も、資本主義の精神も、ミニマリズムの生活を理想とする点では、実践の次元で両立する。しかし「脱」資本主義の精神は、稼いだお金が資本家の支配力を高めないように、たんに銀行に預けるのではなく、弱者の救済のために活用するとか、子や孫世代の人々の人的資本形成のために活用するなど、何らかの考えを示すであろう。これに対して資本主義の精神は、自らの資本形成に資するような仕方で貯蓄をするであろう。

しかしでは、脱資本主義の精神における弱者救済や子・孫世代の人的資本形成という企てが、資本主義の精神に対して本当に敵対的なのかと言えば、そうではない。ここで私たちは、定義の問題に直面する。実はウェーバーは、「資本主義の精神」という言葉を明確に定義しなかった。ウェーバーのいう「資本主義の精神」は、解釈に開かれている。私なりにウェーバーの議論を再構成すると、そこには大きく分けて、狭義と広義の「資本主義の精神」がある。[33]

(a) 狭義の資本主義の精神：子や孫の幸せや自身の社会的繁栄・勢力を気にせず、もっぱら仕事における熟達と有能さの発揮を究極の価値としながら、勤労を倫理的義務と感じて、ひたすら貨幣獲得を求めるエートス（持続的情熱）

(b) 広義の資本主義の精神：子や孫の幸せや自身および社会の繁栄・勢力を気にしつつ、仕事における熟達と有能さの発揮を究極の価値としながら、勤労を倫理的義務と感じて、ひたすら貨幣獲得を求めるエートス（持続的情熱）

ここで「狭義の資本主義の精神」は、他人のことや社会のことは考えずに、もっぱら自分の仕事に集中するような精神である。これに対して「広義の資本主義の精神」は、他人のことや社会のことを考えて、自分が働く意味を見出す精神である。この場合、広義の資本主義の精神においては、そのなかから、資本の支配力や集中力を社会的に削ぐ方向に資本を形成する方向性が生まれるかもしれない。そのような方向性があるとすれば、それは脱資本主義の精神と親和的でありうるだろう。脱資本主義は、この場合、現代に要請される一つの意義深い精神である。それは資本が集中することを避けるべし、という倫理に結びつく。

むろん、以上の分析は、脱資本主義の精神が、勤労倫理をあわせもった場合の考察である。脱資本主義の精神には、勤労倫理を伴わないタイプもある。あまり働かずに、資本主義のシステムから一歩降りて、少ない収入でミニマリズムの生活を謳歌するスタイルもある。むしろそのようなタイプのほうが主流であるかもしれない。この場合、ミニマリズムと親和的な脱資本主義の精神は、すでに勤労倫理を否定する点で、資本主義の精神と両立しない。では勤労倫理を伴わない脱資本主義の精神とはどのようなものか。

社会を広く見渡したとき、私たちは、資本家の支配力が強くない社会、経済的な支配力が分散された社会のほうが、善い社会であるように感じることがある。あるいは経済的な支配力よりも、文化やスポーツの魅力で人々を支配する力のほうが、望ましいと思うことがある。すべてこうした考え方は、脱資本主義の精神に通じている。だがそうした感じ方が、たんなる感情ではなく精神と呼びうるためには、何が必要なのか。それはまずもって、自分は資本の支配力を高めるような生き方に反対するという矜持であろう。ただその場合でも、脱資本主義の精神は、それがたんなる個人の倫理を超えて社会の変革を導くためには、自己の所有物を不要にするだけでなく、資本の支配力を必要としない生き方を示さなければならない。本書は、そのようなビジョンを、現代のミニマリズムに即してさまざまに検討してきたが、脱資本主義の資源となる精神はさらに、「脱」という理念に多くの未知の要素を含んでいる。それがいやしくも人間の精神を養うとすれば、この未知の要素がさらに探究されなければならないであろう。

ミニマリズムは、ここで検討してきたさまざまな「脱資本主義」の企てと親和的である。モノを捨てるというミニマリズムの企ては、一方では禅的な生き方に通じ、他方では脱資本主義の精神に通じている。前章と本章では、その大まかな道筋を示してきた。ミニマリズムの実践が倫理的な色彩を帯びるとき、その実践は禅文化と脱資本主義の入り口をくぐって、それぞれの精神へと入り込んでいくであろう。けれども禅の精神は、それ自体が実践的に探究されるべき本性としてある。脱資本主義の精神は、それ自体が理念的にも実践的にも探求に開かれたものとしてある。ミニマリズムはそれぞれの入り口へと誘う実践を伴いながら、私たちの資本主義を批判する立脚点を提供している。

あとがき

消費ミニマリズム（あるいはミニマリズム）は、二〇一五年頃から話題となった社会現象である。日本だけでなく、世界的な関心を集めている。もちろん資本主義の長い歴史に比べれば、ミニマリズムはまだ、ほんのわずかな歴史を刻んだにすぎない。けれども、そこには新しい思想的可能性が含まれているのではないか。本書の探究は、そのような関心から始まった。これまで資本主義の批判者たちは、共産主義、市民主義、保守主義、環境主義、幸福論（ウェルビイング）などの視点から社会を批判してきた。また消費社会の批判者たちは、文化的能動性や成熟性などの観点から消費主義の低俗さを批判してきた。ミニマリズムには、こうした既存の思想と視点にはない魅力がある。それを多角的に捉えつつ、これを突き詰めていくなら「脱資本主義の精神」に通じる、というのが本書の主張である。

私はこれまで、既存のイデオロギーには還元されない現代人の新しい思想意識を、さまざまに分析してきた。「近代卓越主義」「ロスト近代」「新しいリベラル」といった言葉でその意識を表現してきた。消費ミニマリズムの倫理と脱資本主義の精神もまた、この新しい意識に連なるものである。これらの意識は、それぞれ独自の視角によって象《かたど》られている。拙著『自由原理　来るべき福祉国家の理念』（岩波書店）で展開した自由の新たな始原（アルケー）論を、具体的に補う意識の諸形態として位置づけられる。

なおこの書と並行して、ほぼ同時に刊行される予定の橋本努編『ロスト欲望社会　消費社会の倫理と文化はどこへ向かうのか』（勁草書房）がある。こちらは消費理論の最前線を紹介するほか、現代のプロシューマー（ハンドメイド作家）、消費者団体、産消提携運動、海洋プラスチック問題、無印良品が拓く消費スタイルなどを検討している。現代の消費社会を論じるための、新たな理論枠組みを示してもいる。いわば本書の姉妹編である。合わせてご参看いただけると幸いである。

最後に、本書の編集をお引き受けいただいた筑摩書房の石島裕之様に、心からお礼を申し上げたい。文章表現や内容の本質的な部分にいたるまで、本書の草稿を深く掘り下げて検討していただいた。また田村眞巳様には、本書の草稿を細部にわたって校閲していただいた。職業的な域を超える氏の超人的な調査力と教養の深さに、心から敬意を表したい。

二〇二一年五月　コロナ禍の死者増大に心を痛めつつ

橋本　努

注

［はじめに］

1　「彫刻作品が多いミニマルアートは、単独の幾何学的形状またはその繰り返しによって構成される傾向がある。作家の指示にしたがって、熟練した職人によって工業的に製造または建築されるミニマルアートは、それに先行する一九四〇年代および一九五〇年代の抽象表現主義の絵画彫刻とはきわめて対照的に、感情や直観的な意思決定の痕跡を排除している。ミニマルアートの作品は、その直写的な存在の背後にあるもの、あるいは物質的な世界の実在の裏側あるものを一切暗示することがない。素材は素材として表現され、色彩は（仮に使用されている場合は）何かに言及したものではない。多くの場合、壁の上、片隅、あるいは床の上に直接置かれているが、それはギャラリーを実際の場所として表現するインスタレーションアートであり、鑑照する者に対して、この空間を歩き回っていることを意識させるものである」［Meyer 2000= 2005, 2011: 15］。

2　荒川［2019: 15］

［第1章］

1　Yung In Chae and Johanna Hanink, "Socrates Wants You to Tidy Up, Too," New York Times (Online), Janunary 22, 2019.

2　「ときめき判断が禅？「世界の100人」に選ばれた〝こんまり〟」『アエラ』二〇一五年五月四・一一日合併増大号、所収

3　「世界をときめかせる日本発の片付け術」『朝日新聞』二〇一五年一〇月二三日、所収。またアメリカでは、「kondo」という言葉が「片づける」という動詞の意味で用いられ始めた、と朝日新聞の天声人語（「kondoという動詞」二〇一八年三月三〇日）は伝えている。例えば「I kondoed my room.」と言えば、「私は自分の部屋を片づけた」という意味になる。本当にこんな英語が用いられているのかと調べてみると、『ニューヨーク・タイムズ』には一つだけこの用法を用いた記事があった。

4 「「こんまり」全米が片づけた　番組ヒット、家庭訪ねて「これ、ときめく?」」『朝日新聞』二〇一九年一月一九日、所収
5 リアルサウンド（ネット記事）https://realsound.jp/movie/2019/01/post-308353_3.html（2019/01/25）
6 近藤［2011: 3, 244］
7 近藤［2012: 69］
8 Becker［2016= 2016: 21］. 本書はアメリカのバーモント州に暮らす牧師のブログから生まれた。二〇一二年以降、ブログには毎月一〇〇万人以上のアクセスがあるという。
9 佐々木［2015: 29-31］
10 佐々木［2015: 44］
11 佐々木［2015: 169］
12 佐々木［2018］
13 ミニマリストしぶ［2018: 10, 203］
14 『朝日新聞』二〇一六年六月一八日「週末ｂｅ」一〇頁（回答者数一九一〇人）、参照。
15 ネット上の別のアンケート調査では、「モノを持たない「ミニマリスト」な暮らし（シンプルライフ）について、どう思いますか?」という問いに対して、「共感する」と答えた人は六六%、「共感しない」と答えた人は三四%であった。http://eamag.jp/5923
世界諸国を対象にした別の調査では、なぜシンプルな生活がしたいのかという質問に対して、第一の理由は「環境への配慮」であり、次に「健康への配慮」、「自己充足」、「部屋をすっきりさせたい」と続く。Alexander and Ussher［2011］参照。
16 デジタル・カメラ市場規模の推移について、以下を参照。https://digibibo.com/blog-entry-3409.html
二〇一八年には、カシオが民生用デジタル・カメラ事業から撤退。オリンパスは二〇二〇年六月にデジタル・カメラを中心とする映像事業を売却すると発表した。他方で、音楽ソフトや有料音楽配信の売り上げは伸びていない。音楽の有料配信は、二〇〇九年に九一〇億円を売り上げたが、二〇一七年には五七三億円の売り上げに減少している。音楽ソフトの市場は、同期間に三一六五億円から二三二〇億円へと減少している。

17　マイボイスコムの「イマドキの生活必需品に関するアンケート調査（第3回）」によれば、二〇〇七年には七二・七％の人がパソコンを生活必需品であると答えたのに対して、二〇一八年には同回答が六〇・五％にまで減っている。スマートフォンの普及は、しだいにパソコンを生活必需品の地位から降ろすようになった。https://myel.myvoice.jp/products/detail.php?product_id=24512

18　http://mekanken.com/cms/wp-content/uploads/2018/05/384db15f3ac2bacb5ef92d095177795c1.pdf

19　人々がパソコンに触れる時間は、二〇〇六年には一日平均五六・六分であったが、二〇一一年には八一・七分にまで上昇、その後二〇一七年にかけて五九・三分にまで減少したが、二〇一八年には再び六六・六分へと上昇している。

20　原田［2016: 3］

21　https://vimeo.com/111171647

22　一九九〇年から二〇一七年にかけて、衣服（外衣）に対する需要は約一一・五億点から一三・四億点へと微増している一方、同供給は約一二億点から二八億点へと激増しており、二〇一七年には余剰在庫が一四億点に上った。一九九〇年当時は需給のバランスがほぼ取れていたが、二〇一七年には半分以上の衣服が捨てられるという現実がある。ＮＨＫクローズアップ現代「新品の服を焼却！売れ残り十四億点の舞台裏」二〇一八年九月一三日放送を参照。https://www.nhk.or.jp/gendai/articles/4182/index.html

23　週刊『アエラ』二〇一五年八月三一日、二二－二三頁。

24　内閣府の「国民生活に関する世論調査」（平成三〇年（二〇一八年）度）の調査結果を参照。https://survey.gov-online.go.jp/h30/h30-life/zh/z21-2.html またこの調査には、「これからは心の豊かさか、それともまだ物質的な豊かさか」という質問がある。この回答結果によると、日本人は近年、物質的な豊かさよりも心の豊かさを求めるようになってきたが、年齢別のデータをみると、心の豊かさを求める傾向は高齢者が押し上げている。二〇代から四〇代にかけての人たちの物質志向は相変わらず強い。五〇代の人たちも、平均と比較すると物質志向が強い。

25 「東京圏集中、再び加速、人口流入、5年ぶり10万人超、昨年　大阪・名古屋圏、2年連続転出超。」『日本経済新聞』二〇一五年二月六日朝刊二面、所収

26 戦後の日本を振り返ると、移動者のピークは一九七三年の約八五四万人であった。その後、人口移動は減りつづけ、二〇一六年には四八八万人にまで減っている。引っ越しが多い世帯は、確かにモノを少なくする傾向にあるかもしれない。

27 「家計調査報告」（平成二八年）によると、二〇〇七年から二〇一六年にかけて、二人以上の勤労者世帯の月平均実収入はほぼ横ばいである一方、可処分所得（月平均）は、四四万二五〇四円から四二万八六九七円へと減った。http://www.stat.go.jp/data/kakei/sokuhou/nen/pdf/gk00.pdf

また首都圏周辺の私立大学に二〇一五年に入学した学生のうち、自宅外から通う学生への仕送りは月額平均八万六七〇〇円で、一五年連続で減っている。家賃を除いた一日当たりの同学生の生活費は八五〇円であり、この額は、一九八六年度以降の最低水準を更新した。仕送り額のピークは一九九四年である。この年と比べて二〇一五年の仕送り額は三割も減った。「私大生への仕送り、生活費1日850円　首都圏周辺、過去最低を更新」『朝日新聞』二〇一六年四月七日、朝刊三〇面、所収。

28 二人以上の世帯（農林漁家を除く）の推移をみると、名目ベースの「被服および履物」の年間消費額は、一九九一年に三〇・二万円でピークを迎えた後、二〇一五年には一三・九万円にまで下がった。ただしこの期間に、世帯を構成する人数そのものが減っていると考えられるので、割り引いて解釈する必要がある。一九九〇年から二〇一五年にかけて、「夫婦のみ」世帯は一五・五%から二〇・二%に増加する一方、「夫婦と子」世帯は三七・三%から二六・九%へと減少している。「日本の世帯数の将来推計（全国推計）」人口問題研究資料第三三九号（二〇一八（平成三〇）年推計）を参照。http://www.ipss.go.jp/pp-ajsetai/j/HPRJ2018/houkoku/hprj2018_houkoku.pdf

https://www.meti.go.jp/statistics/toppage/report/

minikeizai/pdf/h2amini072j.pdf

29　百貨店の販売額は減少しており、一九九一年に一二・一兆円のピークを迎えた後、二〇一六年には六・六兆円へと減少した。さらにその販売額に占める衣料品の割合は、一九八五年から二〇〇八年までは五〇%程度を維持してきたものの、それ以降は減少して、二〇一六年には四四・三%にまで下がった。

30　総務庁家計調査によると、消費支出に占める「被服および履物」の割合は、一九六三年の一〇・八%から、二〇一五年の四・三%に下がっている。ただし一九八五年から一九九〇年にかけてのバブル経済期には、消費支出が一五%程度伸びており、この時期に被服費の割合も微増している。ポスト近代の記号消費を特徴づけていたのは、消費支出に占める「被服および履物」の割合の微増にすぎなかった。「18−2　1世帯当たり年平均1か月間の収入と支出−二人以上の世帯のうち勤労者世帯（昭和三八年〜平成二七年）」参照。http://www.stat.go.jp/data/kakei/longtime/index.htm#level

31　家具小売業の年間商品販売額は、一九七二年の約六九七一億円から、一九九一年には約二兆七四〇七億円へと増大したものの、その後は減少に転じ、二〇一二年には約八二六四億円にまで減少した。その後、家具小売業の販売額は、二〇一六年には一兆一三三六億円にまで回復したが、それでもこの額は、一九九一年のピーク時の半分以下である。一般社団法人「日本家具産業振興会」および経済産業省のホームページを参照。http://www.jfa-kagu.jp/files/statistics/retailing_2007.pdf および http://www.meti.go.jp/statistics/tyo/syougyo/result-2.html

32　http://www.stat.go.jp/data/jyutaku/2013/pdf/giy00.pdf 図2−12を参照。

　持家の平均床面積は、すでに一九九三年に日本は一二二・一㎡に達していた。これはイギリスの一〇九㎡、ドイツの一一二・七㎡、フランスの一〇一・四㎡よりも広い。これに対してアメリカの持家の平均床面積は、当時の段階で一六七・七㎡であった。

33　消費者庁「消費者意識基本調査」（二〇一八年度）によると、SNSを「ほとんど毎日利用している」人は三二・六%であり、一〇歳代後半と二〇歳代では九割に上った。例えばインスタグラムへの投稿は、見知らぬ他者の羨望的な視線を意識した「顕示的なコト消費」の要素がともなう。二〇一五年から二〇一八年にかけてインスタグラムは急成長し、アクティブユーザーの数という点では、すでにフェイスブックに追いついた。https://webtan.impress.co.jp/n/2018/10/29/30848

34　消費者庁『平成29年版消費者白書』の「世帯主の年齢階級別一か月当たり消費支出の推移」をみると、一九九九年から二〇一四年にかけて、交通・通信費は、平均で二七九三円の増加であるものの、世帯主が三〇歳未満の場合は、四五一五円の減少である。外食費は、一九九九年から二〇一四年にかけて、三〇歳未満の単身男性で、二万六五五四円から一万七八〇三円への減少、三〇歳未満の単身女性で、一万四一五二円から一万九〇五円への減少である。（二人以上の世帯では、同期間に九八二円の減少である）。消費者庁『平成29年版消費者白書』第三章「特集　若者の消費行動」一二五－一二六頁、参照。https://www.caa.go.jp/policies/policy/consumer_research/white_paper/pdf/2017_whitepaper_0004.pdf

また余暇市場の推移をみると、余暇消費のピークは、一九九六年の九〇兆九一四〇億円であり、二〇一七年には六九兆九三一〇億円へと減少している。『レジャー白書』二〇一八年、参照。https://jpc-net.jp/research/assets/pdf/R34/attached.pdf

35　アウトレットモールの数と売上高の推移について、以下参照。https://wwdjapan.com/articles/1067379

36　一九九七年から二〇一五年にかけて、「いずれ結婚するつもり」と考える男性・女性の割合はほとんど変化していない。https://honkawa2.sakura.ne.jp/2407.html

しかし一八歳から三九歳の未婚者で「異性の交際相手なし」の割合は、男性で四九・八％から六九・八％へ、女性で四一・九％から五九・一％へ、それぞれ増えている。https://www8.cao.go.jp/shoushi/shoushika/meeting/taskforce_2nd/t_1/pdf/ref1-2.pdf

37　博報堂買物研究所によれば、二〇一五年は、日本人の消費意識における分岐点になった。二〇〇四年から二〇一六年にかけて、国内のブロードバンドダウンロードトラフィックの量（一秒あたり）は、二五七Gbpsから八二五四Gbpsへと激増した。二〇一六年の値は、二〇一四年の三五五二Gbpsと比べても、二倍以上に増えている。ネットで流通する情報はしかし、玉石混交になってきた。人々は増え続ける情報と偽情報（たとえばネット上の「口コミ」情報）にストレスを感じるようになり、その結果、ある商品を欲しいと思っても、いつの間にかそのことを忘れてしまったり、あるいは欲しい気持ちがなくなってしまうという経験が増えた。同研究所はこうした現象を「欲求流去《りゅうきょ》」と名づけている［博報堂買物研究所 2018: 43］。また「メディア定点調査」によれば、二〇一六年から二〇一七年にかけて、「世の中の情報量は多すぎる」という意識が、四二・一%から五二%へ大幅に上昇した［同: 53-54］。

38 Elgin［1981=1987］

39 Etzioni［2003］

40 法頂［1976=2001→2018］

41 商品科学研究所／CDI編［1980］［1983］［1993: 13］参照。一九八〇年刊の調査報告書では、一九五七品目のリストから、一九八三年刊の調査報告書では、三九九八品目のリストから、また一九九三年刊の調査報告書では、四二〇三品目のリストから、それぞれ所有の有無を質問した。（実際の調査は初回は一九七五年だが、他はいずれも報告書出版の前年）。

［第2章］

1 Coyle［1997=2001］

2 詳しくは、橋本［2012］を参照。

3 「「消費社会」の精神は産業システム自身が開発した空虚な形式であって、その内容は限りない意味の戯れであり、実体の不在であり続ける。それは、この戯れ＝転替のモードこそが、成長したシステムの巨大な生産力を支えるに足る、飽くなき欲求の流れを次々に更新してくれるからである」［内田 1987: 12］。

4 間々田［2005］参照。

5 Toffler［1980=1980］

6 これらの商品の「機能」とは、技術的な機能であって、社会学でいう機能充足とは意味が異なる点に注意したい。間々田［2005: 14］は、「一九八〇年代が記号的消費へと移行した時代に見えたのは、この時期、高度成長期や九〇年代ほど技術革新による新製品に目立ったものがなく、技術革新が、製品自体の新しさより製品の多様化や新製品開発の時間短縮に向けられる傾向が強かったからだろう」と指摘している。しかし八〇年代は、パソコンやワープロ、ウォークマンやCDやビデオなどの開発にみられるように、さまざまな技術革新によって消費がドライブした時代でもあった。八〇年代が記号消費の時代に見えたのは、それ以前の七〇年代までの時代が、画一的で標準的な商品を大量に作る時代であったために、その時代との対比によって、新しい商品群が意味づけられたからではないか。当時、人々は商品に対して「使用価値」を求めているのではなく「記号的意味」を求めていると言われたが、その場合の「使用価値」とは、標準的な生活を送るための画一的な商品がもつ価値であり、それ以上の生活をする場合に必要な商品は、すべて使用価値とは別の価値をもつはず、と意味づけられたのではないか。

7　間々田［2016: 334-337］は、三つの消費文化を対比している。これは大まかには、私の「近代／ポスト近代／ロスト近代」の区別に対応する。

8　Packard［1960=1961］

9　http://www.glomaconj.com/keieisha/dentsu10kun/12.htm

10　De Graaf et al.［2002=2004］. 著者らによれば、すでにマルクスの『経済学・哲学草稿』に、アフルエンザの洞察があるという。「（…）生産物と欲求の拡大が、非人間的な、手のこんだ、不自然な、頭でっかちの欲望をはびこらせ、それを利用するぬけ目のない打算的な人間を生み出す。私有財産は粗野な欲求を人間的な欲求に変えることができないのだ」［Marx und Engels 1968=2010: 210］。

11　De Graaf et al.［2002=2004: 276-280］

12　Ritzer［1999=2009: 330-337］

13　スペクタクルの社会について、Debord［1967=1993］を参照。

14　堤［1996: 123］

15　堤［1996: 127］

16 堤［1996: 213］
17 http://www.fbsociety.com/image/nenpyo/statistics/statistics12.pdf
18 Schor［2010= 2011: 27図2-1, 37］
19 McCracken［1988= 1990: 139-141］
20 Lewis［2013= 2014: 37図2.1］
21 むろんこのような手法は、ソーシャル・メディアの発達によって、時代遅れになってきた面もある。ルイスによれば、「将来は、やる気につながるメッセージで、ヒーロー気分にさせて潜在能力を自覚させるようなメッセージが主流になるという意見もある」という［Lewis 2013= 2014: 48］。これはつまり、「ニーズ」というものが、社会的なマナーから、「潜在能力の自覚」へと移行しうることを示しているだろう。社会的な生活を営む上で恥ずかしくないこと、というニーズの観念から、人生において自己の潜在能力を十分に発揮すること、というニーズの観念への変化が生じるならば、「問題がある」と感じさせるよりも、潜在能力が高まることを宣伝することが効果的になるのではないか。
22 Schor［1998= 2000: 27-28表1-4, 12-13表1-1］
23 過去四〇年間で、アメリカ人は友人などと積極的に交流して楽しむ時間を増やしたわけではなく、リラックスしたり何もしなかったりテレビを見るといった「情緒的には中立的な稼働停止時間（downtime）」が増えたにすぎないという［Krueger 2007］。
24 De Graaf et al.［2002= 2004: 199］
25 小沢［1989: 55, 65］
26 芥川［1923-1925= 2003: 82］。芥川はまた次のようにも書いている。「誰も自由を求めぬものはない。が、それは外見だけである。実は誰も肚《はら》の底では少しも自由を求めていない。その証拠には人命を奪うことに少しも躊躇《ちゅうちょ》しない無頼漢さえ、金甌無《きんおうむ》欠《けつ》の国家のために某々を殺したと言っているではないか？　しかし自由とは我我の行為に何の拘束もないことであり、即ち神だの道徳だのあるいはまた社会的習慣だのと連帯責任を負うことを潔しとしないものである」［芥川 1923-1925= 2003: 82］。人は自由を、腹の底から求めているのではない。自由とは、神や道徳や社会的慣習から自由になることである。人はそのような自由を求めているのではない。自分で自分の行為に責任をもつよりも、神や道徳や慣習に従い、連帯責任をもちたいと望んでいる。そのように芥川は考える。しかしミニマリズムの倫理は、実際に神や道徳や社会的慣習から自由になろうとする運動であるといえる。それは自由の運動である。芥川にはこのような人間の企てが特異なものに映ったであろう。

27 Stanley and Danko [1996=1997: 18-21]. ここで「億万長者」の定義は、純資産を一〇〇万ドル以上持つ人であり、アメリカでは全世帯の三・五%に当たる。
28 London [1909=2006: 187-188]
29 Heath and Potter [2006=2014: 133-134]
30 Frank [2010]
31 「自分をごほうび漬けにする　ブランド品買いはキャリア女性の精神安定剤」週刊『アエラ』一九九九年五月三一日号、三六頁、所収
32 SE編集部編 [2016: 142]
33 辻 [2004: 217]
34 川上 [2017: 190]
35 大塚 [2001: 10]
36 小倉 [1992: 259]
37 小倉 [1992: 310]
38 ここでトフラーが「文化」と呼ぶものは、「絵画、音楽、演劇、彫刻、舞踊、文学そして芸術映画」などであり、テレビ、ハリウッド、大衆雑誌、ジャズは除外されている。ラジオについては、主としてクラシック音楽に特化しているラジオ放送部門だけが我々の興味を引く、としている。Toffler [1964=1997: 11]
39 Toffler [1964=1997: 61]
40 Bauman [2008=2009: 32]
41 Bauman [2008=2009: 141f]「生きるための技術が生産するものは、アーティストの「アイデンティティ」かもしれない。しかしもし、人が自分で自分を創造しようとすると、対立と妥協という無駄なあがきによって、アイデンティティは首尾一貫性を保つことができない。(…) アイデンティティは永遠の生成状態 *statu nascendi* にある。(…) それぞれの形は、何にしろ満足できるものではない。」[Bauman

2008=2009: 160-161]

42 第一に、歩く速度（繁華街で歩行者が六〇フィート（約一八・三メートル）の距離を歩く速さ）である。第二に、労働の速度（郵便局員が、標準的な切手を販売する際に要する時間）である。第三に、公共の時計の正確さ、である。

43 Levin [1997=2002: 172, 175] 例えば一九五〇年代の半ばに、サンフランシスコの心臓病の専門医マイヤー・フリードマンとレイ・ローゼンマンは、三五〇〇人の健康と病気のパタンをチェックした。すると冠状動脈心疾患の患者は、正常者に比べて、時間的切迫感、敵愾心、競争心を特徴とする一種の行動症候群の傾向があることが分かった [Levine 1997=2002: 201]。ペースの速い都市では、こうした心臓病で死ぬ割合が高まる。

44 Honoré [2004=2005] も参照。

［第3章］

1 Simmel [1911=2004: 258, 282, 287]

2 Reich [2000=2002: 11-12]

3 Bowles and Park [2005] は、このライシュの仮説が実際にアメリカの文脈で起きていることを実証した。しかしこの仮説は日本では必ずしも検証されない。黒田 [2009] を参照。所得層を四分割した場合の上から二番目の所得層の人々は、労働時間を短くしている。最上位の所得層に追いつくためにいっそう長く働いているわけではない。これに対して下から二番目の所得層の人々は、労働時間を長くしている。

4 Ciulla [2000=2003: 337-338]

5 Oates [1978=1979: 170-171]

6 Oates [1971=1972: 26]

7 Machlowitz [1980=1981: 55-56, 95-96]. この本には、以下のような「仕事中毒かどうか」に関するアンケート項目が載っている（四〇－四四頁）。(1)前夜どんなに遅く就寝しても、朝早く起きますか。(2)一人で昼食をとる場合には、食べながら読んだり、仕事をしたりしますか。(3)毎日予定表を作りますか。(4)「なにもしないでいる」ことはむずかしいたちですか。(5)精力的で競争心は旺盛ですか。(6)週末や休日にも働きますか。(7)いつでもどこでも仕事ができますか。(8)休暇は取りづらいですか。(9)退職の日がくるのを恐れていますか。(10)仕事が本当に好きですか。

8 Svendsen [2008= 2016: 237-238]

9 分類をさらに細かくすることもできる。一方には「能力の全面開花／能力の専門的・卓越的開花／能力の天職的開花／能力のバランスある開花／能力開花とは別の理想（存在の理解）」という五つの類型を置き、他方には「勢力志向（政治権力・経済的富・社会的名声）／勢力寄生志向／対抗勢力志向／脱勢力志向（サブカルチャー・アナキズム）」の四つの類型を置くならば、合計で二〇の組み合わせを類別することができる。私たちの人生は、その中のどこか（あるいはいくつかの組み合わせ）に位置づけられるだろう。

10 「会社が押しつけてくる様々な要求に対して、あなたは主体的な撤退という、慎ましくも頑とした抵抗をもって応戦すべきである。つまり、徹底的に会社に寄生するのだ。／あえて、役立たず、くず、平均以下の不適応者、煮ても焼いても食えない人間、ベルトコンベアに紛れ込んだ一粒の砂になろう。それによってあなたは、ひたすら会社にすべてを捧げる日常、上っ面だけの「社員全体の利益」のために働く運命から、逃れることができる。（…）ホワイトカラーたちよ、立ち上がれ！　そして、自らを会社から解放せよ！」[Maier 2004= 2005: 121]。強調は削除。

11 Maier [2004= 2005: 88]

12 Zelinski [1997= 2013: 175]

13 Joines and Stewart [2002= 2007]

14 「上流階級の人間は一連の経済的失敗の結果として徐々に地位を失っていくのだが、他方、新しくできた村の、平民出身の首長は、どこかのポトラッチ・サークルに重要な招待客として不承不承入れてもらうにすぎない。特に、新参者が急に豊かになったような場合は、彼らは黙認された成り上りの俗物であって、そのような幸運に与る権利など持たぬはずのものと見なされる。（…）新参の野心家たちがもったいぶってポトラッチをしても、彼らの上位者である問題のエリートたちは、招かれたことを認めて感謝しようとはしないだろう。このようなポトラッチは散々な失敗となる」［Douglas and Isherwood 1979= 1985: 80-81］。

15 Douglas and Isherwood［1979= 1985: 158］

16 Douglas and Isherwood［1979= 1985: 208］

17 次節（3－4）で検討するが、新しい正統な文化には、もう一つの側面がある。それは対抗的な文化活動において探求された「価値の創出」や「個性」が、新たな正統性をもつようになる、という側面である。むろんミニマリズムに固有の思想は、こうした正統な文化とは異なるところにある。それは一言で言えば、社会から降りることによってすべてを手にする、という考え方である。ミニマリズムの特有のこの考え方について、第3章5節で検討したい。

18 商品テストを行ってきた市民団体・雑誌媒体として、アメリカ消費者同盟「コンシューマー・レポート」（約七〇品目、七三〇万人の購読者）、イギリス消費者協会「Which?」（約六〇品目、五七万三〇〇〇人の購読者）、ドイツ商品テスト財団（約七〇品目、四六万二〇〇〇部）、日本「国民生活センター」（機関誌「たしかな目」：二〇〇八年よりウェブ版に移行、および、雑誌「国民生活」：二〇一二年よりウェブ版に移行）、日本消費者協会（雑誌「月刊消費者」：一九六八年創刊、二〇一一年休刊）、雑誌「暮らしの手帖」（三〇品目の商品テストを行っていたが、二〇〇七年二号を最後に中止）、関西消費者協会（雑誌「消費者情報」：一九九一年より発行）、などがある。

19 この運動は、Elkington and Hailes［1988］の出版を契機にして始まったとされる。一九九二年には、地球サミット（「環境と開発に関する国際連合会議」）の「アジェンダ21」において、グリーン・コンシューマリズムに通底する消費行動の変革が示された。

20 特定非営利活動法人「環境市民」のウェブサイトを参照。http://www.kankyoshimin.org/modules/activity/index.php?content_id=57

21 Johnson［2013= 2016: 337, 342］. 強調は削除。

22 鈴木［2014: 15-16］

23 鈴木［2014: 35-36, 114］

24 中野孝次［1996: 166-167］

25 中野孝次［1996: 194-195］。強調は削除。
26 中野孝次［1996: 224-240］
27 ラミス［2000: 134-135, 151］
28 イリイチ［1991: 56-57, 65-66］
29 山本［1990: 42］
30 山本［1983: 69f］
31 山本はこの第二の軸に、「専門ケアか自己ケアか」「援助か自助か」という別の対立軸も含めているが、かえって混乱を招く意味づけであるように思われる。
32 Illich［1982=1984］
33 Cohen［2012=2015: 25］. また、一九七六年に当時一八歳の大学一年生、一万二〇〇〇人を対象に行った調査で、モノへの強い執着心を示した学生のほうが二〇年後の再調査で生活への満足度が低いという結果について、Kasser［2002］参照。
34 https://survey.gov-online.go.jp/h27/h27-life/zh/z02-2.html
35 Powdthavee［2010=2012: 109-110］
36 Lyubomirsky［2007=2012］
37 近森［2013: 14-15］
38 「新しい感覚および意外な感覚はときにはぎょっとさせるようなものであり忌避されるが、またときには魅力的であり追い求められるものである。このみかけ上の矛盾は程度の差を識別すれば解決される。新しいものおよび意外なものは常に刺激的であるが、それが魅力的なのはある限界までであって、それ以上はわずらわしく、ぎょっとするようなものになるのだ」［Scitovsky 1976=1979: 56］。
39 Scitovsky［1976=1979: 77］
40 Scitovsky［1976=1979: 117］
41 Klapp［1986=1988: 204-205, 212-213］
42 Wilde［1891=1976: 313, 324］
43 見田［1996: 163-164, 167, 170］
44 Grigsby［2004: 167］

［第４章］

1 Alexander and McLeod eds.［2014］
2 Kerouac［1957=1983］
3 Kerouac［1965=1991第1巻: 15］. 強調は削除。
4 Coupland［1991=1992: 107］. 強調は削除。

5 Elgin [1981=1987: 43-45]. 一部表現を修正。
6 Etzioni [2003]
7 Etzioni [2003: 8-18]
8 Etzioni [2003: 19-21]
9 金子［2010: esp. 34, 50, 76］
10 鶴見［2017: 7］
11 フードバンクの取り組みについて、大原悦子［2016］を参照。
12 一九七〇年における「労働者一人当たり総労働時間」は、二二三九時間であった。二〇〇〇年代になると約一八〇〇時間にまで減少している。もっともこの数字は、パートタイムを含めた労働者の労働時間であるから、注意が必要である。パートタイムを含めないデータは一九九三年以降になって作られたが、年間およそ二〇〇〇時間で安定的に推移している。https://jsite.mhlw.go.jp/kochi-roudoukyoku/library/kochi-roudoukyoku/topics/topics222.pdf

［第5章］

1 やました［2009］
2 やまぐち［2016: esp.26］
3 勝間［2016: 162-163］
4 筆子［2016: 194-195］「そんなある日、筆子は突然シンプルライフに目覚め、物をどんどん捨て始めました。二七歳の夏です。考えてみるときっかけは五つあります。1．部屋に物がいっぱいで物理的に暮しにくかった。2．会社をやめたので時間ができた。3．自分の部屋にいる時間が増え、あふれる物の姿に息がつまりそうだった。4．吉本由美「一人暮し」術・ネコはいいなア」という本を読んだ。5．このままではいけないという危機感があった」。筆子ジャーナル「なぜ私はあんなに物を買ってしまったのか～ミニマリストへの道⑶」2015.03.08. http://minimalist-fudeko.com/throwing-away/
5 https://www.meguminimal.com/entry/2014/12/18/204806
6 https://www.meguminimal.com/entry/2014/12/19/222534
7 Kingston [1998=2013: Ch.4-6]
8 シェファーはその後、スモールハウスを売る会社

Tumbleweed Tiny House Company を立ち上げた。一番小さい家は六平米であり、家族用の家であれば、五〇平米くらいの広さまであるという。値段は、材料と設計図のキットで、一六〇万円くらいである。完成品は、三七〇万円くらいで売っている。坪単価で考えると高いといえるかもしれないが、借金しなくても立てられる程度の価格であるだろう。
9 高村［2012］。本書の最初の部分なので頁が記載されていないが、一一頁にある。
10 高村［2012: 172］
11 二〇一六年二月六日スタート、毎週土曜午後一〇時三〇分、全六回
12 ゆるり［2013a: 18-21］
13 ゆるり［2013b: 100-109］
14 エリサ［2016: 174-175, 146, 99］
15 Millburn and Nicodemus［2011= 2014: 11］
16 Millburn and Nicodemus［2011= 2014: 123-124］
17 Millburn and Nicodemus［2014= 2016: 179］
18 Millburn and Nicodemus［2011= 2014: 16］
19 菅付［2015］。この本には「物欲」がなくなってきたという事実が書かれているわけではない。「ライフスタイル」が商品になってきたということを考察している。
20 地曳［2015: 39, 40］
21 たっく［2015: 170-179, 115］
22 Scott［2012= 2014: 17-18, 28, 59-60］
23 Wagner［1895=2017: 5, 44, 184］
24 Wagner［1895=2017: 251］
25 Loreau［2005= 2010: 33］, Hearn［1896= 1951: 35-37］も参照。
26 Loreau［2005= 2010: 179］
27 Loreau［2005= 2010: 40-41］
28 アズマは、東京の郊外でサラリーマンの夫と二人の子どもといっしょに暮らす主婦である。東京農大を卒業後、一昔前の暮らしを取り入れながら環境負荷の少ない生活をするという、深い教養に支えられたミニマリズムを実践している。アズマは自身を振り返って、ミニマリズムに惹かれた理由を次のように記している。「私は、人が当たり前にできることができません。それをはじめて自覚したのが小学生

のとき。国語の授業で、教科書をひとりひとり音読するのですが、自分の番が回ってきて読んでいると、突然言葉に詰まったり、「や、や、や、や、やさい」という風に言葉を繰り返したりしてしまうのです。（…）後にわかったのが、これは吃音という言語障害の症状だということ。この障害は、発症の原因も治療法もまだはっきりとわかっていないのだそうです。（…）自分には才能がないのかな、努力しても無駄なのかな、と絶望的な気持ちにもなりましたが、そのときに、不得意なことに時間やエネルギーを費やしてもそれに見合う成果は得られないのでは、と気付いたのです。それなら、その時間やエネルギーを、他の伸びる可能性が高いところに配分した方がいいかもしれない、と考え直しました」［アズマ 2015: 38-39］。

29 アズマ［2013: 44-58］

30 西［2011］

31 くさば編［2015: 27］

32 渡邉［2013］

33 つる［2014］

34 市橋［2015］。同企画は現在でも連載が続いているが、タイトルは「ぼっち村」から「ぼっちぼっち村」となった。

35 高野［2003］

36 Lasn［1999=2006: 118-119］

37 Lasn［1999= 2006: 109-110］

38 Bruno［2010= 2011: 67］

39 Bruno［2010= 2011: 32-33］

40 ブロガーのやまぐちせいこは、2015-06-19のブログ記事「なぜミニマリストは魅力的なのか?」で、次のように記している。「ミニマリストとは、ただ物を捨てて「こんなに物を持たずに生活してますよ?」という自慢なのではなく、自分の生活・人生のありかたについて考え、追求し、体現されているから魅力的なのだと思います。一つの定義としては「必要なモノしかもたない」それが顕著にその人の持ち物や生活に現れるライフスタイルであり、生き方なのでしょう。本質的に「物を極限的に持たない人」ということではなく「自分のありかたに真摯に対自している人」だと私は解釈しています。ミニマリズムは通過点でしかないのです。物の量など目に見えるものは、結局はその過程の結果でしかないのだと思います」。http://yamasan0521.hatenablog.com/entry/2015/06/19/053647

41 尾崎 [2017: 8]

42 Salmansohn [2002=2004]. 類似の本に、ヴェロニク・ヴィエン『何もしない贅沢』[Vienne 1998=2002] がある。何もしないとは、「回り道をすること」「上手な呼吸をすること」「瞑想をすること」「ヨガとしてあくびをすること」「午後の仮眠を上手にとること」「温泉療法やアロマセラピーをすること」「美食すること」「静寂を聴くこと」「待ち上手になること」等々であり、心の平安を取り戻すために、「何もしない、をする」練習が必要、というわけである。しかしこれらは創造性を得るための提案ではなく、多忙な生活のストレスを解消するための提案として語られている。

43 土橋 [2014: 66-68]

44 本田 [2012]

45 http://yadokari.net/

46 YADOKARI [2015: 27]

47 四角 [2012: 29]

48 Babauta [2009=2015: 7-9]

49 Babauta [2009=2015: 27-28]

50 Newport [2019=2019: 48-49]. この他、企業家として数々の経歴をもつ中野善壽 [2020] は、デジタル・ミニマリズムを実践するだけでなく、家やクルマをもたないなどのミニマリズムが、自身の人生を成功に導いてきたことを語っている。

51 Strobel [2012=2013: 6-7]

52 Strobel [2012=2013: 31-32]

53 高坂 [2014: 33]

54 高坂 [2014: 74]

55 高坂 [2014: 269-281]

56 高坂 [2014: 75]

57 Boyle [2010=2011: 28]

58 Boyle [2010=2011: 108, 110]

59 Boyle [2012=2017: 106-108]. この六段階は「理念の進化モデル」とも呼ばれる。

60 山崎 [2011: 125-126, 209, 39, 8, 21, 210-211]

61 http://minimalistbiyori.com/archives/13425373.html
62 おふみ［2011: 18-19］
63 森［2017: 152-153］
64 大原扁理［2016: 9-10］
65 大原扁理［2015: 82-83］
66 大原扁理［2016: 155-156］
67 pha［2015: 109-110］
68 pha［2015: 25］
69 pha［2016: 6-9］
70 pha［2017: 6-7］
71 pha［2012: 8-9, 2015: 7-8］
72 中崎［2015: 72-73］
73 中崎［2015: 35-36］
74 中崎［2015: 69］
75 高村［2015: 47, 61］
76 高村［2015: 104-105］
77 高村［2015: 111, 151］
78 高村［2015: 167-168］。しかし高村はこの自伝的な著書を刊行した後、小屋生活で体調を崩してしまう。夜、突然全身が強い不安に包まれて、動悸が止まらずパニック症状に襲われた。一人でいるとネガティブな思考や感情にとらえられて、歯止めが効かなくなることがある。そこで高村は、東京に約三万円で部屋を借りて、東京と山梨の小屋を往復することにした。東京のアパートでは同時代の時間をほかの人たちと共有している実感が得られるという。
https://dot.asahi.com/aera/2018083100054.html?page=1
79 かとう［2012: 12, 66, 116］
80 坂口［2011］
81 稲垣［2016］の著者プロフィールによれば、「朝日新聞VS橋下徹氏の対立では大阪本社社会部デスクとして指揮をとり、その顚末を寄稿した月刊『Journalism』（朝日新聞出版）が注目を集めたほか、最近の朝日2大不祥事の後に朝日ブランド立て直しを目指して連載したコラムが一種異常な人気となり、テレビ出演などが相次いだ。その際、テレビ画面に映し出されたみごとなアフロヘアと肩書きのギャップがネット上で大きな話題となった。」
82 稲垣［2016: 39-40］
83 稲垣［2017: 41-42］

84　稲垣［2017: 133］
85　稲垣［2017: 229］

［第6章］

1　中村［2008］
2　中村［2008: 22］
3　中村［2008: 170-171, 25］
4　中村［2008: 30］
5　中村［2008: 37-38］
6　小池［2009: 61-62］
7　小池［2009: 66, 92］
8　Roberts［2014=2015］
9　Carr［2010=2010］
10　Jay［2010=2017: 355］。本書は二〇一〇年、Amazon.com「暮らし・生活」部門の最優秀賞受賞作とされる。
11　枡野［2009］
12　法頂［1976=2001→2018: 24, 29］
13　沼畑［2015: 115］
14　桑原／藤原［2017: 83］
15　桑原／藤原［2017: 1］
16　桑原／藤原［2017: 26, 83-84］
17　桑原／藤原［2017: 38-39］
18　吉村［2016: 130］
19　金嶽［2018: 10-11, 44-46, 55-56, 70］
20　Suzuki［1934=2014］
21　藤田［2012: 223, 229］
22　藤田［2012: 245］
23　藤田［2012: 310-317］
24　森神［2015: 21-22］
25　Koren［1994=2014: 23］

［第7章］

1　水野［2014］
2　Homer and Sylla［2005: 13, 139-141, 559-560］
3　水野［2011: 27］
4　水野［2011: 174-175］
5　Streeck［2015=2016: 29］
6　Streeck［2015=2016: 32-35］
7　Streeck［2015=2016: 56］

8 Streeck [2015= 2016: 57]

9 Streeck [2016= 2017: 24]. 強調は削除。

10 例えば、自分の財産を死後に政府に寄贈する精神など。しかし財産を政府に寄贈すると、政府はまた赤字を出して、危機を先送りにしてしまうかもしれない。それを阻止するための別の精神も必要であろう。例えば、財政赤字に反対する議員を支援する政治精神や、財政規模の縮小を求める市場原理主義の精神、あるいは財政赤字を埋めるための増税政策を支持する精神などである。

11 岩野 [2019: 273]

12 岩野 [2019: 274]

13 岩野 [2019: 293]

14 Harvey [2017= 2019: 248]

15 Harvey [2017= 2019: 279]

16 Harvey [2017= 2019: 271-272]

17 Harvey [2017= 2019: 270]

18 Harvey [2014= 2017: 392-395]

19 日常生活を維持するために必要な、一人当たりの陸地および水域の面積。二〇一七年のデータで、気候風土等を勘案した日本の土地の生物学的生産性（一人当たり）は〇・六グローバルヘクタール（gha）、これに対して日本人の生活を維持するために必要な土地は四・六グローバルヘクタール（一人当たり）とされる。https://www.footprintnetwork.org/resources/data/

20 Latouche and Harpagès [2012= 2014: 10]

21 Latouche [2004= 2010: 66]

22 Latouche [2004= 2010: 105]

23 Latouche [2004= 2010: 170-182]. ただし③の具体的内容については、文脈を勘案して同書二一九－二二〇頁の内容を補った。

24 これらの精神はまた、本書の第三章第四節で論じた新しい正統文化（価値の制作者と土着的価値の発見）を示しているようにみえる。

25 Mason [2015= 2017: 437-438]

26 Mason [2015= 2017: 441]

27 Mayer-Schönberger and Ramge [2018= 2019: 6-9]

28 Mayer-Schönberger and Ramge [2018= 2019: 164-165]

29 Mayer-Schönberger and Ramge［2018= 2019: 237］
30 Haskel and Westlake［2018= 2020: 7］
31 Weber［1920: 203-204= 1989: 363-366］
32 Sombart［1921= 1942-43］
33 詳しくは、橋本［2019］を参照。

以上の注におけるホームページはすべて二〇二一年五月五日最終閲覧。

Wilde, Oscar［1891＝1981］"The Soul of Man Under Socialism," オスカー・ワイルド「社会主義下の人間の魂」『オスカー・ワイルド全集Ⅳ』西村孝次訳、青土社、所収
YADOKARI［2015］『アイムミニマリスト』三栄書房
YADOKARI［2016］『未来住まい方会議』三輪舎
やまぐちせいこ［2016］『無印良品とはじめるミニマリスト生活』KADOKAWA
山本哲士［1983］『消費のメタファー　男と女の政治経済学批判』冬樹社
山本哲士［1990］『消費の分水嶺　ひととモノの新しい関係学』三交社
山岡拓［2009］『欲しがらない若者たち』日本経済新聞出版社
やましたひでこ［2009］『新・片づけ術　断捨離《だんしやり》』マガジンハウス
山崎寿人［2011］『年収100万円の豊かな節約生活術』文藝春秋
吉村昇洋［2016］『禅に学ぶくらしの整え方』オレンジページ
四角《よすみ》大輔［2012］『自由であり続けるために20代で捨てるべき50のこと』サンクチュアリ出版
ゆるりまい［2013a］『わたしのウチには、なんにもない。「物を捨てたい病」を発症し、今現在に至ります』エンターブレイン
ゆるりまい［2013b］『なんにもない部屋の暮らしかた』（編集）メディアファクトリー，（発行）KADOKAWA
Zelinski, Ernie J.［1997＝2003→2013］The Joy of not Working: A book for the retired, unemployed, and overworked, Berkeley, Calif.: Ten Speed Press. アニー・J・ゼリンスキー『働かないって、ワクワクしない？』三橋由希子訳、VOICE 新書

鈴木孝夫［1994→2014］『人にはどれだけの物が必要か　ミニマム生活のすすめ』新潮文庫
Svendsen, Lars Fr. H.［2008= 2016］Work, Stocksfield: Acumen. ラース・スヴェンセン『働くことの哲学』小須田健訳、紀伊國屋書店
高村友也［2012］『スモールハウス　3坪で手に入れるシンプルで自由な生き方』同文館出版
高村友也［2015］『僕はなぜ小屋で暮らすようになったか　生と死と哲学を巡って』同文舘出版
高野秀行［2003］『ワセダ三畳青春記』集英社文庫
たっく［2015］『必要十分生活　少ないモノで気分爽快に生きるコツ』大和書房
Toffler, Alvin［1964= 1997］The Culture Consumers: A study of art and affluence in America, New York: St. Martin's Press. アルビン・トフラー『文化の消費者』「文化の消費者」翻訳研究会訳、勁草書房
Toffler, Alvin［1980= 1980］The Third Wave, New York: Bantam Books. アルビン・トフラー『第三の波』鈴木健次ほか訳、日本放送出版協会
土橋正［2014］『モノが少ないと快適に働ける　書類の山から解放されるミニマリズム的整理術』東洋経済新報社
辻信一［2001→2004］『スロー・イズ・ビューティフル　遅さとしての文化』平凡社ライブラリー
つるけんたろう［2014］『０円で空き家をもらって東京脱出！』朝日新聞出版
鶴見済［2017］『０円で生きる　小さくても豊かな経済の作り方』新潮社
堤清二［1996］『消費社会批判』岩波書店
内田隆三［1987］『消費社会と権力』岩波書店
Vienne, Véronique［1998= 2002］The Art of Doing Nothing : Simple ways to make time for yourself. ヴェロニク・ヴィエン『何もしない贅沢　自分だけの時間を持つシンプルな方法』岸本葉子訳、光文社
Wagner, Charles［1895= 2017］La Vie Simple, Paris: Librairie Armand Colin. シャルル・ヴァグネル『簡素な生き方』山本知子訳、講談社
渡邉格［2013］『田舎のパン屋が見つけた「腐る経済」』講談社
Weber, Max［1920→1988= 1989］"Die protestantische Ethik und der 'Geist' des Kapitalismus," Gesammelte Aufsätze zur Religionssoziologie I, 9 Auflage, Tübingen: J.C.B. Mohr. マックス・ウェーバー『プロテスタンティズムの倫理と資本主義の精神』大塚久雄訳、岩波文庫

朗子訳、大和書房
SE編集部編［2016］『みんなの持たない暮らし日記　シンプル衣食住を楽しむ秘訣。』翔泳社
商品科学研究所／CDI編［1980］『生活財生態学　現代家庭のモノとひと』リブロポート
商品科学研究所／CDI編［1983］『生活財生態学Ⅱ　モノからみたライフスタイル・世代差と時代変化』リブロポート
商品科学研究所／CDI編［1993］『生活財生態学Ⅲ　「豊かな生活」へのリストラ：大都市・地方都市・農村・漁村』リブロポート
Simmel, Georg, G.［1911= 2004］Philosophische Kultur: Gesammelte Essais, Leipzig: W. Klinkhardt. ジンメル『文化の哲学　ジンメル著作集7』円子修平／大久保健治訳、白水社
Sombart, Werner［1902→1921= 1942-1943］Der Moderne Kapitalismus, Bd.1, München: Duncker & Humblot. W. ゾンバルト『近世資本主義』岡崎次郎訳、生活社、第一巻第一冊／第二冊
Stanley, Thomas J. and William D. Danko［1996= 1997］The Millionaire Next Door: The surprising secrets of America's wealthy, New York: Pocket Books. トマス・J・スタンリー／ウィリアム・D・ダンコ『となりの億万長者　成功を生む7つの法則』斎藤聖美訳、早川書房
Streeck, Wolfgang［2015= 2016］Gekaufte Zeit: Die vertagte Krise des demokratischen Kapitalismus, Berlin: Suhrkamp. ヴォルフガング・シュトレーク『時間かせぎの資本主義　いつまで危機を先送りできるか』鈴木直訳、みすず書房
Streeck, Wolfgang［2016= 2017］How will Capitalism End?: Essays on a failing system, London: Verso. ヴォルフガング・シュトレーク『資本主義はどう終わるのか』村澤真保呂／信友建志訳、河出書房新社
Strobel, Tammy［2012= 2013］You Can Buy Happiness and It's Cheap: How one woman radically simplified her life and how you can too, California: New World Library. タミー・ストローベル『スマートサイジング　価値あるものを探す人生』増田沙奈訳、駒草出版
菅付《すがつけ》雅信［2015］『物欲なき世界』平凡社
Suzuki, Daisetsu Teitaro［1934= 2017］An Introduction to Zen Buddhism, Kyoto: Eastern Buddhist Society. 鈴木大拙『禅仏教入門』増原良彦訳、中央公論新社、中公クラシックス

式　結婚初年度の「幸福」の値段は2500万円!?』阿部直子訳、阪急コミュニケーションズ
ラミス、C. ダグラス［2000］『経済成長がなければ私たちは豊かになれないのだろうか』平凡社
Reich, Robert B.［2000= 2002］The Future of Success: Working and living in the new economy, New York: Vintage Books. ロバート・B・ライシュ『勝者の代償　ニューエコノミーの深淵と未来』清家篤訳、東洋経済新報社
Ritzer, George［1999= 2009］Enchanting a Disenchanted World: Revolutionizing the means of consumption, Thousand Oaks, Calif.: Pine Forge Press. ジョージ・リッツア『消費社会の魔術的体系　ディズニーワールドからサイバーモールまで』山本徹夫／坂田恵美訳、明石書店
Roberts, Paul［2014= 2015］The Impulse Society: What's wrong with getting what we want?, London: Bloomsbury. ポール・ロバーツ『「衝動」に支配される世界　我慢しない消費者が社会を食いつくす』東方雅美訳／神保哲生解説、ダイヤモンド社
坂口恭平［2008→2011］『TOKYO　0円ハウス　0円生活』河出文庫
Salmansohn, Karen［2002= 2004］How to Change Your Entire Life by Doing Absolutely Nothing, New York: Simon & Schuster. カレン・ソルマンソン『いつも忙しいあなたの人生を変える do-nothing』鈴木淑美訳、アスペクト
佐々木典士［2015］『ぼくたちに、もうモノは必要ない。』ワニブックス
佐々木典士［2018］『ぼくたちは習慣で、できている。』ワニブックス
Schor, Juliet B.［1998= 2000］The Overspent American: Upscaling, downshifting, and the new consumer, New York: Basic Books. ジュリエット・B・ショア『浪費するアメリカ人　なぜ要らないものまで欲しがるか』森岡孝二監訳、岩波書店
Schor, Juliet B.［2010= 2011］Plenitude: The new economics of true wealth, New York: Penguin Press. ジュリエット・B・ショア『プレニテュード　新しい〈豊かさ〉の経済学』森岡孝二監訳、岩波書店
Scitovsky, Tibor［1976= 1979］The Joyless Economy: An inquiry into human satisfaction and consumer dissatisfaction, New York: Oxford University Press. ティボール・シトフスキー『人間の喜びと経済的価値　経済学と心理学の接点を求めて』斎藤精一郎訳、日本経済新聞社
Scott, Jennifer L.［2012= 2014］Lessons from Madame Chic: 20 stylish secrets I learned while living in Paris, New York: Simon & Schuster. ジェニファー・L・スコット『フランス人は10着しか服を持たない　パリで学んだ"暮らしの質"を高める秘訣』神崎

中野善壽［2020］『ぜんぶ、すてれば』ディスカヴァー・トゥエンティワン
中崎タツヤ［2015］『もたない男』新潮文庫
Newport, Cal［2019= 2019］Digital Minimalism: Choosing a focused life in a noisy world, New York: Portfolio, Penguin. カル・ニューポート『デジタル・ミニマリスト　本当に大切なことに集中する』池田真紀子訳、早川書房
西和夫［2011］『二畳で豊かに住む』集英社新書
沼畑直樹［2015］『最小限主義。「大きい」から「小さい」へ　モノを捨て、はじまる“ミニマリズム”の暮らし』ベストセラーズ
Oates, Wayne Edward［1978= 1979］Workaholics, Make Laziness Work for You, New York: Doubleday, ウェイン・エドワード・オーツ『仕事中毒を治す法：怠惰の哲学』川勝久訳、産業能率大学出版部
Oates, Wayne Edward［1971= 1972］Confessions of a Workahdic: The facts about work addiction, New York: World Pub. Co. ウェイン・オーツ『ワーカホリック　働き中毒患者の告白』小堀用一郎訳、日本生産性本部
おふみ［2016］『ミニマリストの部屋づくり』エクスナレッジ
小倉利丸［1992］『アシッド・キャピタリズム』青弓社
大原悦子［2008→2016］『フードバンクという挑戦　貧困と飽食のあいだで』岩波現代文庫
大原扁理［2015］『20代で隠居　週休５日の快適生活』K&Bパブリッシャーズ
大原扁理［2016］『年収90万円で東京ハッピーライフ』太田出版
大塚英志［1989→2001］『定本 物語消費論』角川文庫
尾崎友吏子［2017］『ミニマリストの持ちもの帖』NHK出版
小沢雅子［1985→1989］『新・階層消費の時代』朝日文庫
Packard, Vance Oakley［1960= 1961］The Waste Makers, New York: D. McKay. ヴァンス・パッカード『浪費をつくり出す人々』南博／石川弘義訳、ダイヤモンド社
pha［2012］『ニートの歩き方　お金がなくても楽しく暮らすためのインターネット活用法』技術評論社
pha［2015］『持たない幸福論　働きたくない、家族を作らない、お金に縛られない』幻冬舎
pha［2016］『しないことリスト』大和書房
pha［2017］『ひきこもらない』幻冬舎
Powdthavee, Nick［2010= 2012］The Happiness Equation: The surprising economics of our most valuable asset, Cambridge: Icon Books Ltd. ニック・ポータヴィー『幸福の計算

社古典新訳文庫
Mason, Paul [2015= 2017] Postcapitalism: A guide to our future, New York: Farrar, Straus and Giroux. ポール・メイソン『ポストキャピタリズム　資本主義以後の世界』佐々とも訳、東洋経済新報社
枡野俊明 [2009]『禅、シンプル生活のすすめ』三笠書房（知的生きかた文庫）
Mayer-Schönberger, Viktor and Thomas Ramge [2018= 2019] Reinventing Capitalism in the Age of Big Data, New York: Basic Books. ビクター・マイヤー゠ショーンベルガー／トーマス・ランジ『データ資本主義　ビッグデータがもたらす新しい経済』斎藤栄一郎訳、NTT 出版
McCracken, Grant David [1988= 1990] Culture and Consumption: New approaches to the symbolic character of consumer goods and activities, Bloomington: Indiana University Press. G. マクラッケン『文化と消費とシンボルと』小池和子訳、勁草書房
メディアソフト書籍部編 [2015]『モノは最低限、幸せは最大限』三交社
Meyer, James ed. [2000= 2005, 2011] Minimalism, London: Phaidon. ジェイムズ・マイヤー編『ミニマリズム』小坂雅行訳、ファイドン
Millburn, Joshua Fields and Ryan Nicodemus [2011= 2014] Minimalism: Live a meaningful life, South Carolina: CreateSpace. ジョシュア・フィールズ・ミルバーン／ライアン・ニコデマス『minimalism　30歳からはじめるミニマル・ライフ』吉田俊太郎訳、フィルムアート社
Millburn, Joshua Fields and Ryan Nicodemus [2014= 2016] Everything that Remains: A memoir by the minimalists, Tennessee: Lightning Source Inc.. ジョシュア・フィールズ・ミルバーン／ライアン・ニコデマス『あるミニマリストの物語　僕が余分なものを捨て人生を取り戻すまで』吉田俊太郎訳、フィルムアート社
ミニマリストしぶ [2018]『手ぶらで生きる。　見栄と財布を捨てて、自由になる50の方法』サンクチュアリ出版
見田宗介 [1996]『現代社会の理論　情報化・消費化社会の現在と未来』岩波新書
水野和夫 [2014]『資本主義の終焉と歴史の危機』集英社新書
水野和夫 [2011]『終わりなき危機　君はグローバリゼーションの真実を見たか』日本経済新聞出版社
森秋子 [2017]『脱力系ミニマリスト生活』KADOKAWA
森神逍遥 [2015]『侘び然び幽玄のこころ　西洋哲学を超える上位意識』桜の花出版
中村うさぎ [2005→2008]『愚者の道』角川文庫
中野孝次 [1992→1996]『清貧の思想』文春文庫

économique à la construction d'une société alternative, Paris: Mille et une nuits. セルジュ・ラトゥーシュ『経済成長なき社会発展は可能か？　「脱成長（デクロワサンス）」と「ポスト開発」の経済学』中野佳裕訳、作品社

Latouche, Serge and Didier Harpagès［2010= 2014］Le Temps de la Décroissance, Lormont: le Bord de l'eau. セルジュ・ラトゥーシュ／ディディエ・アルパジェス『脱成長（ダウンシフト）のとき　人間らしい時間をとりもどすために』佐藤直樹／佐藤薫訳、未來社

Levine, Robert［1997= 2002］A Geography of Time: The temporal misadventures of a social psychologist, New York: Basic Books. ロバート・レヴィーン『あなたはどれだけ待てますか　せっかち文化とのんびり文化の徹底比較』忠平美幸訳、草思社

Lewis, David［2013= 2014］The Brain Sell: When science meets shopping, Boston: Nicholas Brealey Publishing. デイビッド・ルイス『買いたがる脳　なぜ、「それ」を選んでしまうのか？』武田玲子訳、日本実業出版社

London, Jack, Martin Eden, New York: Macmillan［1909= 2006］ジャック・ロンドン『マーティン・イーデン　ジャック・ロンドン選集４』辻井栄滋訳、本の友社

Loreau, Dominique［2005= 2010］L'art de la simplicitè, Paris: Robert Laffont. ドミニック・ローホー『シンプルに生きる　変哲のないものに喜びをみつけ、味わう』原秋子訳、幻冬舎

Lyubomirsky, Sonja［2007= 2012］The How of Happiness: A new approach to getting the life you want, New York: Penguin Books. ソニア・リュボミアスキー『幸せがずっと続く12の行動習慣　自分で変えられる40％に集中しよう』金井真弓訳、日本実業出版社

Machlowitz, Marilyn M.［1980= 1981］Workaholics: Living with them, working with them, NewYork: Basic Books. マリリン・マクロウィッツ『ワーカホリック　働きバチもまた楽し』吉田立子訳、ティビーエス・ブリタニカ

Maier, Corinne［2004= 2005］Bonjour Paresse, De l'art et de la nécessité d'en faire le moins possible en enterprise, Paris: Michalon. コリンヌ・メイエ『怠けものよ、こんにちは』及川美枝訳、ダイヤモンド社

間々田孝夫［2005］『消費社会のゆくえ　記号消費と脱物質主義』有斐閣

間々田孝夫［2016］『21世紀の消費　無謀、絶望、そして希望』ミネルヴァ書房

Marx, Karl und Friedrich Engels［1968= 2010］Werke; Ergänzungsband: Schriften, Manuskripte, Briefe bis 1844, Erster Teil, Herausgegeben vom Institut für Marxismus-Leninismus, Berlin: Dietz Verlag. マルクス『経済学・哲学草稿』長谷川宏訳、光文

春秋
川上浩司［2017］『不便益という発想　ごめんなさい、もしあなたがちょっとでも行き詰まりを感じているなら、不便をとり入れてみてはどうですか？』インプレス
Kerouac, Jack［1957= 1983］On the Road, New York: Viking Press. ジャック・ケルアック『路上』福田実訳、河出文庫
Kerouac, Jack［1965= 1994］Desolation Angels, New York: G.P. Putnam. ジャック・ケルアック『荒涼天使たちⅠ』中上哲夫訳、思潮社
Kingston, Karen［1998= 2013］Clear Your Clutter with Feng Shui, London: Piatkus Books. カレン・キングストン『新ガラクタ捨てれば自分が見える　風水整理術入門』田村明子訳、小学館文庫
Klapp, Orrin Edgar［1986= 1988］Overload and Boredom: Essays on the quality of ife in the information society, Westport, Conn.: Greenwood Press. O.E. クラップ『過剰と退屈　情報社会の生活の質』小池和子訳、勁草書房
小池龍之介［2009］『貧乏入門　あるいは幸福になるお金の使い方』ディスカヴァー・トゥエンティワン
近藤麻理恵［2011］『人生がときめく片づけの魔法』サンマーク出版
近藤麻理恵［2012］『人生がときめく片づけの魔法２』サンマーク出版
Koren, Leonard［1994= 2014］Wabi-sabi for Artists, Designers, Poets & Philosophers, Berkeley, Calif.: Stone Bridge Press. レナード・コーレン『わびさびを読み解く』内藤ゆき子訳、ビー・エヌ・エヌ新社
髙坂勝［2010→2014］『減速して自由に生きる　ダウンシフターズ』ちくま文庫
黒田祥子［2009］「日本人の労働時間は減少したか？――1976-2006年タイムユーズ・サーベイを用いた労働時間・余暇時間の計測――」ISS Discussion Paper Series, J-174.
くさばよしみ編［2015］『世界でいちばん貧しい大統領からきみへ』ホセ・ムヒカ著、田口実千代絵、汐文社
Krueger, Alan［2007］"Are We Having More Fun Yet? Categorizing and Evaluating Changes in Time Allocation," Brookings Papers on Economic Activity, 38(2).
桑原晃弥／藤原東演［2017］『なぜジョブズは禅の生き方を選んだのか？』PHP研究所
Lasn, Kalle, Culture Jam, New York: Eagle Brook［1999= 2006］カレ・ラースン『さよなら、消費社会　カルチャー・ジャマーの挑戦』加藤あきら訳、大月書店
Latouche, Serge［2004= 2010］Survivre au Développement: De la décolonisation de l'imaginaire

法頂（법정）［1976= 2001→2018］『무소유』汎友社、『無所有』金順姫訳、東方出版
Homer, Sidney and Richard Sylla［2005］A History of Interest Rates, 4th ed., Hoboken, N.J.: Wiley.
本田直之［2012］『Less is more　自由に生きるために、幸せについて考えてみた。』ダイヤモンド社
Honoré, Carl［2004= 2005］In Praise of Slowness: How a worldwide movement is challenging the cult of speed, SanFrancisco: HarperSanFrancisco. カール・オノレイ『スローライフ入門』鈴木彩織訳、ソニー・マガジンズ
市橋俊介［2015］『ぼっち村』扶桑社
稲垣えみ子［2016］『魂の退社　会社を辞めるということ。』東洋経済新報社
稲垣えみ子［2017］『寂しい生活』東洋経済新報社
イリイチ、I［1991］『生きる思想』桜井直文監訳、藤原書店
Illich, Ivan［1982= 1984］Gender, New York: Pantheon Books. イリイチ『ジェンダー　女と男の世界』玉野井芳郎訳、岩波書店
岩野卓司［2019］『贈与論　資本主義を突き抜けるための哲学』青土社
Jay, Francine［2010= 2017］The Joy of Less: A minimalist living guide: how to declutter, organize, and simplify, Anja Press. フランシーヌ・ジェイ『捨てる　残す　譲る：好きなものだけに囲まれて生きる』弓場隆訳、ディスカヴァー・トゥエンティワン
地曳いく子［2015］『服を買うなら、捨てなさい』宝島社
Johnson, Bea［2013= 2016］Zero Waste Home: The ultimate guide to simplifying your life by reducing your waste, London: Penguin Books. ベア・ジョンソン『ゼロ・ウェイスト・ホーム　ごみを出さないシンプルな暮らし』服部雄一郎訳、アノニマ・スタジオ
Joines, Van and Ian Stewart［2002= 2007］Personality Adaptations: A new guide to human understanding in psychotherapy and counselling, Nottingham: Lifespace. ヴァン・ジョインズ／イアン・スチュアート『交流分析による人格適応論　人間理解のための実践的ガイドブック』誠信書房
金子由紀子［2006→2010］『持たない暮らし　お部屋も心もすっきりする』アスペクト、文庫版
金嶽《かねたけ》宗信［2018］『［禅的］持たない生き方』ディスカヴァー・トゥエンティワン
Kasser, Tim［2002］The High Price of Materialism, Cambridge, Mass.: MIT Press.
かとうちあき［2010→2012］『野宿入門　ちょっと自由になる生き方』草思社文庫
加藤秀俊［2002］『暮らしの世相史　かわるもの、かわらないもの』中公新書
勝間和代［2016］『２週間で人生を取り戻す！　勝間式汚部屋脱出プログラム』文藝

エリサ［2016］『トランクひとつのモノで暮らす　魔法使いのシンプルライフ』主婦の友社

Etzioni, Amitai［2003］"Introduction: Voluntary Simplicity – Psychological Implications, Soietal Consequences," in Daniel Doherty and Amitai Etzioni eds., Voluntary Simplicity: Responding to consumer culture, New York: Rowman & Littlefield.

Frank, Robert H.［2010］Luxury Fever: Weighing the cost of excess, Princeton: Princeton University Press.

筆子［2016］『1週間で8割捨てる技術』KADOKAWA

藤田一照［2012］『現代坐禅講義　只管打坐への道』佼成出版社

Grigsby, Mary［2004］Buying Time and Getting By: The voluntary simplicity movement, Albany, N.Y.: State University of New York Press.

博報堂買物研究所［2018］『なぜ「それ」が買われるのか？』朝日新書

原田曜平［2013］『さとり世代　盗んだバイクで走り出さない若者たち』角川oneテーマ21

Harvey, David［2017= 2019］Marx, Capital and the Madness of Economic Reason, London: Profile Books. デヴィッド・ハーヴェイ『経済的理性の狂気　グローバル経済の行方を「資本論」で読み解く』加賀美太記／大屋定晴訳、作品社

Harvey, David［2014= 2017］Seventeen Conditions and the end of Capitalism, London: Profile Books. デヴィッド・ハーヴェイ『資本主義の終焉　資本の17の矛盾とグローバル経済の未来』大屋定晴ほか訳、作品社

橋本努［2012］『ロスト近代』弘文堂

橋本努［2019］『解読 ウェーバー 『プロテスタンティズムの倫理と資本主義の精神』』講談社選書メチエ

Haskel, Jonathan and Stian Westlake［2018= 2020］Capitalism without Capital: The rise of the intangible economy, Princeton: Princeton University Press. ジョナサン・ハスケル／スティアン・ウェストレイク『無形資産が経済を支配する　資本のない資本主義の正体』山形浩生訳、東洋経済新報社

Hearn, Lafcadio［1896= 1951］Kokoro, ラフカディオ・ヘルン『心』平井呈一訳、岩波文庫

Heath, Joseph and Andrew Potter［2006=2014］The Rebel Sell: How the counterculture became consumer culture, Chichester: Capstone. ジョセフ・ヒース／アンドルー・ポター『反逆の神話　カウンターカルチャーはいかにして消費文化になったか』栗原百代訳、NTT出版

ボレック光子訳、飛鳥新社

Carr, Nicholas G.［2010 =2010］The Shallows: What the Internet is doing to our brains, New York: W.W. Norton. ニコラス・G・カー『ネット・バカ　インターネットがわたしたちの脳にしていること』篠儀直子訳、青土社

近森高明［2013］「無印都市とは何か？」近森高明／工藤保則編『無印都市の社会学』法律文化社

Ciulla, Joanne B.［2000 =2003］The Working Life: The promise and berayal of modern work, New York: Times Books. ジョアン・キウーラ『仕事の裏切り　なぜ、私たちは働くのか』中嶋愛訳、金井壽宏監修、翔泳社

Cohen, Daniel［2012 =2015］Homo Economicus: Prophète (égaré) des temps nouveaux, Paris: Editions Albin Michel. ダニエル・コーエン『経済は、人類を幸せにできるのか？〈ホモ・エコノミクス〉と21世紀世界』林昌宏訳、作品社

Coupland, Douglas［1991 =1992］Generation X: Tales for an accelerated culture, New York: St. Martin's Press. ダグラス・クープランド『ジェネレーションX　加速された文化のための物語たち』黒丸尚訳、角川書店

Coyle, Diane［1997 =2001］The Weightless World: Strategies for managing the digital economy, Cambridge, Mass.: MIT Press. ダイアン・コイル『脱物質化社会』室田泰弘／矢野裕子／伊藤恵子訳、東洋経済新報社

De Graaf, John, David Wann, Thomas H. Naylor［2002 =2004］Affluenza: The all-consuming epidemic, San Francisco: Berrett-Koehler. ジョン・デ・グラーフ／デイヴィッド・ワン／トーマス・H・ネイラー『消費伝染病「アフルエンザ」　なぜそんなに「物」を買うのか』上原ゆうこ訳、日本教文社

Debord, Guy［1967= 1993］La Société du Spectacle, Paris: Buchet-Chastel. ギー・ドゥボール『スペクタクルの社会』木下誠訳、平凡社

Douglas, Mary Tew and Baron C. Isherwood［1979= 1984］The World of Goods, New York: Basic Books. メアリー・ダグラス／バロン・イシャウッド『儀礼としての消費　財と消費の経済人類学』浅田彰／佐和隆光訳、新曜社

Elgin, Duane［1981= 1987］Voluntary Simplicity: Toward a way of life that is outwardly simple, inwardly rich, New York: Morrow Quill. デュエイン・エルジン『ボランタリー・シンプリシティ［自発的簡素］　人と社会の再生を促すエコロジカルな生き方』星川淳訳、TBSブリタニカ

Elkington, John and Julia Hailes［1988］The Green Consumer Guide: From shampoo to champagne: high-street shopping for a better environment, London: V. Gollancz.

参考文献

芥川竜之介［1923-1925→2003］「侏儒の言葉」『侏儒の言葉　文芸的な、余りに文芸的な』岩波文庫、所収

Alexander, Samuel and Amanda McLeod, eds.［2014］Simple Living in History: Pioneers of the deep future, Melborne: Simplicity Institute.

Alexander, Samuel and Simon Ussher［2011］"The Voluntary Simplicity Movement: A multi-national survey analysis in theoretical context," Simplicity Institute Report, 11a, http://simplicityinstitute.org/wp-content/uploads/2011/04/The-Voluntary-Simplicity-Movement-Report-11a.pdf

荒川徹［2019］『ドナルド・ジャッド　風景とミニマリズム』水声社

アズマカナコ［2013］『電気代500円。贅沢な毎日』阪急コミュニケーションズ

アズマカナコ［2015］『もたない、すてない、ためこまない。身の丈生活』主婦の友インフォンス情報社

Babauta, Leo［2009= 2015］The Power of Less: The fine art of limiting yourself to the essential – in business and in life, New York: Hyperion. レオ・バボータ『減らす技術』有枝春訳、ディスカヴァー・トゥエンティワン、新装版（初版は2009年）

Bauman, Zygmunt［2008= 2009］The Art of Life, Cambridge: Polity Press. ジグムント・バウマン『幸福論　〝生きづらい〟時代の社会学』高橋良輔／開内文乃訳、作品社

Becker, Joshua［2016= 2016］, The More of Less: Finding the life you want under everything you own, New York: WaterBrook Press. ジョシュア・ベッカー『より少ない生き方　ものを手放して豊かになる』桜田直美訳、かんき出版

Bowles, Samuel and Yongjin Park［2005］"Emulation, Inequality, and Work Hours: Was Thorsten Veblen Right?" Economic Journal, 115 (507), 397-412.

Boyle, Mark［2010 =2011］The Moneyless Man: A year of freeconomic living, London: Oneworld Publications. マーク・ボイル『ぼくはお金を使わずに生きることにした』吉田奈緒子訳、紀伊國屋書店

Boyle, Mark［2012 =2017］The Moneyless Manifesto, East Meon: Permanent. マーク・ボイル『無銭経済宣言　お金を使わずに生きる方法』吉田奈緒子訳、紀伊國屋書店

Bruno, Dave［2010 =2011］The 100 Thing Challenge: How I got rid of almost everything, remade my life, and regained my soul, New York: William Morrow Paperbacks. デーブ・ブルーノ『100個チャレンジ　生きるために必要なモノは、そんなに多くない！』

橋本努　はしもと・つとむ

一九六七年生まれ。横浜国立大学経済学部卒業。東京大学大学院総合文化研究科博士課程単位取得退学。博士（学術）。現在、北海道大学大学院経済学研究科教授。シノドス国際社会動向研究所所長。専門は経済社会学、社会哲学。主な著書に『自由原理　来るべき福祉国家の理念』（岩波書店）、『経済倫理＝あなたは、なに主義？』『解読　ウェーバー『プロテスタンティズムの倫理と資本主義の精神』』（以上、講談社選書メチエ）、『自由の論法　ポパー・ミーゼス・ハイエク』（創文社）、『帝国の条件　自由を育む秩序の原理』（弘文堂）、『自由に生きるとはどういうことか　戦後日本社会論』『学問の技法』（以上、ちくま新書）など多数。

筑摩選書 0213

消費《しょうひ》ミニマリズムの倫理《りんり》と脱《だつ》資《し》本《ほん》主義《しゅぎ》の精神《せいしん》

二〇二一年六月一五日　初版第一刷発行

著　者　橋本《はしもと》　努《つとむ》

発行者　喜入冬子

発　行　株式会社筑摩書房
東京都台東区蔵前二-五-三　郵便番号　一一一-八七五五
電話番号　〇三-五六八七-二六〇一（代表）

装幀者　神田昇和

印刷　製本　中央精版印刷株式会社

ISBN978-4-480-01731-4　C0333

筑摩選書 0127

分断社会を終わらせる

「だれもが受益者」という財政戦略

井手英策　古市将人
宮崎雅人

所得・世代・性別・地域間の対立が激化し、分断化が進む現代日本。なぜか？　どうすればいいのか？「救済」から「必要」へと政治理念の変革を訴える希望の書。

筑摩選書 0128

貨幣の条件

タカラガイの文明史

上田信

あるモノが貨幣たりうる条件とは何なのか。それを考えるのに恰好の対象がある。タカラガイだ。時と場を経巡りながらその文明史的意味を追究した渾身の一冊。

筑摩選書 0129

中華帝国のジレンマ

礼的思想と法的秩序

冨谷至

中国人はなぜ無法で無礼に見えるのか。彼らにとって法や礼儀とは何なのか。古代から近代にいたる過程で中華思想が抱えた葛藤を読み解き、中国人の心性の謎に迫る。

筑摩選書 0130

これからのマルクス経済学入門

松尾匡
橋本貴彦

マルクスは資本主義経済をどう捉えていたのか？　マルクス経済学の基礎的概念を検討し、「投下労働価値」がその可能性の中心にあることを明確にした画期的な書！

筑摩選書 0131

「文藝春秋」の戦争

戦前期リベラリズムの帰趨

鈴木貞美

なぜ菊池寛がつくった『文藝春秋』は大東亜戦争を牽引したのか。小林秀雄らリベラリストの思想変遷を辿り、どんな思いで戦争推進に加担したのかを内在的に問う。